COMO SE TRANSFORMAR EM UM OPERADOR E INVESTIDOR DE SUCESSO

Alexander Elder

COMO SE TRANSFORMAR EM UM OPERADOR E INVESTIDOR DE SUCESSO

Entenda a psicologia do mercado financeiro

Técnicas poderosas de negociação

Tradução
Afonso Celso da Cunha Serra

ALTA BOOKS
EDITORA
Rio de Janeiro, 2017

Como Se Transformar em um Operador e Investidor de Sucesso

Impresso no Brasil.

Obra disponível para venda corporativa e/ou personalizada. Para mais informações, fale com projetos@altabooks.com.br

Copidesque
Ana Cristina Serra

Editoração Eletrônica
Estúdio Castellani

Revisão Gráfica
Mariflor Brenlla Rial Rocha | Edna Rocha

Produção Editorial
Elsevier Editora - CNPJ: 42.546.531./0001-24

CIP-Brasil. Catalogação-na-fonte.
Sindicato Nacional dos Editores de Livros, RJ

E35c

Elder, Alexander, 1950-
Como se transformar em um operador e investidor de sucesso : entenda a psicologia do mercado financeiro, técnicas poderosas de negociação, gestão lucrativa de investimentos / Alexander Elder ; tradução de Afonso Celso da Cunha Serra. – Rio de Janeiro : Alta Books, 2017.

Tradução de: Trading for a Living
ISBN: 978-85-508-0109-4

1. Mercado financeiro. 2. Mercado de capitais.
3. Investimentos. I. Título.

04-0752. CDD 332.6
CDU 336.76

ALTA BOOKS EDITORA

Rua Viúva Cláudio, 291 — Bairro Industrial do Jacaré
CEP: 20970-031 — Rio de Janeiro - RJ
Tels.: (21) 3278-8069 / 3278-8419
www.altabooks.com.br — altabooks@altabooks.com.br
www.facebook.com/altabooks

A Lou Taylor,
operador, sábio e amigo

Sumário

Introdução

1. OPERAR NOS MERCADOS – A ÚLTIMA FRONTEIRA

Você pode ser livre. Você pode viver e trabalhar em qualquer lugar do mundo. Você pode ser independente em relação à rotina e não prestar contas a ninguém.

Esta é a vida de um operador de mercado bem-sucedido.*

Este é o sonho de muita gente, mas poucos chegam lá. Os amadores olham para uma tela de cotações e veem milhões de dólares cintilando à sua frente. Buscam o dinheiro – e perdem. Buscam novamente – e perdem mais. Perdem porque o jogo é difícil, ou por ignorância, ou por falta de disciplina. Se esse é o seu caso, escrevi este livro para você.

Como comecei a negociar com ações

No verão de 1976, dirigia o carro de Nova York para a Califórnia. Joguei alguns livros de psiquiatria (era meu primeiro ano como médico-residente em psiquiatria), vários romances e um exemplar de *How to Buy Stocks,* de Engel, na mala do meu velho Dodge. Mal sabia eu que aquela antiga brochura, com as páginas marcadas pelo uso, que me havia sido emprestada por um amigo advogado, mudaria a certa altura o curso de minha vida. Esse amigo, por sinal, era o oposto perfeito do toque de Midas – qualquer investimento em que tocasse fazia água.

**Nota do Tradutor*: Operador de mercado – *trader* – é a pessoa ou instituição que opera com regularidade em qualquer mercado (ações, opções, mercadorias, futuros), como *profissional*, em nome de terceiros, ou como *amador*, por conta própria. O termo não se limita aos membros de bolsas de valores que atuam nas salas de negociações.

Devorei o livro de Engel em acampamentos espalhados pelos Estados Unidos, terminando-o em La Jolla, uma praia na costa do Pacífico. Não sabia nada sobre o mercado de ações e a ideia de ganhar dinheiro pensando logo se apoderou de mim.

Eu crescera na União Soviética, numa época em que esse país era, nas palavras de um ex-presidente dos Estados Unidos, "o império do mal". Odiava o sistema soviético e queria sair do país, mas a emigração era proibida. Entrei na universidade aos 16 anos, formei-me na faculdade de medicina aos 22 anos, completei minha residência e engajei-me na tripulação de um navio como médico. Agora podia escapar! Fugi do navio soviético em Abidjan, Costa do Marfim.

Corri rumo à embaixada americana pelas ruas atulhadas e poeirentas de uma cidade portuária da África, perseguido pelos meus colegas de tripulação. Os burocratas da embaixada hesitaram e quase me devolveram aos soviéticos. Resisti, puseram-me num esconderijo e, por fim, num avião para Nova York. Desembarquei no Kennedy Airport em fevereiro de 1974, chegando da África com roupas de verão na mochila e US$25 no bolso. Falava um pouco de inglês, mas não conhecia vivalma.

Não tinha ideia do que eram ações, títulos, futuros ou opções e às vezes tinha uma sensação estranha só ao olhar as notas de dólar em minha carteira. No meu velho país, ser flagrado com algumas delas na carteira podia render-lhe três anos na Sibéria.

A leitura de *How to Buy Stocks* abriu para mim um mundo inteiramente novo. De volta a Nova York, comprei minha primeira ação – foi da KinderCare. Desde então, estudei avidamente os mercados e negociei com ações, opções e, de uns tempos para cá, principalmente com futuros.

Minha carreira profissional prosseguia em trilha separada. Completei minha residência em psiquiatria num grande hospital universitário, estudei no Instituto Psicanalítico de Nova York e atuei como editor de livros do principal jornal de psiquiatria dos Estados Unidos. Hoje, passo boa parte do tempo operando nos mercados e vou para meu consultório de psiquiatria, defronte ao Carnegie Hall, apenas umas poucas tardes por semana, depois do fechamento dos mercados. Adoro a clínica psiquiátrica, mas me dedico principalmente aos mercados.

Aprender a operar nos mercados foi uma longa jornada – com altas vertiginosas e baixas dolorosas. Ao avançar – ou rodar em círculos – várias vezes bati com a cara na parede e reduzi a quase zero minha conta de investimentos. Sempre que voltava a exercer alguma função no hospital, juntava dinheiro, lia, pensava, fazia alguns testes e voltava a operar nos mercados.

Meu desempenho melhorava aos poucos, mas o grande avanço ocorreu quando percebi que o segredo do sucesso estava em minha própria mente, em vez de no disco rígido de um computador. A psiquiatria proporcionou-me alguns insights sobre operações de mercado, que compartilharei com os leitores.

Você realmente quer alcançar o sucesso?

Nesses últimos 17 anos, tive um amigo cuja esposa é gorda. Ela se veste com elegância e faz dieta desde que a conheci. Garante que quer perder peso e não come bolo ou batata na frente dos outros – mas quando por acaso a surpreendo na cozinha, sempre a vejo atacando alguma guloseima. Ela jura que quer emagrecer, mas continua tão gorda como quando a vi pela primeira vez.

O prazer imediato de comer é mais forte para ela do que a satisfação prolongada do emagrecimento, incluindo os benefícios para a saúde. A mulher de meu amigo lembra-me muitos dos operadores de mercado, que sempre reafirmam a intenção de ganhar dinheiro, mas continuam fazendo negociações impulsivas – rendendo-se à vibração efêmera de jogar nos mercados.

As pessoas se enganam e brincam consigo mesmas. Mentir para os outros é péssimo, mas iludir-se é insensatez. As livrarias estão cheias de livros sobre dietas, mas o mundo está apinhado de gente gorda.

Este livro lhe ensinará a analisar os mercados, a negociar com ações e a lidar com sua própria mente. No entanto, posso dar-lhe só o conhecimento. Apenas você será capaz de suprir a motivação.

2. A PSICOLOGIA É A CHAVE

As operações de mercado podem basear-se em métodos de análise técnica ou de análise fundamentalista. Também é possível operar nos mercados seguindo palpites sobre tendências econômicas e políticas, usando "informação privilegiada", ou simplesmente rezando para que tudo dê certo.

Você se lembra de como se sentiu na última vez em que emitiu uma ordem de compra ou de venda de ações? Você estava ansioso para pular ou com medo de perder? Hesitou ou ganhou tempo antes de pegar o telefone? Ao fechar uma operação, você se sentiu animado ou humilhado? Os sentimentos de milhares de investidores se fundem em enormes ondas psicológicas que movimentam os mercados.

Saindo da montanha-russa

A maioria dos investidores gasta boa parte do tempo em busca de oportunidades. Ao entrarem no mercado, perdem o controle da situação e choram de dor ou vibram de alegria. Assim, cavalgam uma montanha-russa emocional e perdem o elemento essencial da vitória – o gerenciamento das emoções. A incapacidade de gerenciar a si próprios leva à má gestão do dinheiro investido em ações.

Se a sua mente não estiver sintonizada com os mercados ou se você ignorar as mudanças na psicologia de massa das multidões, você não terá nenhuma chance de ganhar dinheiro nas operações de mercado. Todos os profissionais vitoriosos estão conscientes da enorme importância da psicologia nas operações de mercado. Todos os amadores fracassados a ignoram.

Amigos e clientes que me conhecem como psiquiatra geralmente me perguntam se minha formação profissional me ajuda como operador de mercado. As boas práticas de psiquiatria e de operações de mercado têm um importante princípio em comum. Ambas focam a realidade e insistem em ver o mundo como ele é, em vez de como gostaríamos que fosse. Para viver uma vida saudável, é preciso viver com os olhos abertos. Para ser um bom operador de mercado, é necessário operar com os braços abertos, reconhecer as verdadeiras tendências e reversões e não perder tempo e energia com arrependimentos e devaneios.

Jogo de homem?

Os registros das corretoras mostram que os operadores de mercado, em sua maioria, são homens. Os arquivos de minha empresa de treinamento, Financial Trading Seminars, Inc., confirmam que mais ou menos 95% dos operadores de mercado são do sexo masculino. Por esse motivo, os leitores verão que quase sempre uso o pronome masculino (ele) nos episódios e casos em todo este livro. Evidentemente, não há aqui nenhuma intenção de desrespeito em relação às muitas mulheres bem-sucedidas nos mercados.

A porcentagem de mulheres é mais alta entre investidores institucionais – empregadas de bancos e de instituições financeiras em geral. Com base em minha experiência, contudo, as poucas mulheres que se envolvem em operações de mercado geralmente alcançam mais sucesso que os homens. As mulheres precisam de muita energia para atuar nesse feudo masculino.

As operações de mercado são semelhantes a certos esportes radicais e perigosos, como paraquedismo, montanhismo e mergulho. Também essas atividades atraem uma maioria de homens – menos de 1% dos praticantes são mulheres.

Os homens são atraídos para esportes arriscados em nossa sociedade cada vez mais regulada. O Dr. David Klein, sociólogo da Universidade de Michigan, foi citado pelo *The New York Times*, com a seguinte declaração: "À medida que o trabalho se torna cada vez mais rotineiro... mais recorremos à recreação em busca do senso de realização. Quanto mais seguro e monótono fica o trabalho, mais as pessoas buscam atividades de lazer em que a diferenciação e as decisões individuais, o espírito de aventura e a empolgação desempenham papel importante."

Esses esportes proporcionam prazer intenso, mas têm um estigma de perigo, pois muitos participantes ignoram as ameaças e assumem riscos insensatos. O Dr. John Tongue, cirurgião ortopédico em Oregon, que estudou acidentes entre praticantes de voo livre, descobriu que as chances de morte aumentam entre os pilotos mais experientes, que tendem a correr maior risco. Os atletas que pretendem praticar esportes radicais devem seguir algumas regras de segurança. Quando se reduzem os riscos, reforça-se o senso de realização e controle. O mesmo se aplica às operações de mercado.

Você será bem-sucedido nas operações de mercado apenas se lidar com essa atividade como um empreendimento intelectual sério. Os investimentos emocionais são letais. Para ajudar a garantir o sucesso, pratique a gestão financeira defensiva. O bom investidor em ações observa seu capital com tanto cuidado quanto um mergulhador profissional monitora suas reservas de oxigênio.

Como este livro está organizado

O sucesso nas operações de mercado ergue-se sobre três pilares: (a) psicologia, (b) análise do mercado e sistemas de negociação e (c) gestão do dinheiro. Este livro o ajudará a explorar esses três alicerces.

O Capítulo 1 apresenta um novo método para gerenciar suas emoções como operador de mercado. Eu o descobri em minha prática como psiquiatra. Ele foi muito útil para mim em minhas operações de mercado e estou certo de que também será proveitoso para os leitores.

O Capítulo 2 descreve a psicologia das multidões nos mercados. O comportamento de massa é mais primitivo do que o comportamento individual. Quando se compreende como se comportam as multidões, torna-se possível lucrar com as reversões de humor nos mercados e evitar ser levado de roldão pelas emoções.

O Capítulo 3 mostra como os padrões de gráficos revelam o comportamento das multidões. A análise técnica clássica é psicologia social aplicada, como as pesquisas de opinião. Linhas de tendência, gaps e outros padrões de gráficos refletem efetivamente o comportamento das multidões.

O Capítulo 4 ensina métodos modernos de análise técnica computadorizada. Os indicadores fornecem ideias mais profundas sobre psicologia de massa do que a análise técnica. Os indicadores de acompanhamento de tendências ajudam a identificar tendências de mercado, ao passo que os osciladores mostram quando as tendências estão a ponto de sofrerem reversões.

Os volumes de negociações e os contratos em aberto também refletem o comportamento das multidões. O Capítulo 5 concentra-se nesses aspectos, assim como na passagem do tempo nos mercados. O ciclo de atenção das multidões é muito breve e o investidor que relaciona mudanças de preço e tempo desfruta de vantagem competitiva.

O Capítulo 6 foca as melhores técnicas dos analistas do mercado de ações. Elas podem ser especialmente úteis para os investidores em futuros de índices de ações e em opções.

Os indicadores de sentimentos que medem as opiniões dos investidores e operadores de mercado são delineados no Capítulo 7. As multidões seguem tendências e quase sempre vale a pena juntar-se à massa quando os preços estão em movimentação. Os indicadores de sentimentos mostram quando é hora de desgarrar-se – antes que o rebanho deixe de perceber importante reversão.

O Capítulo 8 revela dois indicadores patenteados. O Elder-ray é um indicador baseado em preços que mede o poder dos touros e ursos, abaixo da superfície dos mercados. O Índice de Força (Force Index) mede preços e volumes. Mostra se o grupo dominante no mercado está ficando mais forte ou mais fraco.

O Capítulo 9 apresenta vários sistemas de negociação. O Triple Screen é o meu próprio método. Eu o tenho usado há anos. Esse e outros sistemas mostram como selecionar transações e identificar pontos de entrada e de saída.

O Capítulo 10 trata de gestão de dinheiro. Esse aspecto essencial das operações de mercado bem-sucedidas é negligenciado pela maioria dos amadores. Pode-se dispor de um sistema de negociações brilhante, mas, se a gestão do dinheiro for ruim, uma breve sequência de perdas talvez destrua seus investimentos. Operar nos mercados sem adequada gestão do dinheiro é como atravessar descalço um deserto.

Você está a ponto de gastar muitas horas na leitura deste livro. Quando deparar com ideias que lhe pareçam valiosas em sua situação específica, submeta-as a um teste crucial – sua própria experiência. Você pode converter esses conhecimentos em algo exclusivamente seu ao questioná-los na prática.

3. AS CHANCES ESTÃO CONTRA VOCÊ

Por que será que a maioria dos operadores de mercado perde dinheiro e some do mercado? Duas razões são emoção e insensatez nas negociações, mas há uma terceira. Os mercados de fato estão ajustados para que a maioria dos investidores perca dinheiro.

A indústria de operações de mercado mata os operadores de mercado com comissões e slippage. A maioria dos amadores não acredita nisso, da mesma maneira como os camponeses medievais não admitiam que minúsculos germes invisíveis pudessem matá-los. Se você ignorar a slippage e trabalhar com uma corretora que cobra altas comissões, estará agindo como o camponês que bebe água do poço da aldeia durante uma epidemia de cólera.

Pagam-se comissões para entrar e sair das negociações. Slippage é a diferença entre o preço pelo qual se coloca uma ordem e o preço pelo qual se executa a ordem. Quando se emite uma ordem com limite, ela é executada ao preço estipulado ou não é executada. Quando se está ansioso para entrar ou sair do mercado e se emite uma ordem a mercado, ela geralmente é executada a preço pior do que o vigente no momento da colocação.

A indústria de operações de mercado drena enormes quantias dos mercados. Bolsas, reguladores, corretoras e assessores vivem à custa dos mercados, enquanto gerações de operadores de mercado continuam desaparecendo. Os mercados precisam de novas levas de perdedores, da mesma maneira como os construtores das antigas pirâmides do Egito necessitavam de novos sortimentos de escravos. Os perdedores deixam dinheiro no mercado, o que é necessário para a prosperidade do setor.

Jogo de soma negativa

Corretoras, bolsas e assessores promovem campanhas de marketing para atrair mais perdedores para os mercados. Há quem diga que as negociações com futuros são um jogo de soma zero. Contam com o fato de que a maioria das pessoas sente-se mais esperta do que a média e espera ganhar num jogo de soma zero.

Num jogo de soma zero, os vencedores ganham tanto quanto perdem os perdedores. Se você e eu apostarmos US$10 na direção da próxima variação de 100 pontos no índice Dow Jones, um de nós receberá US$10 e outro pagará US$10. A pessoa mais inteligente deverá ganhar o jogo durante determinado período de tempo.

As pessoas acreditam na propaganda da indústria de investimentos em renda variável sobre o jogo de soma zero, mordem a isca e abrem contas de investimentos. Não percebem que investir em renda variável é um jogo de soma *negativa*. Os ganhadores recebem menos do que os perdedores porque a indústria suga dinheiro dos mercados.

Por exemplo, a roleta nos cassinos é um jogo de soma negativa, porque o cassino embolsa de 3 a 6% de todas as apostas. Essa característica torna a roleta imbatível a longo prazo. Você e eu entraremos num jogo de soma negativa se apostarmos os mesmos US$10 na direção da próxima variação de 100 pontos no índice Dow Jones, mas, em vez de transacionarmos diretamente um com o outro, aceitarmos a intermediação de corretoras. Quando acertarmos as contas, o perdedor pagou US$13 e o ganhador recebeu US$7, enquanto duas corretoras sorriem felizes em seu doce balanço a caminho do banco.

Comissões e slippage são para os operadores de mercado o que morte e impostos são para todos nós. O investidor em ações precisa sustentar a corretora e a máquina das bolsas antes de ganhar o primeiro tostão. Em termos simples, "melhor do que a média" não é suficiente. Você precisa ficar alguns anos-luz à frente da multidão para ganhar num jogo de soma negativa.

Comissões

Leve em conta comissões totais de US$12 a US$100 em cada contrato futuro negociado. Os grandes investidores que trabalham com corretoras de descontos pagam menos; os pequenos investidores que trabalham com corretoras de serviços integrais pagam mais. Os amadores ignoram as comissões, enquanto sonham com lucros polpudos. As corretoras argumentam que as comissões são minúsculas em relação ao valor dos contratos-objeto.

Para compreender o papel das comissões, é preciso compará-las com sua margem, e não com o valor do contrato. Por exemplo, você pode pagar US$30 para negociar um único contrato de milho (5.000 alqueires, valendo mais ou menos US$10.000). A corretora dirá que US$30 de comissão é menos de 1% do valor do contrato. Na verdade, você precisará depositar cerca de US$600 para negociar um contrato de milho. A comissão de US$30 representa 5% da margem. Isso significa que será necessário ganhar 5% do capital aplicado na negociação simplesmente para atingir o ponto de equilíbrio. Caso você negocie com milho quatro vezes por ano, terá de gerar lucro anual de 20% para não perder dinheiro! Muito pouca gente consegue isso. Muitos gestores de recursos de terceiros dariam os olhos da cara para retornos anuais de 20%. As "pequenas comissões" não são ninharias desprezíveis – são grandes obstáculos ao sucesso!

Muitos amadores pagam 50% ou mais do tamanho de seus investimentos em comissões por ano – se resistirem durante tanto tempo. Mesmo as comissões com desconto representam grandes obstáculos ao êxito das operações de mercado. Já ouvi corretores rirem de investidores que fazem das tripas coração apenas para empatar no jogo.

Empenhe-se para conseguir as comissões o mais baixas possível. Não tenha vergonha de barganhar pelas menores taxas. Já ouvi muitos corretores se queixarem da falta de clientes – mas poucos clientes se queixam da falta de corretores. Diga à sua corretora que é do interesse dela cobrar comissões mais baixas, pois você sobreviverá e continuará cliente por muito tempo. Desenvolva um sistema de negociação em que as transações sejam menos frequentes.

Slippage

A slippage dá mordidas de piranha ou de tubarão na sua conta de investimentos sempre que você entra ou sai dos mercados. Slippage significa que suas ordens são executadas a preços diferentes dos vigentes no momento da colocação. É como pagar US$0,1 por uma maçã no hortifrúti, embora o preço indicado na prateleira fosse de US$0,2.

Três são os tipos de slippage: comum, resultante da volatilidade e criminosa. A slippage comum resulta do spread entre os preços de compra e venda. Os operadores da sala de negociações mantêm dois preços no mercado – o preço de venda e o preço de compra.

Por exemplo, sua corretora pode apresentar-lhe uma cotação de 390,45 para um contrato S&P 500 de junho. Se você quiser comprar um contrato no mercado, pagará pelo menos 390,50. Se você quiser vender no mercado, receberá 390,40 ou menos. Como cada ponto vale US$5, o spread de 10 pontos entre o preço de venda e o preço de compra transfere US$50 do seu bolso para o dos operadores da sala de negociações. É o preço que lhe cobram pelo privilégio de entrar ou sair do mercado.

O spread entre o preço de venda e o preço de compra é legal. Tende a estreitar-se nos grandes mercados de alta liquidez, como o de S&P 500 e o de bônus, e a ampliar-se em mercados com volumes menores, como o de suco de laranja e cacau. As bolsas de valores alegam que o spread é o preço da liquidez – a capacidade de negociar a qualquer momento. As negociações eletrônicas acenam com a promessa de cortar a slippage.

A slippage aumenta com a volatilidade dos mercados. Os operadores da sala de negociações conseguem mais quando os mercados se tornam mais velozes. No momento em que os mercados começam a correr, a slippage rompe o teto. Quando o S&P dispara ou despenca, é possível que você seja atropelado por slippage de 20 ou 30 pontos, e não raro de 100 pontos ou mais.

O terceiro tipo de slippage é provocado por atividades criminosas dos operadores da sala de negociações. Muitas são as maneiras de roubar dinheiro dos clientes. Alguns lançam os maus negócios nas contas deles e ficam com os bons negócios. Esse tipo de manipulação e outros jogos criminosos foram descritos recentemente no livro *Brokers, Bagmen and Moles*, de David Greising e Laurie Morse.

Quando centenas de homens passam dia após dia ombro a ombro num pequeno recinto, desenvolvem uma espécie de camaradagem – uma mentalidade "nós contra eles". O apelido que os operadores da sala de negociações deram aos forasteiros demonstra que nos consideram menos do que humanos. Chamam-nos de "papel" (*paper*), como em "Vamos receber a visita de algum papel hoje?". Esse é o motivo por que você deve proteger-se.

Para reduzir a slippage, atue em mercados com liquidez e evite mercados estreitos e em rápida movimentação. Opere "comprado" (long) *ou "vendido"* (short) *quando o mercado estiver tranquilo. Use ordens com limite. Compra ou venda a preços específicos. Anote os preços vigentes na hora em que emitir a ordem e faça com que o corretor lute na sala de negociações em seu favor, sempre que necessário.*

Perda total

A slippage e as comissões transformam as operações de mercado em algo parecido com nadar em águas infestadas de tubarões. Vamos comparar um exemplo de conversa de corretor com o que acontece no mundo real.

O "enredo" é mais ou menos o seguinte: um contrato de ouro futuro cobre cerca de 100 onças de ouro. Cinco indivíduos compram um contrato cada um de alguém que vende a descoberto cinco contratos. O preço do ouro cai US$4 e o comprador se retira, perdendo US$4 por onça ou US$400 por contrato. O investidor inteligente, que vendeu os cinco contratos a descoberto, cobre a posição e ganha US$400 por contrato, ou o total de US$2.000.

No mundo real, contudo, cada perdedor ficou com um prejuízo acima de US$400 por contrato. Ele pagou comissão total de pelo menos US$25 e provavelmente foi vítima de uma slippage de US$20. Assim, cada perdedor sofreu uma perda de US$465 por contrato e, como grupo, perderam US$2.325. O vencedor, que vendeu cinco contratos a descoberto, provavelmente pagou comissão total de US$15 e foi atingido por uma slippage de US$10, o que reduziu seu ganho em US$35 por contrato, ou US$175 para os cinco contratos. Embolsou apenas US$1.825.

O vencedor achou que ganhou US$2.000, mas recebeu apenas US$1.825. Os perdedores acharam que haviam perdido US$2.000, mas, na verdade, perderam US$2.325. No total, nada menos que US$500 (US$2.325 – US$1.825) foram sugados da mesa. A fatia do leão foi embolsada pelos operadores e pelos corretores da sala de negociações, que dão uma facada muito maior do que se atreveria o mais ousado dos cassinos!

Outras despesas também drenam o dinheiro dos investidores. O custo dos computadores e do processamento de dados, os honorários, as taxas por serviços de assessoria e até mesmo livros como este que você está lendo agora, tudo sai do seu bolso.

Procure uma corretora com as comissões mais baixas e a vigie como um falcão. Desenvolva um sistema de negociações que emita sinais relativamente infrequentes e lhe permita entrar nos mercados nas épocas de tranquilidade.

I

Psicologia Individual

4. POR QUE OPERAR NOS MERCADOS?

Operar nos mercados parece ilusoriamente fácil. Quando o iniciante ganha, ele se sente brilhante e invencível. Então, assume riscos insensatos e perde tudo.

As pessoas operam nos mercados por muitas razões – algumas racionais e muitas irracionais. As operações de mercado oferecem a oportunidade de ganhar muito dinheiro em pouco tempo. E dinheiro simboliza liberdade para muita gente, ainda que geralmente não se saiba o que fazer com a liberdade.

Se você souber operar nos mercados, será capaz de fazer seus próprios horários, viver e trabalhar onde quiser e nunca depender de um chefe. Operar nos mercados é uma busca intelectual fascinante: xadrez, pôquer e palavras cruzadas, tudo numa única mesa. As operações de mercado atraem os adeptos de quebra-cabeças e enigmas.

As operações de mercado atraem quem assume riscos e repelem quem evita riscos. As pessoas comuns acordam de manhã, vão para o trabalho, almoçam, voltam para casa, tomam uma cerveja e jantam, veem televisão e vão dormir. Quando ganham um pouco mais de dinheiro, aplicam a sobra na poupança. O operador de mercado arrisca o capital. Muitos deles são solitários, que abandonam a certeza do presente e mergulham no desconhecido.

Autorrealização

A maioria das pessoas tem um impulso inato para dar o melhor de si, para desenvolver ao máximo suas habilidades. Esse impulso, além do prazer do jogo e da atração pelo dinheiro, impele os operadores de mercado a desafiar os mercados.

Os bons operadores de mercado tendem a ser trabalhadores e astutos. Estão abertos a novas ideias. Paradoxalmente, o objetivo de um bom operador de mercado não é ganhar dinheiro. Seu propósito é operar bem. Se operar bem, o dinheiro será uma consequência natural. Os operadores de mercado bem-sucedidos aprimoram continuamente suas habilidades. Dar o melhor de si e realizar todo o seu potencial é mais importante do que ganhar dinheiro.

Um dia, um operador de mercado residente em Nova York disse-me: "Se a cada ano eu ficar meio ponto percentual mais inteligente, serei um gênio quando morrer." Essa motivação para o autoaprimoramento é a marca registrada do operador de mercado bem-sucedido.

Um operador de mercado profissional, do Texas, convidou-me para ir ao seu escritório e disse: "Se você se sentar do outro lado da mesa, enquanto opero durante o dia, terá dificuldade em saber se estou ganhando ou perdendo." Ele chegou a um nível em que ganhar não o animava e perder não o deprimia. Estava tão concentrado em operar certo e em melhorar suas habilidades que o dinheiro não mais afetava suas emoções.

O problema com a autorrealização é que muita gente tem resíduos de autodestruição. Os motoristas propensos a acidentes continuam destruindo seus carros, da mesma maneira como os operadores de mercado autodestrutivos continuam arrasando suas contas de investimentos (ver seção 7). Os mercados oferecem oportunidades sem-fim para a autossabotagem, assim como para a autorrealização. A exteriorização dos conflitos internos no mercado é uma ideia dispendiosa.

Os operadores de mercado que não estão em paz consigo mesmos tentam realizar seus anseios contraditórios no mercado. Se você não souber para onde está indo, terminará em algum lugar em que não quererá estar.

5. FANTASIA *VERSUS* REALIDADE

Se um amigo com pouca experiência em agricultura lhe disser que pretende alimentar-se com os produtos cultivados em seu pequeno sítio, logo lhe ocorrerá o receio de que ele fique com fome. Todos sabemos que só se pode extrair certa quantidade de suco de uma laranja. A única área em que os adultos dão asas à fantasia é nos investimentos em renda variável.

Outro dia, um amigo me disse que pretendia sustentar-se com sua conta de investimentos no valor de US$6.000. Quando tentei mostrar-lhe a futilidade de seu plano, ele logo mudou de assunto. Embora seja um analista brilhante, recusa-se a perceber que sua "agricultura intensiva" é suicida. Em seu esforço desesperado para ser bem-sucedido, assume posições muito arriscadas – e a mais leve oscilação do mercado sem dúvida o deixará em situação difícil.

O investidor bem-sucedido é realista. Sabe que suas capacidades são limitadas. Vê o que está acontecendo no mercado e sabe reagir aos fatos. Analisa os mercados sem recorrer a atalhos, observa as próprias reações e faz planos realistas. O investidor profissional não se dá ao luxo de alimentar ilusões.

Quando um amador leva algumas pauladas e recebe as primeiras chamadas de margem, ele perde a confiança, fica medroso e começa a desenvolver algumas ideias estranhas sobre os mercados. Os perdedores compram, vendem ou perdem oportunidades graças às suas ideias fantásticas. Agem como crianças que têm medo de passar pelo cemitério ou verificam se não há fantasmas debaixo da cama antes de dormir. O ambiente não estruturado dos mercados facilita o desenvolvimento de fantasias.

A maioria das pessoas que foi criada na civilização ocidental tem fantasias semelhantes. Essas fantasias são tão difusas que quando estudei no Instituto Psicanalítico de Nova York uma das disciplinas era "Fantasias Universais". Por exemplo, muita gente cultiva na infância a fantasia de que foi adotada, em vez de concebida pelos pais. As fantasias parecem explicar o mundo hostil e impessoal. Consolam as crianças, mas impedem que vejam a realidade. As fantasias influenciam nossos comportamentos, mesmo que não estejamos conscientes delas.

Durante minhas conversas com centenas de investidores em renda variável, sempre os ouvi manifestar várias fantasias universais. Distorcem a realidade e impedem as negociações bem-sucedidas. O operador de mercado bem-sucedido deve identificar suas fantasias e livrar-se delas.

O mito do cérebro

Os perdedores que sofrem do "mito do cérebro" lhe dirão: "Perdi porque não conhecia os segredos das operações de mercado." Muitos perdedores desenvolvem a fantasia de que os operadores de mercado bem-sucedidos têm alguns conhecimentos secretos. Essa fantasia contribui para que sustentem um próspero mercado de serviços de assessoria e de pacotes de sistemas de negociação.

O operador de mercado desmoralizado a toda hora sacode o talão de cheques e vai às compras em busca de "operações de mercado secretas". São os mais propensos a enviar US$3.000 a charlatães para adquirir sistemas de negociação computadorizados "imperdíveis". Quando a novidade se autodestrói, não hesita em efetuar outra remessa para receber um "manual científico" que explica como parar de perder e transformar-se em verdadeiro insider, capaz de ganhar em todas as oportunidades, contemplando a Lua, Saturno e até Urano.

Os perdedores não sabem que operar nos mercados é intelectualmente muito simples. É mais fácil do que extrair um apêndice, construir uma ponte ou defender uma ação judicial nos tribunais. Os bons operadores de mercado quase sempre são astutos, mas poucos são intelectuais. Muitos nem mesmo frequentaram a universidade e alguns não completaram o ensino médio.

As pessoas inteligentes e trabalhadoras que se deram bem em suas carreiras geralmente se sentem atraídas para os investimentos em renda variável. Em média, os clientes das corretoras estão na faixa dos 50 anos, são casados e concluíram algum curso universitário. Muitos têm pós-graduação e são donos dos próprios negócios.

Por que cargas d'água esse pessoal inteligente e trabalhador fracassa nos investimentos em renda variável? O que distingue os vencedores dos perdedores não é a inteligência nem fórmulas secretas, e decerto não é o nível de escolaridade.

O mito da subcapitalização

Muitos perdedores acham que seriam bem-sucedidos se tivessem mais dinheiro para operar nos mercados. Todos os perdedores são expulsos do jogo depois de uma sequência de perdas ou após uma grande perda isolada. Em geral, depois que o amador está fora do jogo, o mercado reverte e movimenta-se na direção esperada. E o perdedor começa a dar chutes em si mesmo ou no corretor: se tivesse sobrevivido mais uma semana, teria ganhado uma bolada!

Os perdedores interpretam essas reversões como validação de seus métodos. E então ganham, economizam ou tomam dinheiro emprestado suficiente para abrir outra pequena conta de investimentos em renda variável. E a história se repete: O perdedor é expulso do mercado, o mercado reverte e "demonstra" que o perdedor estava certo, apenas um pouco atrasado – e de novo ficou sem dinheiro. E aí nasce a fantasia: "Se eu tivesse mais dinheiro, teria conseguido permanecer um pouco mais no mercado e ganharia muito dinheiro."

Alguns perdedores levantam dinheiro com parentes e amigos, mostrando-lhes os registros de seus investimentos. Tudo parece indicar que teriam feito fortuna se pudessem trabalhar com mais dinheiro. No entanto, quando levantam mais dinheiro, apenas perdem mais dinheiro, e até parece que o mercado está rindo deles!

Os perdedores não estão subcapitalizados – apenas sofrem de subdesenvolvimento mental. Os perdedores são capazes de arrasar grandes capitais tão rapidamente quanto destroem pequenas quantias. Investem em excesso e sua gestão do dinheiro é relapsa. Assumem muitos riscos, qualquer que seja o tamanho de suas contas. Por melhor que seja seu sistema, uma sucessão de maus negócios sem dúvida o expulsará do mercado.

Os operadores de mercado geralmente me perguntam qual deve ser o seu capital inicial. Querem ser capazes de resistir a reveses, a quedas temporárias no saldo da conta de investimentos. Admitem a hipótese de perder muito dinheiro antes de começar a ganhar alguma coisa! Até parecem um engenheiro que se conforma com o desabamento de suas primeiras pontes antes de erguer sua obra de arte. Será que um cirurgião também estaria disposto a matar vários pacientes antes de tornar-se o bambambã em cirurgia de apêndice?

O operador de mercado que pretende sobreviver e prosperar deve controlar suas perdas. Consegue-se isso investindo apenas pequena fração do seu patrimônio numa única negociação (ver Capítulo 10, "Gestão do Risco"). Conceda-se vários anos para aprender a investir em renda variável. Não comece com uma conta superior a US$20.000 e não perca mais de 2% dessa disponibilidade numa única negociação. Aprenda com erros baratos numa pequena conta.

Os amadores não admitem perder nem estão preparados para perdas. A ideia de estar subcapitalizado é uma desculpa que os ajuda a esquivar-se de duas verdades dolorosas: a falta de disciplina em seus investimentos em renda variável e a ausência de um plano objetivo de gestão do dinheiro.

A única vantagem de uma grande conta de investimentos em renda variável é que o preço dos equipamentos e serviços passa a representar pequena porcentagem da disponibilidade total. O gestor de um fundo de US$1 milhão que gasta US$10.000 com computadores e seminários consumiu apenas 1% de seus recursos, ao passo que a mesma despesa representaria 50% do capital de outro operador de mercado com uma conta de US$20.000.

O mito do piloto automático

Imagine que um estranho toque a campainha de sua casa e se proponha a vender-lhe um sistema automático para dirigir o seu carro. Pague algumas centenas de dólares por um chip de computador, instale-o no carro e pare de gastar energia dirigindo, diz ele. Pode ficar cochilando no banco do carona, enquanto o "o sistema de direção automática" o conduz até seu destino. Você provavelmente expulsaria o vendedor de seu jardim às gargalhadas. Mas será que você acharia tanta graça se o mesmo picareta tentasse vender-lhe um sistema de negociação automática?

Os operadores de mercado que acreditam no mito do piloto automático acham que é possível automatizar a busca da riqueza. Alguns tentam desenvolver um sistema de negociação automática; outros o compram de especialistas. Pessoas que passaram anos cultivando suas habilidades como advogados, médicos ou empresários afundam milhares de dólares em competência enlatada. Nesses casos, deixam-se levar pela ganância, pela preguiça ou pelo analfabetismo matemático.

Tais sistemas eram apresentados em folhas de papel, mas hoje são vendidos em disquetes protegidos contra cópias. Alguns são primitivos; outros são sofisticados, com recursos de otimização e regras de gestão de dinheiro. Muitos investidores em renda variável gastam centenas de dólares à cata de soluções mágicas que convertam algumas linhas de programa de computador em fluxos intermináveis de dinheiro. As pessoas que adquirem esses sistemas de negociação automática são como cavaleiros medievais que pagavam aos alquimistas pelo segredo de converter metal comum em ouro.

As atividades humanas complexas não estão sujeitas a automação. Os sistemas de aprendizado computadorizados não substituíram os professores e os softwares para a elaboração de declarações do imposto de renda não dispensaram os contadores. A maioria das atividades humanas exige o exercício de julgamento; as máquinas e os sistemas podem ajudar, mas não substituem os seres humanos. Tão numerosos são os compradores de sistemas computadorizados que deram com os burros n'água e acabaram constituindo uma organização para a defesa de seus interesses, o Club 3.000, cujo nome se inspirou no preço de muitos desses aplicativos.

Se fosse possível comprar um sistema de negociação automático bem-sucedido, você poderia mudar-se para o Taiti e passar o resto da vida em atividades de lazer, sustentado por um fluxo de cheques de seu corretor. Até agora, as únicas pessoas que ganharam dinheiro com esses programas são os próprios fornecedores. Eles constituem um setor pequeno, mas vibrante. Se esses softwares funcionassem, por que os venderiam? Eles mesmos poderiam mudar-se para o Taiti e ficar recebendo os cheques de seus corretores! Mas todos os vendedores de sistemas têm uma resposta pronta. Alguns dizem que gostam mais de programação do que de investimentos em renda variável. Outros alegam que vendem seus sistemas apenas para levantar capital e investir em renda variável.

No entanto, os mercados sempre mudam e derrotam os sistemas de negociação. As regras rígidas de ontem mal funcionam hoje e certamente não funcionarão amanhã. Um investidor competente em renda variável pode ajustar seus métodos ao detectar problemas. Os sistemas automáticos são menos adaptáveis e autodestrutivos.

As empresas de aviação pagam altos salários aos pilotos, embora os aviões tenham pilotos automáticos. Agem assim porque apenas os seres humanos podem lidar com problemas imprevistos. Quando o teto de um avião explode sobre o Pacífico ou quando uma aeronave fica sem combustível sobre as vastidões ermas do Canadá, apenas seres humanos são capazes de lidar com a crise. Essas emergências foram noticiadas pela imprensa e em cada caso pilotos experientes conseguiram aterrissar as aeronaves improvisando soluções. Nenhum piloto automático é capaz de tais proezas. Apostar dinheiro em sistemas de negociação é como confiar a vida a pilotos automáticos. O primeiro evento inesperado destruirá sua conta.

Há bons sistemas de negociação por aí, mas eles precisam ser monitorados e ajustados com base na capacidade de julgamento pessoal. É preciso ficar de olho – não se pode transferir para o sistema de negociação a responsabilidade pelo sucesso.

Os operadores de mercado acometidos pela fantasia do piloto automático tentam repetir o que sentiam quando crianças. Inspirados pela imagem da mãe, que atendia às suas necessidades de comida, carinho e conforto, tentam agora recriar a experiência, no anseio de ficar de papo para o ar e receber o fluxo de lucro, da mesma maneira como desfrutavam do aconchego do leite materno, morno e gratuito.

Mas o mercado não é mãe solícita. Ao contrário, é um conjunto de homens e mulheres que buscam maneiras de tirar o seu dinheiro, em vez de derramar leite em sua boca.

O culto da personalidade

A maioria das pessoas deita falação sobre seus desejos de liberdade e independência, mas, quando se veem sob pressão, mudam o tom e começam a buscar "lideranças fortes". Os investidores aflitos geralmente recorrem à orientação dos gurus do dia.

Durante minha infância na antiga União Soviética, ensinavam às crianças que Stalin era nosso grande líder. Depois, descobrimos que grande monstro ele fora, mas enquanto ele estava vivo muita gente gostava de seguir o líder. Ele as liberava de pensar por si mesmas.

"Pequenos Stalins" foram implantados em todas as áreas da sociedade – na economia, na arquitetura, na pesquisa científica, e assim por diante. Quando vim para os Estados Unidos e comecei a investir em renda variável, fiquei espantado em ver quantos investidores estavam em busca de um guru – de seu "pequeno Stalin" no mercado. A fantasia de que alguém pode torná-lo rico merece sua própria análise mais adiante, neste capítulo.

Opere com os olhos abertos

Todo vencedor deve dominar três componentes essenciais das operações de mercado: uma boa psicologia individual, um sistema de negociação lógico e um bom plano de gestão do dinheiro. Esses elementos básicos são como as três pernas de um tamborete – remova uma delas e o tamborete cai, derrubando quem estiver sentado nele. Os perdedores tendem a fazer tamboretes com uma perna só ou, na melhor das hipóteses, com duas pernas. Em geral, focam exclusivamente os sistemas de negociação.

Suas operações de mercado devem basear-se em regras definidas com clareza. Você precisa analisar seus sentimentos quando opera no mercado, para ter a certeza de que suas decisões são intelectualmente corretas. Você tem de estruturar sua gestão do dinheiro, de modo que nenhuma sequência de perdas possa expulsá-lo do jogo.

6. GURUS DO MERCADO*

Os gurus estão entre nós desde que o público entrou nos mercados. Em 1841, o livro clássico sobre as manias dos mercados, *Extraordinary Popular Delusions and the Madness of Crowds,* foi publicado na Inglaterra. Ainda hoje continua sendo reimpresso. Seu autor, Charles Mackay, descreveu a Mania da Tulipa, na Holanda, a Bolha dos Mares do Sul, na Inglaterra, e outras manias. A natureza humana muda lentamente, e hoje novas manias, incluindo as de gurus, continuam a infestar os mercados.

Hoje, as manias de gurus surgem e se difundem com mais rapidez do que no passado, graças aos atuais recursos de telecomunicações. Até mesmo investidores inteligentes e bem-educados seguem os gurus dos mercados, como os devotos de falsos messias na Idade Média.

Três são os tipos de gurus nos mercados financeiros: gurus dos ciclos de mercado, gurus dos métodos mágicos e gurus mortos. Alguns gurus prenunciam importantes reversões no mercado. Outros promovem "métodos inéditos" – vias expressas para a riqueza. E ainda outros evitam as críticas e transformam-se em objetos de culto por meio do mecanismo simples de ir embora deste mundo.

Gurus dos ciclos de mercado

Durante muitas décadas, o mercado de ações dos Estados Unidos seguiu, em geral, ciclos de quatro anos. Baixas expressivas, típicas de mercados baixistas, ocorreram em 1962, 1966, 1970, 1974, 1978 e 1982. Nesses ciclos, o mercado de ações como um todo normalmente passava de 2,5 a 3 anos subindo e de 1 a 1,5 ano caindo.

* Esta seção foi publicada de início como um artigo, "Market Gurus", na edição de setembro de 1990 de *Futures and Options World.* Londres, U.K. © por Alexander Elder.

Em quase todos os grandes ciclos de mercado, surge um novo guru, ou seja, a cada período de quatro anos. A fama desses gurus tende a durar de dois a três anos. O período de reinado de cada guru coincide com as principais fases do mercado altista nos Estados Unidos.

O guru dos ciclos de mercado prevê todas as grandes altas e baixas. Cada previsão correta aumenta sua fama e induz ainda mais pessoas a comprar e a vender com base em suas previsões. À medida que mais pessoas seguem o guru, suas previsões se transformam em profecias autorrealizáveis. Quando surge um novo guru, vale a pena seguir seus conselhos.

Dentre os milhares de analistas de mercado, alguns sempre tiram a sorte grande em algum momento da vida, do mesmo modo como um relógio parado mostra a hora certa duas vezes por dia. Quem já sentiu o gosto de um dia tirar a sorte grande às vezes fica arrasado quando tudo termina, e cai fora do mercado. Mas algumas velhas raposas aproveitam a sorte grande, mas continuam trabalhando como de costume quando as vacas gordas vão para o brejo.

O sucesso dos gurus dos ciclos de mercado depende de mais coisas, além da sorte. Em geral, formulam alguma teoria simples sobre o mercado. Essa teoria – ciclos, volume, Ondas de Elliott, não importa qual seja – quase sempre é desenvolvida ao longo de vários anos, antes do estrelato. De início, o mercado recusa-se a seguir a teoria simples do aspirante a guru. Então, o mercado muda e durante vários anos parece engrenar com a nova tese. É quando a estrela do guru atinge o apogeu e brilha com todo o esplendor no firmamento do mercado.

Compare-se isso com o que acontece com os modelos de beleza à medida que varia o gosto do público. Num ano, as loiras são populares; no outro, as ruivas caem no gosto do público. De repente, a estrela loira do ano passado não é mais procurada para a capa das principais revistas femininas. Todos querem uma modelo negra, ou quem sabe uma mulher com alguma marca de nascença no rosto. As modelos não mudam – o que varia é o gosto do público.

Os gurus sempre são oriundos da periferia da análise de mercado. Nunca são analistas do *establishment*. Os empregados das instituições geralmente jogam com segurança e raramente atingem resultados espetaculares, pois todos usam métodos semelhantes. Os gurus dos ciclos de mercado são forasteiros, que trazem consigo alguma teoria exótica.

Os gurus geralmente ganham a vida publicando uma newsletter periódica e não raro ficam ricos vendendo conselhos. As assinaturas podem disparar, de algumas centenas por ano para dezenas de milhares. Conta-se que um guru dos ciclos de mercado que andou na moda algum tempo atrás contratou mais três pessoas, apenas para abrir os envelopes com dinheiro que chegavam à empresa aos borbotões.

Nos seminários sobre investimentos, o guru é cercado por uma multidão de admiradores. Se você algum dia for parte de uma dessas multidões, observe que raramente alguém faz perguntas ao guru sobre sua teoria. Seus admiradores se contentam em beber ao som de sua voz. E gabam-se com os amigos de terem estado a alguns passos do guru.

Os gurus continuam famosos enquanto o mercado se comporta de acordo com sua teoria – geralmente por período inferior aos quatro anos de um ciclo de mercado. Lá para as tantas, o mercado muda e começa a marchar em ritmo diferente. O guru continua a usar os velhos métodos que funcionaram tão bem no passado e rapidamente perde os apóstolos. Quando as previsões do guru já não acertam na mosca, a admiração do público converte-se em ódio. Para esses gurus desacreditados, é impossível retornar ao fastígio do passado.

O guru reinante em princípios da década de 1970 foi Edson Gould. Ele baseava suas previsões nas mudanças de orientação do Federal Reserve, na medida em que se refletiam na taxa de desconto. Sua regra famosa dos "três passos e um tropeço" afirmava que se o Federal Reserve aumentasse os juros três vezes seguidas, isso significava aperto da política monetária, que por sua vez deflagrava a baixa do mercado. Gould também desenvolveu uma técnica de gráficos original, chamada speedlines (linhas de velocidade) – linhas de tendência superficiais cujos ângulos dependem da velocidade da tendência e da profundidade das reações do mercado.

Gould tornou-se muito badalado durante a baixa do mercado de 1973-1974, atingindo o pináculo depois de prever corretamente o mergulho de dezembro de 1974, quando o Dow Jones Industrials caiu para quase 500. Mas o mercado recuperou-se com rapidez, Gould identificou com antecedência seus importantes pontos de inflexão usando speedlines e sua fama aumentou ainda mais. No entanto, logo os Estados Unidos inundaram-se de liquidez, a inflação intensificou-se e os métodos de Gould, desenvolvidos em ambiente monetário diferente, não mais estavam funcionando. Em 1976, Gould já havia perdido a maioria de seus adeptos, e hoje poucas pessoas se lembram de seu nome.

Em 1978, emergiu um novo guru dos ciclos de mercado. Joseph Granville afirmou que as mudanças nos volumes de negociações precediam as mudanças nos preços das ações. E soube expressar sua tese com graça: "O volume é o vapor que faz andar a maria-fumaça." Granville desenvolveu sua teoria quando trabalhava para uma grande corretora de Wall Street. Em sua biografia, revelou que a ideia lhe ocorrera quando estava sentado na privada, contemplando o desenho das lajotas do chão. Ao levar sua ideia do banheiro para a sala de gráficos, o mercado recusou-se a seguir suas previsões. Ele faliu, divorciou-se e dormiu no chão do escritório de um amigo. Até que em fins da década de 1970 o mercado começou a seguir os scripts de Granville como nunca antes, e o público passou a dar-lhe atenção.

Granville percorreu os Estados Unidos, falando para multidões que saíam pelo ladrão. Chegava ao palco numa carruagem, fazia previsões e repreendia os "amadores" (bagholders) que não reconheciam sua teoria. Tocava piano, cantava e, às vezes, até arriava as calças para enfatizar algum ponto. Suas previsões eram extremamente corretas e, além disso, conseguia chamar a atenção para si mesmo, tornando-se muito citado na mídia de massa. Granville cresceu o suficiente para influenciar o mercado de ações. Quando ele se dizia baixista, o Dow caía mais de 40 pontos num dia – uma queda enorme pelos padrões da época. Mas ele deixou intoxicar-se pelo sucesso. O mercado subiu em 1982, mas ele continuou muito pessimista, insistindo em recomendar a seu grupo cada vez menor de seguidores que mantivessem suas vendas a descoberto. O mercado avançou ainda mais em 1983 e, finalmente, quando o Dow dobrou de valor, Granville tornou-se comprador. Depois disso, continuou a publicar sua newsletter sobre o mercado, a qual a essa altura era uma sombra de seu sucesso no passado.

Um novo guru entrou em cena em 1984. Robert Prechter tornou-se conhecido como teórico das "Ondas de Elliott". Elliott foi um contador pobre que desenvolveu sua teoria na década de 1930. Ele achava que o mercado de ações subia em cinco ondas e descia em três ondas, que por sua vez podiam ser divididas em mais ondas.

Como outros gurus dos ciclos de mercado, antes dele, Prechter publicara durante muitos anos uma carta de orientação, com pouco sucesso. Quando o mercado em alta superou o nível de 1.000 pontos no Dow, as pessoas começaram a prestar atenção ao jovem analista, que continuava a prever que o índice chegaria a 3.000 pontos. O mercado em alta tornava-se cada vez mais forte e a fama de Prechter crescia a cada novo recorde.

Na exuberância da década de 1980, a fama de Prechter rompeu as fronteiras do mundo estreito das newsletters e das conferências sobre investimentos. Prechter aparecia em redes nacionais de televisão e era entrevistado por revistas populares. Em outubro de 1987, ele pareceu vacilar, emitindo de início um sinal de venda e depois dizendo a seus seguidores para comprar. À medida que o Dow despencava 500 pontos a adoração em massa ao guru deu lugar ao escárnio e ao ódio. Algumas pessoas o culparam pela queda, outras ficaram com raiva pelo mercado nunca ter atingido a meta de 3.000. O negócio de assessoria de Prechter encolheu e ele praticamente se afastou dele.

Todos os gurus dos ciclos de mercado têm vários traços em comum. Tornaram-se ativos no negócio de previsões vários anos antes de alcançar o estrelato. Cada um tinha, de início, uns poucos seguidores e desfrutavam de alguma credibilidade, consequências da pura sobrevivência no mercado de assessoria. O fato de a teoria do guru não ter funcionado durante muitos anos é ignorado pelos adeptos. Quando a teoria se confirma, a mídia de massa logo passa a enaltecê-la. Tão logo a teoria é questionada pelos fatos, a adulação em massa converte-se em ódio coletivo.

Quando se constata o surgimento de um novo guru bem-sucedido, é bom juntar-se ao seu trio elétrico. Mais importante ainda é reconhecer quando o guru atingiu o auge. Todos os gurus um dia caem – e, por definição, despencam dos píncaros da fama. A aceitação pela mídia de massa é sinal de que o guru chegou ao apogeu. Os principais meios de comunicação são cautelosos com os forasteiros. Quando várias revistas de massa passam a destinar espaço a um novo guru de mercado, sabe-se que o fim está próximo.

Outro sinal de advertência de que o guru de mercado já chegou ao apogeu é ser entrevistado pela *Barron's* – a maior revista semanal de negócios dos Estados Unidos. Em janeiro, todos os anos, a *Barron's* reúne um grupo de destacados analistas para destilar sabedoria e emitir previsões referentes ao ano entrante. O painel geralmente é composto de analistas "convencionais" que se concentram em temas como índice preço-lucro, novos setores emergentes e assim por diante. É muito incomum que a *Barron's* convide um guru da moda, com uma teoria vibrante, para seu grupo de janeiro. O guru só é convidado quando o público exige sua presença e quando sua não inclusão diminuiria o prestígio da revista. Tanto Granville quanto Prechter foram convidados para o grupo de janeiro quando cada um estava no auge da fama. Poucos meses depois de sua participação no painel, ambos despencaram das alturas. Da próxima vez em que um guru de mercado for incluído no painel de janeiro da *Barron's*, não renove a assinatura de sua newsletter.

Em face das próprias características da psicologia de massa, é certo que novos gurus emergirão no horizonte. Mas os gurus decadentes jamais se recuperam com toda força. Depois do tropeço inevitável, a adoração transforma-se em execração. Um vaso caro que se estilhaça jamais é restaurado com perfeição.

Gurus dos métodos mágicos

Enquanto os gurus dos ciclos de mercado são criaturas do mercado de ações, os "gurus dos métodos" destacam-se mais nos mercados de derivativos, sobretudo nos mercados futuros. Um "guru dos métodos" irrompe no cenário financeiro depois de descobrir um novo método de análise ou de operação.

Os operadores de mercado sempre buscam um trunfo, uma vantagem sobre os colegas de ofício. Como cavaleiros à procura de uma espada, estão dispostos a pagar caro por suas ferramentas de negociação. Nenhum preço é demasiado alto se lhes permitir explorar a cornucópia de dinheiro.

Os gurus dos métodos mágicos vendem um novo conjunto de chaves para abrir as comportas do lucro nos mercados. Tão logo certo número de pessoas familiariza-se com o novo método e o testa nos mercados, ele sempre se deteriora e começa a perder popularidade. Os mercados estão em constante mutação e os métodos que funcionaram ontem tendem a não funcionar hoje e dificilmente darão certo amanhã.

Em princípios da década de 1970, Jake Bernstein, editor de newsletters sobre os mercados de Chicago, ficou famoso por usar os ciclos de mercado para prever topos e fundos. Seus métodos funcionaram bem e sua fama se espalhou. Bernstein cobrava caro por suas newsletters, proferia palestras, gerenciava fundos e produziu um fluxo infindável de livros. Como de praxe, os mercados mudaram, tornando-se cada vez menos cíclicos na década de 1980.

Peter Steidlmayer foi outro guru dos métodos cuja estrela subiu alto nos céus de Chicago. Ele exortava seus seguidores a descartar as velhas ferramentas de negociação em favor do seu Market Profile (Perfil de Mercado). Sua promessa era revelar os segredos da oferta e demanda e oferecer aos verdadeiros crentes a oportunidade de comprar nos vales e vender nos picos. Steidlmayer juntou-se ao empreendedor Kevin Koy para a realização de seminários que atraíam mais de 50 pessoas, dispostas a pagar US$1.600 por um programa de quatro dias. Entretanto, não se viam exemplos notórios de sucesso entre os devotos do Market Profile e os desentendimentos entre os fundadores eram frequentes. Steidlmayer conseguiu um emprego numa corretora e ele e Koy continuaram a promover seminários ocasionais.

O estranho é que mesmo nesta era de rápidas conexões globais, a reputação muda lentamente. Um guru cuja imagem tenha sido destruída em seu próprio país ainda consegue ganhar dinheiro mascateando suas teorias além-fronteiras. Esse ponto ficou claro para mim depois que um guru comparou sua popularidade contínua na Ásia com o destino de cantores e artistas americanos decadentes. Não mais conseguem atrair público nos Estados Unidos, mas ainda são capazes de ganhar a vida cantando no exterior.

Gurus mortos

O terceiro tipo de guru de mercado é o guru morto. Seus livros são reimpressos, seus cursos sobre mercados são analisados por novas gerações de investidores ansiosos e a lenda das proezas e da fortuna pessoal do analista falecido floresce no pós-morte. O guru morto não está mais entre nós e não pode capitalizar sua fama. Outros promotores lucram com sua reputação e com os direitos autorais prescritos. Um desses gurus falecidos é R. N. Elliot, mas o melhor exemplo dessa espécie é W. D. Gann.

Vários oportunistas vendem "cursos de Gann" e "software de Gann". Alegam que Gann foi um dos melhores operadores de mercado de todos os tempos, que deixou um espólio de mais de US$50 milhões, e assim por diante. Entrevistei o filho de W. D. Gann, analista de um banco de Boston. Ele me disse que seu famoso pai não conseguia sustentar a família com suas operações de mercado e que ganhava a vida escrevendo e vendendo cursos. Quando W. D. Gann morreu na década de 1950, seu espólio, inclusive sua casa, foi avaliado em pouco mais de US$100.000. A lenda de W. D. Gann, o gigante dos investimentos em renda variável, foi perpetuada por aqueles que vendem cursos e toda uma parafernália de penduricalhos a clientes otários.

Os seguidores de gurus

As personalidades dos gurus de mercado diferem. Alguns estão mortos, mas os que estão vivos variam desde tipos acadêmicos sérios até grandes organizadores de espetáculos. Os gurus precisam produzir pesquisas originais durante vários anos e torcer para que o mercado vire a seu favor.

Para saber sobre os escândalos que cercaram muitos gurus, leia *Winner Takes All*, de William Gallacher, e *The Dow Jones Guide to Trading Systems*, de Bruce Babock. O objetivo desta seção é simplesmente analisar o fenômeno dos gurus.

Quando pagamos a um guru, esperamos receber de volta mais do que gastamos. Agimos como alguém que aposta alguns trocados contra um prestidigitador de cartas de baralho. O apostador espera ganhar mais do que pôs sobre o caixote virado. Apenas os ignorantes ou gananciosos mordem essa isca.

Há quem recorra aos gurus em busca de um líder forte. Estão à procura de um provedor onisciente. Conforme observou um amigo meu, "Eles andam com o cordão umbilical na mão, procurando algum lugar onde ligá-lo". O provedor inteligente fornece esse receptáculo, por um preço.

O público quer gurus, e os gurus acorrerão. Como investidor inteligente, você precisa entender que, a longo prazo, nenhum guru vai torná-lo rico. Você tem que trabalhar por conta própria.

7. AUTODESTRUTIVIDADE

Operar nos mercados é um jogo difícil. Os investidores que pretendem alcançar o sucesso duradouro devem ser muito sérios no que fazem. Não podem dar-se ao luxo de serem ingênuos ou de investirem em função de alguma agenda psicológica oculta.

Infelizmente, operar nos mercados quase sempre exerce forte atração sobre pessoas impulsivas, sobre jogadores e sobre quem acha que o mundo deve prover-lhes os meios de sobrevivência. Quem opera nos mercados como algo excitante tende a realizar transações com chances adversas e a aceitar riscos desnecessários. Os mercados são implacáveis, e os investimentos emocionais sempre resultam em perdas.

Jogo

Jogar significa apostar em jogos de azar ou de habilidades. Esses jogos existem em todas as sociedades e a maioria das pessoas já jogou em algum momento de sua vida.

Freud achava que o jogo exerce uma atração universal por ser um sucedâneo da masturbação. A atividade repetitiva e vibrante das mãos, a pressão irresistível, a decisão de parar, a qualidade inebriante do prazer e o sentimento de culpa ligam o jogo à masturbação.

O Dr. Ralph Greenson, eminente psicanalista da Califórnia, dividiu os jogadores em três grupos: as pessoas normais, que jogam pela diversão e conseguem parar quando querem; o jogador profissional, que escolhe o jogo como meio de vida; e o jogador neurótico, que joga sob o impulso de necessidades inconscientes e é incapaz de parar.

O jogador neurótico ou se considera com sorte ou quer testar a sua sorte. A vitória lhe transmite uma sensação de poder. Sente-se bem, como o bebê que se alimenta no seio materno. O jogador neurótico sempre perde, pois tenta recriar esse sentimento onipotente de bem-aventurança em vez de concentrar-se num plano de jogo de longo prazo.

A Dra. Sheila Blume, do programa de jogo compulsivo do South Oaks Hospital, em Nova York, chama o jogo de "dependência sem droga". A maioria dos jogadores é composta de homens que jogam pela ação. As mulheres tendem a jogar como meio de fuga. Os perdedores geralmente ocultam as perdas e tentam parecer e agir como vencedores, mas são afligidos pelas dúvidas a respeito de si mesmos.

Operar nos mercados, com ações, futuros e opções, provoca no jogador a mesma sensação de êxtase, mas sem dúvida parece muito mais respeitável do que apostar nos cavalinhos. Além disso, jogar nos mercados financeiros tem uma aura de sofisticação e proporciona melhor diversão intelectual do que manipular números com o bookmaker.

Os jogadores sentem-se felizes quando o jogo vira a seu favor. Por outro lado, sentem-se tremendamente por baixo quando perdem. Diferem dos profissionais bem-sucedidos, que se concentram nos planos de longo prazo e não ficam muito chateados ou empolgados em razão de suas atividades de investimentos.

Os corretores sabem muito bem que vários de seus clientes são jogadores. Por isso, raramente deixam recado com as esposas desses investidores, mesmo quando telefonam apenas para confirmar uma negociação. Mas os amadores não são os únicos que se envolvem com o jogo – boa parte dessa distorção ocorre entre profissionais. Sonny Kleinfield descreve em seu livro, *The Traders*, o movimento endêmico de apostas em eventos esportivos nas salas de negociações das bolsas de valores.

O principal sinal de jogo nas operações de mercado é a incapacidade de resistir à tentação de apostar. Se você sentir que se dedica demais às operações de mercado, com resultados insatisfatórios, pare de investir durante um mês. Essa pausa lhe dará a chance de reavaliar seus investimentos; se o impulso para investir for tão forte a ponto de você não conseguir afastar-se dessa atividade por tanto tempo, é hora de visitar a seção local dos Jogadores Anônimos ou começar a seguir os princípios dos Alcoólatras Anônimos, apresentados mais adiante, neste capítulo.

Autossabotagem

Depois de praticar psiquiatria por muitos anos, convenci-me de que a maioria dos fracassos na vida resulta de autossabotagem. Fracassamos em nossas atividades profissionais, pessoais e de negócios não por ignorância ou incompetência, mas para realizar um desejo inconsciente de fracassar.

Um amigo meu, brilhante e espirituoso, tem toda uma história de vida de demolição do próprio sucesso. Quando jovem, era um vendedor técnico bem-sucedido e acabou sendo demitido; participou de cursos de treinamento como corretor e chegou quase ao topo da empresa onde conseguiu emprego, mas foi processado; tornou-se investidor bem conhecido, mas quebrou, enquanto tentava desvencilhar-se de desastres anteriores. Atribuiu a culpa por todos esses fracassos a chefes invejosos, a reguladores incompetentes e à esposa pouco solidária.

Finalmente, chegou ao fundo do poço. Não tinha emprego nem dinheiro. Tomou emprestado um terminal de cotações de outro operador falido e levantou capital com algumas pessoas que conheciam seu passado de bom investidor. Ele realmente sabia operar nos mercados e ganhou um bom dinheiro para o seu grupo. À medida que a notícia se espalhava, mais pessoas entravam com dinheiro. Meu amigo estava numa boa. A certa altura, ele partiu para uma excursão de conferências na Ásia, mas continuou a operar durante a viagem. Por fim, desviou-se do itinerário programado para visitar um país famoso por suas prostitutas, deixando em aberto uma posição muito grande, sem stop de proteção. Quando retornou à civilização, o mercado dera uma grande virada e o dinheiro do pool de investidores sumira do mapa. Depois de tudo isso, será que ele ao menos tentou avaliar o problema? Será que procurou mudar? Não – culpou o corretor!

Dói buscar em si mesmo a causa dos fracassos. Quando certos investidores enfrentam problemas, tendem a culpar outras pessoas, a má sorte ou qualquer outra coisa.

Um importante investidor procurou-me para uma consulta. Seu patrimônio estava sendo destruído por forte alta no dólar, em que assumira grande posição vendida. Analisando seus antecedentes, descobri que ele fora criado às turras com um pai repulsivo e arrogante. Tornara-se conhecido por seus próprios méritos ao apostar muito dinheiro em reversões de tendências em curso. Esse investidor continuou a aumentar sua posição vendida, pois não podia admitir que o mercado, que para ele representava seu pai, fosse maior e mais forte do que ele.

Esses são apenas dois exemplos de como as pessoas agem em decorrência de tendências autodestrutivas. Sabotamo-nos quando atuamos como crianças impulsivas, e não como adultos inteligentes. Aferramo-nos a nossos padrões autoagressivos, ainda que sejam curáveis – o fracasso é uma doença tratável.

A bagagem mental da infância pode impedir o seu sucesso nos mercados. Você precisa identificar os seus pontos fracos para mudar. Mantenha um diário sobre suas operações de mercado – anote nele as razões que o levaram a entrar ou a sair de todas as posições. Busque padrões repetitivos de sucesso ou fracasso.

O dérbi da demolição

Quase todas as profissões e empresas proporcionam uma rede de segurança a seus membros. Seus chefes, colegas e clientes podem adverti-lo quando você se comporta de maneira perigosa ou autodestrutiva. Nas operações de mercado, você não conta com essa sustentação protetora, o que torna essa atividade mais perigosa do que a maioria dos esforços humanos. Os mercados oferecem muitas oportunidades de autodestruição, sem rede de segurança.

Todos os membros da sociedade fazem pequenas concessões para proteger uns aos outros das consequências de nossos erros. Quando se dirige, tenta-se evitar bater nos outros veículos e os demais motoristas agem da mesma maneira. Se alguém abre de repente a porta de um carro estacionado, você dá uma guinada brusca para desviar-se do obstáculo repentino. Se alguém corta a sua frente numa rodovia, você até pode xingar, mas freia o carro para não bater. Você evita colisões porque elas são muito dispendiosas para ambas as partes.

Os mercados operam sem a solidariedade humana normal. Todos os operadores de mercado tentam bater nos outros. Todos os operadores de mercado são atingidos pelos demais. A autoestrada das operações de mercado está apinhada de carcaças de veículos acidentados. As operações de mercado são o mais perigoso empreendimento humano, quase tanto quanto a guerra.

Comprar no momento mais movimentado do dia é como abrir a porta do carro numa via expressa com tráfego intenso. Quando sua ordem de compra chega à sala de negociações, os operadores correm para vender – para arrancar a sua porta e levar junto o seu braço. Os outros investidores torcem pelo seu fracasso porque ficam com o dinheiro que você perde.

Controlando a autodestrutividade

A maioria das pessoas passa a vida cometendo os mesmos erros e chega aos 60 fazendo as mesmas besteiras que fazia aos 20. Outras estruturam a vida para serem bem-sucedidas numa área, enquanto manifestam conflitos internos em outras. Muito poucas pessoas amadurecem e superam seus problemas.

Você precisa estar consciente de sua tendência de sabotar-se. Pare de atribuir a culpa por suas perdas à má sorte ou aos outros e assuma a responsabilidade pelos resultados. Comece um diário – um registro de todas as suas negociações, com os motivos para entrar e sair delas. Busque padrões repetitivos de sucesso e fracasso. Quem não aprende com o passado está condenado a repeti-lo.

Você necessita de uma rede de segurança psicológica, da mesma maneira como os montanhistas não podem dispensar equipamentos de segurança. Acho que os princípios dos Alcoólatras Anônimos, apresentados mais adiante neste capítulo, são de grande ajuda. Regras rigorosas de gestão do dinheiro também fornecem uma rede de segurança.

Se você está em busca de terapia para seus problemas de investimento, escolha um profissional competente, que saiba o que é investir em renda variável. Você é o responsável final por sua própria terapia e deve monitorar seu progresso. Geralmente digo a meus pacientes que, quando se passa um mês sem sinais evidentes de melhoria, algo está errado com a terapia. Quando a terapia não apresenta resultados em dois meses, é hora de recorrer a outro terapeuta.

8. PSICOLOGIA DAS OPERAÇÕES DE MERCADO

Seus sentimentos exercem impacto imediato sobre sua conta de investimentos. É até possível que você tenha um ótimo sistema de negociações. No entanto, caso você se sinta assustado, arrogante ou chateado, sua conta sem dúvida sofrerá as consequências. Ao reconhecer que a sensação de êxtase ou de medo dos jogadores está obscurecendo a sua mente, pare de investir. Seu sucesso ou fracasso como operador de mercado depende do controle de suas emoções.

Ao operar nos mercados, você está competindo com as mentes mais afiadas do mundo. O campo de jogo foi preparado para levá-lo ao fracasso. Se você permitir que suas emoções interfiram em suas operações de mercado, a batalha estará perdida.

Você é responsável por todas as suas operações de mercado. Cada uma delas começa no momento em que você decide entrar no mercado e termina apenas quando você resolve sair daquela posição. Ter um bom sistema de negociações não é o suficiente. Muitos operadores de mercado, mesmo com bons sistemas de negociações, acabam desaparecendo dos mercados porque, sob o ponto de vista psicológico, não estão preparados para a vitória.

Flexibilizando as regras

Os mercados oferecem enormes tentações, como se estivéssemos percorrendo uma caixa-forte cheia de ouro ou perambulando por um harém. Os mercados evocam forte cobiça pelos ganhos e grande medo quanto às perdas. Esses sentimentos embotam nossas percepções das oportunidades e dos perigos.

Depois de uma sequência de ganhos, a grande maioria dos amadores começa a achar que é gênio. E a ilusão de ser capaz de dobrar regras do jogo e sair-se vitorioso é inebriante. Nesse momento, os investidores abandonam seus princípios e entram em modo de operação autodestrutivo.

Em geral, os investidores desenvolvem alguns conhecimentos, alcançam algumas vitórias, deixam-se dominar pelas emoções e tornam-se propensos a autodestruição. No final do ciclo, quase todos os investidores logo devolvem seus "ganhos extraordinários" ao mercado, cujos campos de batalha estão cheios de histórias de mendigos que viram príncipes e de príncipes que viram mendigos. A marca do operador de mercado bem-sucedido é a capacidade de acumular patrimônio.

É preciso tornar suas operações de mercado tão objetivas quanto possível. Mantenha um diário de todas as suas negociações, com gráficos "antes e depois", desenvolva uma planilha com o resumo de todos os investimentos, abrangendo comissões e slippage, e observe regras muito rigorosas sobre gestão do dinheiro. Talvez seja necessário dedicar tanta energia à análise de si mesmo quanto à análise dos mercados.

Quando eu estava aprendendo a operar nos mercados, li todos os livros que encontrei sobre psicologia de investimentos. Muitos autores ofereceram conselhos sensatos. Alguns salientaram a disciplina: "Não se deixe controlar pelos mercados. Não tome decisões durante as negociações em si. Planeje a negociação e negocie o plano." Outros destacaram a flexibilidade: "Não entre nos mercados com noções preconcebidas. Mude seus planos quando os mercados mudarem." Também há especialistas que sugerem isolamento – nada de notícias sobre negócios, não ler jornais especializados, não ouvir outros investidores, apenas você e os mercados. Outros aconselham manter-se aberto a novas ideias, promover o relacionamento com outros investidores e embeber-se de ideias criativas. Cada orientação parecia fazer sentido, mas contradizia outras recomendações igualmente sensatas.

Continuo a ler, a investir e a concentrar-me no desenvolvimento de sistemas. Também continuo a praticar a psiquiatria. Nunca imaginei que os dois campos fossem interligados – até que tive um insight repentino. A ideia que mudou minha maneira de investir veio da psiquiatria.

O insight que mudou meus investimentos

Como a maioria dos psiquiatras, sempre tive alguns pacientes com problemas de alcoolismo. Também atuei como consultor de grandes programas de reabilitação de viciados em drogas. Não demorei muito para perceber que os alcoólatras e os viciados tinham maior probabilidade de recuperar-se em grupos de autoajuda do que em contextos psiquiátricos clássicos.

Psicoterapia, medicamentos e clínicas ou hospitais dispendiosos podem curar um porre, mas raramente evitam outro porre. Os viciados têm muito mais chances de recuperar-se quando se tornam membros ativos dos Alcoólatras Anônimos (AA) ou de outros grupos de autoajuda. Comecei, então, a recomendar pacientes com problemas de bebida para os AA ou para grupos semelhantes. Agora, se um alcoólatra me procura para tratamento, insisto em que também recorra aos AA. Digo-lhe que agir de outra maneira seria perda de tempo e de dinheiro.

Certa noite, muitos anos atrás, passei pelo escritório de um amigo em minha ida para uma festa em nosso departamento de psiquiatria. Ainda tínhamos duas horas antes da festa, e meu amigo, que era alcoólatra em recuperação, perguntou: "Você quer ir ao cinema ou a uma reunião dos AA?" Já recomendara muitos pacientes aos AA, mas nunca tinha estado em uma reunião, pois nunca enfrentara problemas com bebida. E agarrei-me àquela chance de participar de uma reunião dos AA – foi uma nova experiência.

A reunião realizou-se na seção local da ACM. Cerca de uma dúzia de homens e umas poucas mulheres estavam sentadas em cadeiras dobráveis, numa sala vazia. A reunião durou cerca de uma hora. Fiquei espantado com o que ouvira – parecia que estavam conversando sobre meus investimentos!

Falaram sobre álcool, mas, se eu substituísse "álcool" por "perda", boa parte do que diziam aplicava-se a mim! Minha conta de investimentos ainda avançava e recuava naqueles dias. Saí daquela sala da ACM certo de que teria de lidar com as minhas perdas da maneira como os AA lidam com o álcool.

9. LIÇÕES DOS AA SOBRE OPERAÇÕES DE MERCADO

Qualquer alcoólatra é capaz de ficar sóbrio por alguns dias. Em breve, contudo, a necessidade de beber o sobrepuja novamente e ele volta às garrafas. Não consegue resistir à pressão porque ainda sente e pensa como um alcoólatra. A sobriedade começa e termina na mente das pessoas.

Os Alcoólatras Anônimos (AA) têm um sistema para mudar a maneira como as pessoas sentem e pensam sobre a bebida. Os membros de AA usam um programa de 12 etapas para mudar suas atitudes. Esses 12 passos, descritos no livro *Twelve Steps and Twelve Traditions,* referem-se às 12 fases do crescimento pessoal. Os alcoólatras em recuperação participam de reuniões com outros alcoólatras em recuperação, apoiando-se uns aos outros na busca da sobriedade. Qualquer membro pode ter um padrinho – outro membro dos AA a quem pede apoio quando se sente na iminência de beber.

A instituição AA foi fundada na década de 1930 por dois alcoólatras – um médico e um caixeiro-viajante. Eles começaram a encontrar-se e a apoiar um ao outro para que ficassem sóbrios. E assim desenvolveram um sistema tão eficaz que começou a atrair outras pessoas. Os AA têm apenas um objetivo – ajudar seus membros a ficarem sóbrios. Não promovem levantamento de fundos, não assumem posições políticas e não realizam campanhas promocionais. Os AA continuam crescendo apenas por meio da propaganda boca a boca, devendo seu sucesso apenas à própria eficácia.

Também existem grupos de 12 etapas para filhos de alcoólatras, fumantes, jogadores e outros. Estou convencido de que os investidores em renda variável podem parar de perder dinheiro nos mercados se aplicarem os princípios básicos dos Alcoólatras Anônimos em suas atividades de investimentos.

Negação

Quem bebe socialmente gosta de um coquetel, de uma taça de vinho ou de um copo de cerveja, mas para quando acha que já bebeu bastante. A química de um alcoólatra é diferente. Quando toma a primeira dose, o alcoólatra logo sente a necessidade de beber mais, até ficar bêbado.

O bêbado sempre diz que precisa parar de beber, mas não admite que seu hábito de beber está fora de controle. Os bêbados, em sua maioria, negam que sejam alcoólatras. Tente dizer a um parente, amigo ou empregado alcoólatra que seu hábito de beber está sem controle e prejudicando sua vida, e você deparará imediatamente com uma muralha de negação. O alcoólatra geralmente diz: "Meu chefe me despediu porque eu estava de ressaca e cheguei atrasado. Minha mulher pegou as crianças e saiu de casa porque não tem noção das coisas. Meu senhorio está tentando despejar-me do apartamento porque estou um pouco atrasado com o aluguel. Vou parar de beber e tudo voltará ao normal."

Esse homem perdeu a família e o emprego e está a ponto de também não ter onde morar. Ele está perdendo o controle sobre sua vida, mas continua dizendo que consegue parar de beber. Isso é negação!

Os alcoólatras negam o problema enquanto sua vida se despedaça. A maioria alimenta a fantasia de ser capaz de controlar a bebida. Enquanto acreditar que consegue "controlar a bebida", o alcoólatra continuará descendo a ladeira. Nada mudará, ainda que arranje novo emprego, nova mulher e novo senhorio.

Os alcoólatras negam que estejam sob o controle do álcool. Quando falam em beber menos, estão tratando de algo impossível. São como o motorista que perde o controle do carro numa estrada de montanha. Quando o carro despencar de um penhasco, será tarde demais para prometer dirigir com mais cuidado. A vida do alcoólatra foge ao seu controle enquanto ele nega que seja alcoólatra.

É chocante a semelhança entre um alcoólatra e um operador de mercado cuja conta de investimentos esteja sendo destruída pelas perdas. Ele continua mudando suas táticas de investimentos, agindo como um alcoólatra que tenta resolver seus problemas substituindo a cachaça pela cerveja. O perdedor nega que tenha perdido o controle sobre seu rumo no mercado.

O fundo do poço

O bêbado inicia a jornada de recuperação apenas depois que admite ser alcoólatra. O fundamental é admitir que o álcool controla sua vida, e não o contrário. A maioria dos bêbados não consegue reconhecer essa dura realidade. Enfrentam a verdade apenas depois de atingir o fundo do poço.

Alguns alcoólatras batem no fundo do poço quando desenvolvem uma doença que acarreta risco de vida. Outros chegam lá depois de serem rejeitados pela família ou perder o emprego. O alcoólatra precisa descer a profundezas tão hediondas, deve chafurdar de tal maneira na lama, sentir uma dor tão insuportável que finalmente rompa a própria negação.

A dor de chegar aos desvãos do inferno é intolerável. Faz com que o alcoólatra se dê conta da sordidez em que se atolou. Essa dor perfura seu escudo protetor. E então ele se defronta com uma escolha simples e inequívoca – ou dá uma virada em sua vida ou morre em pouco tempo. Apenas nessas condições o alcoólatra está pronto para iniciar a jornada de recuperação.

Os lucros fazem com que os operadores de mercado se sintam poderosos e provocam neles uma sensação de êxtase. Tentam ficar altos novamente, precipitam-se em operações negligentes e devolvem o dinheiro aos vencedores. A maioria não suporta a dor de uma sequência de perdas e quase todos morrem como operadores de mercado depois de atingirem o fundo do poço e desaparecerem do contexto. Os poucos sobreviventes constatam que o principal problema não está em seus métodos; o problema está em sua mentalidade. Estes são capazes de mudar e transformar-se em operadores de mercado bem-sucedidos.

A primeira etapa

O alcoólatra que quiser recuperar-se deverá superar 12 etapas – 12 fases de crescimento pessoal. Ele precisa mudar sua forma de pensar e de sentir, revendo em profundidade a maneira como se relaciona consigo mesmo e com os outros. O primeiro passo dos AA é o mais difícil.

O primeiro passo a ser dado pelo alcoólatra é admitir sua impotência em relação ao álcool. Ele precisa admitir que sua vida tornou-se incontrolável. Que o álcool é mais forte. A maioria dos alcoólatras não consegue dar esse passo, abandona o programa e continua a destruir sua vida.

Se o álcool é mais forte do que você, é evidente que você não pode mais beber uma gota de álcool pelo resto de sua vida. Você precisa parar de beber para sempre. A maioria dos bêbados não quer abrir mão desse prazer. Preferem destruir sua vida a dar o primeiro passo dos AA. Apenas a dor de estatelar-se no fundo do poço proporciona motivação suficiente para dar o primeiro passo.

Um dia de cada vez

Você provavelmente já viu adesivos em para-brisas de carros dizendo: "Um dia de cada vez" ou "Devagar e sempre". Esses são slogans dos AA e os motoristas desses carros provavelmente são alcoólatras em recuperação.

Planejar a vida sem álcool parece acabrunhante. Essa é a razão por que os AA estimulam seus membros a viverem sóbrios um dia de cada vez.

O objetivo de todo membro dos AA é manter-se sóbrio hoje e ir para a cama sóbrio esta noite. Aos poucos, os dias transformam-se em semanas, meses e anos. As reuniões e outras atividades dos AA ajudam cada alcoólatra em recuperação a ficar sóbrio, um dia de cada vez.

Os alcoólatras em recuperação recebem – e dão aos outros – apoio e companheirismo inestimáveis nessas reuniões. Elas são realizadas a qualquer hora, em todo o mundo. Os operadores de mercado têm muito a aprender com essas reuniões.

Uma reunião dos AA

Uma das melhores coisas que um operador de mercado pode fazer é ir a uma reunião dos AA. Fiz essa recomendação especialmente a certo operador de mercado que enfrentava uma sequência de perdas. Telefone para os Alcoólatras Anônimos e pergunte-lhes sobre a "próxima reunião de abertura" ou "reunião para iniciantes" em sua área.

Cada reunião dura cerca de uma hora. Você pode sentar-se no fundo da sala e ouvir com atenção. Ninguém o pressiona a falar nem pergunta o seu sobrenome.

No início de cada reunião, um membro veterano se levanta e fala sobre sua luta para superar o alcoolismo. Vários outros membros compartilham suas experiências. Por fim, faz-se uma coleta para cobrir as despesas – a maioria contribui com US$1. O que você tem a fazer é ouvir com cuidado e sempre que escutar a palavra "álcool" substituí-la por "perda". Você terá a impressão de que todos na reunião estão falando sobre operações de mercado!

10. PERDEDORES ANÔNIMOS

Quem bebe socialmente gosta de um drinque uma vez ou outra. Mas o alcoólatra anseia por álcool. Ele nega que o álcool controle e destrua sua vida – até enfrentar uma grave crise pessoal. Pode ser uma doença que envolva risco de vida, desemprego, deserção de um membro da família ou outro evento que provoque dor insuportável. Os AA chamam essa situação de "fundo do poço".

A dor de chegar ao fundo do poço perfura a negação do alcoólatra. Ele se defronta com uma escolha dura – afogar-se ou dar uma virada e nadar até a superfície em busca de ar. O primeiro passo para a recuperação é admitir a impotência em relação ao álcool. Um alcoólatra em recuperação nunca mais pode beber.

A perda é para o perdedor o que o álcool é para o alcoólatra. Uma pequena perda é como uma dose isolada. Uma grande perda é como um porre. Uma série de perdas é como uma bebedeira. Os perdedores deslocam-se o tempo todo entre diferentes mercados, gurus e sistemas de negociações. Seu patrimônio encolhe, enquanto tentam recriar a sensação inebriante da vitória.

Os operadores de mercado fracassados pensam e agem como alcoólatras, exceto que sua fala não é arrastada. Os dois grupos são tão parecidos que é até possível prever as atitudes do perdedor com base no modelo dos alcoólatras.

O alcoolismo é uma doença curável – assim como perder dinheiro nas operações de mercado. Os perdedores podem mudar de vida se começarem a usar os princípios dos Alcoólatras Anônimos.

A compulsão para operar nos mercados

Os operadores de mercado bem-sucedidos tratam as perdas da maneira como quem bebe socialmente lida com o álcool: não incorrem em excessos e sabem parar. Quando sofrem uma sequência de prejuízos, interpretam a situação como sinal de que algo está errado: é hora de fazer uma pausa e repensar suas análises e métodos. Os perdedores não conseguem parar – continuam investindo porque são viciados e nutrem a esperança de uma grande vitória.

Um eminente assessor de investimentos escreveu que o prazer de operar nos mercados é mais intenso do que o do sexo ou o de pilotar um jato. Do mesmo modo como o alcoólatra descamba do hábito social para a embriaguez constante, os perdedores assumem riscos cada vez maiores. Eles transpõem a linha entre assumir riscos do negócio e jogar por compulsão. Muitos perdedores nem sabem da existência dessa linha.

Os perdedores sentem a necessidade de operar nos mercados, da mesma maneira como os alcoólatras são compelidos a beber. Realizam operações compulsivas, entregam-se a farras de negociações e continuam a operar desesperadamente na tentativa de sair do buraco.

As contas dos perdedores esvaem-se em dinheiro. A maioria desaparece do mercado por falta de recursos, mas alguns se transformam em gestores do dinheiro alheio, depois que perdem o próprio; ainda outros vendem serviços de assessoria, da mesma maneira como os bêbados alquebrados lavam louça nos bares.

A maioria dos perdedores oculta suas perdas de si próprios e do mundo. Manipulam o dinheiro, mantêm registros deficientes de suas operações e jogam fora os extratos das corretoras. O perdedor é como o alcoólatra que não quer saber quantas garrafas esvaziou.

No buraco

Os perdedores nunca sabem por que perdem. Se soubessem, já teriam feito alguma coisa para se converterem em ganhadores. Continuam operando nos mercados como se estivessem num nevoeiro. Os perdedores tentam gerenciar suas operações no mercado da maneira como os alcoólatras procuram manipular a bebida.

Os perdedores tentam sair do buraco por meio de novas operações nos mercados. Mudam de sistemas de negociações, compram novo software ou seguem as dicas de outro guru. Encenam uma fantasia de recuperação – uma crença encantatória em Papai Noel. Essa fé desesperada em soluções mágicas ajuda muitos consultores a vender seus serviços ao público.

Quando as perdas avultam e o patrimônio encolhe, os perdedores agem como o alcoólatra ameaçado de demissão ou de despejo. Entram em desespero e passam de operações secas (outright positions) para operações num spread (spread position), dobram posições com prejuízo, revertem a direção de suas operações e assim por diante, extraindo dessas mudanças tanto benefício quanto o ébrio que substitui uma bebida forte por outra mais fraca.

Os operadores de mercado fracassados precipitam-se no descontrole, na tentativa de gerenciar o que não é gerenciável. Os alcoólatras morrem cedo e a maioria desses operadores de mercado jamais retorna ao mercado. Novos métodos de negociações, dicas quentes e melhor software são de pouca ajuda até que o indivíduo aprenda a gerenciar a si mesmo. É preciso mudar a própria mentalidade, para parar de perder e começar a recuperar-se como investidor em renda variável.

Os perdedores geralmente se embriagam com as perdas; são viciados em perdas. Os operadores de mercado preferem o lucro, mas até as perdas são fontes de muita vibração. O prazer de operar nos mercados é muito intenso. Raros são os perdedores que realmente se empenham em perder – mas também poucos são os alcoólatras que efetivamente se esforçam para cair na sarjeta.

Já o perdedor contumaz inebria-se com suas operações no mercado, enquanto seu patrimônio míngua. Tentar dizer-lhe que é um perdedor é como arrancar a garrafa da mão de um bêbado. O perdedor precisa ricochetear no fundo do poço para começar a recuperar-se.

O fundo do poço

A sensação de bater no fundo do poço é horrível. É dolorosa e humilhante. Chega-se lá quando se perde mais dinheiro do que se tem. Quando se dilapida no jogo dos mercados todas as economias. A situação típica é aquela em que você se gaba de sua esperteza com os amigos e depois lhes pede dinheiro emprestado. E até parece que o mercado está nos seus calcanhares gritando: “Sua besta!”

Algumas pessoas chegam ao fundo do poço depois de apenas algumas semanas de operações nos mercados. Outras continuam injetando dinheiro em suas contas de investimentos, para adiar o dia do juízo final. Dá pena ver um perdedor olhando-se no espelho.

Passamos a vida construindo a autoestima. Quase todas as pessoas se têm em alta conta. Para alguém inteligente e bem-sucedido, dói muito prostrar-se no fundo do poço. Seu primeiro impulso talvez seja esconder-se, mas lembre-se de que você não está sozinho. Quase todos os operadores de mercado já estiveram lá.

A maioria das pessoas que chega ao fundo do poço morre como operadores de mercado. Fogem dos mercados e nem olham para trás. Os registros das corretoras indicam que de 90 a 100% das pessoas que hoje operam nos mercados provavelmente já terão ido embora daqui a um ano. Baterão no fundo do poço, ficarão machucados e sumirão. E tentarão esquecer as operações de mercado como se faz com um pesadelo.

Alguns perdedores lamberão as feridas e esperarão que a dor diminua. E então voltam aos mercados, tendo aprendido pouco. Mas estarão com medo, e a dor prejudica suas operações nos mercados.

Poucos investidores aprenderão o processo de mudança e crescimento. Nesses raros casos, a dor de chocar-se com o fundo do poço interromperá o círculo vicioso de inebriar-se com as vitórias e então perder tudo e naufragar. *Ao admitir que tem um problema pessoal que o leva a perder, você pode começar a construir uma nova vida de operações nos mercados. Você pode começar a desenvolver a disciplina dos vencedores.*

O primeiro passo

O alcoólatra precisa admitir que não pode controlar o vício. O investidor em renda variável também deve reconhecer que não consegue controlar suas perdas. Precisa aceitar que tem um problema psicológico com as perdas e que está destruindo sua conta de investimentos. O primeiro passo de um membro dos AA é dizer: "Sou um alcoólatra e não consigo controlar o álcool." Como investidor, você também deve dar o primeiro passo e dizer: "Sou um perdedor; sou impotente em relação às perdas."

O investidor pode recuperar-se usando os princípios dos Alcoólatras Anônimos. Os alcoólatras em recuperação lutam para manter-se sóbrios um dia de cada vez. Você também deve empenhar-se para operar sem prejuízo, um dia de cada vez.

Você talvez ache que isso é impossível. E se você comprar e o mercado imediatamente cair? E se você vender a descoberto na baixa e o mercado subir? Até os melhores investidores perdem dinheiro em algumas operações.

A resposta é traçar uma linha entre risco do negócio e prejuízo. O operador de mercado deve assumir os riscos do negócio, mas nunca pode sofrer prejuízos superiores ao risco predeterminado.

O lojista assume riscos sempre que estoca nova mercadoria. Se não vender o estoque, perderá dinheiro. Entretanto, o negociante inteligente só assume os riscos que não o tirarão do negócio, ainda que cometa vários erros em seguida. Estocar duas caixas de mercadorias parece um risco sensato, mas estocar um caminhão inteiro talvez já seja jogo.

Como investidor em renda variável, você está no negócio de operar nos mercados. Você precisa definir o risco do negócio – a quantia máxima que você está disposto a arriscar numa única operação. Nesse caso, não existe padrão, do mesmo modo como não há negócio padronizado. O risco aceitável depende, antes de tudo, do tamanho de sua conta de investimentos. Também depende de seu método de negociação e de sua tolerância à dor.

O conceito de risco do negócio mudará sua maneira de gerenciar o dinheiro. (Ver Capítulo 10: Gestão do Risco.) O investidor sensato nunca arrisca mais de 2% de sua conta de investimentos numa única negociação. Por exemplo, se a sua conta for de US$30.000, você não deve arriscar mais de US$600 por negociação. Se ela for de US$10.000, seu limite de risco deverá ser de US$200 por negociação. Caso sua conta seja muito pequena, restrinja-se a operar em mercados menos caros ou a negociar minicontratos. Se você identificar uma operação atraente mas o limite mínimo for superior a 2% de sua conta – não faça o negócio. Evite arriscar mais de 2% numa negociação, da mesma maneira como o alcoólatra em recuperação evita os bares. Caso tenha dúvidas sobre o limite do risco, erre para menos.

Se você culpar a corretora pela comissão muito alta e os operadores da sala de negociações pelo excesso de slippage, estará renunciando ao controle sobre suas operações de mercado. Tente reduzir ambas, mas assuma a responsabilidade. Se perder um dólar além de seu limite de risco, você é um perdedor.

Você registra com cuidado as suas operações no mercado? O desleixo nos registros é característica dos jogadores e dos perdedores. Os bons negociantes mantêm bons registros. Os registros das negociações devem incluir a data e o preço de cada entrada e saída, a slippage, a comissão, os stops, todos os ajustes de stops, os motivos da entrada, os objetivos da saída, o maior lucro não realizado (paper profit), a maior perda não realizada (paper loss) e qualquer outra informação necessária.

Perder numa operação dentro do limite de risco faz parte dos cavacos do ofício ou da rotina dos negócios. Não é preciso barganhar, esperar pela virada, rezar pela reversão. No entanto, perder um dólar além do limite de risco é como ficar bêbado, meter-se numa briga, vomitar na volta para casa e acordar jogado na sarjeta, com dor de cabeça. É algo que jamais deve acontecer.

Reunião para um

Quando se vai a uma reunião dos AA, veem-se pessoas que não bebem há anos se levantarem e dizerem: "Oi, meu nome é tal e tal e sou alcoólatra." Por que será que essas pessoas se denominam alcoólatras depois de anos de abstenção? Porque, se acharem que superaram o alcoolismo, começarão a beber de novo. Se a pessoa não mais se considerar alcoólatra, poderá tomar um trago, depois outro, e acabará mais uma vez na sarjeta. Se quiser continuar abstêmia, é preciso que se julgue alcoólatra pelo resto da vida.

Os operadores de mercado poderão beneficiar-se com nossa própria organização de autoajuda – vamos denominá-la Perdedores Anônimos. Por que não Operadores de Mercado Anônimos? Porque um nome forte ajuda a concentrar a atenção em nossas tendências autodestrutivas. Afinal, os Alcoólatras Anônimos não se intitulam Bebedores Anônimos. A partir do momento em que você se autodenomina perdedor, sua motivação para evitar as perdas é muito maior.

Vários investidores contestaram o que consideraram a "conotação negativa" de Perdedores Anônimos. Uma aposentada do Texas, investidora altamente bem-sucedida, descreveu-me sua abordagem. Ela é muito religiosa e acha que Deus não ficaria contente caso ela perdesse dinheiro. Assim, ela interrompe suas perdas com muita rapidez. Acho que nosso método é semelhante. O objetivo é interromper os prejuízos em face de algum objetivo ou regra externa.

Operar nos mercados dentro dos limites de risco é como viver sem álcool. O investidor em renda variável precisa admitir que é um perdedor, do mesmo modo como o bêbado deve reconhecer que é um alcoólatra. Assim, estará em condições de iniciar sua jornada de recuperação.

Essa é a razão por que todas as manhãs, antes de começar a operar nos mercados, sento-me defronte à tela de cotações em meu escritório e digo: "Bom-dia, meu nome é Alex e sou um perdedor. Minha propensão é causar fortes danos financeiros em minha conta." Isso é como uma reunião dos AA. Mantém-me concentrado nos primeiros princípios. Ainda que hoje eu tire do mercado milhares de dólares, amanhã direi de novo: "Bom-dia, meu nome é Alex e sou um perdedor."

Um amigo meu gracejou: "Quando sento em frente à minha máquina de cotações, digo: 'Meu nome é John, e vou rasgar a sua garganta hoje.'" Esse tipo de pensamento gera tensão. Já a mentalidade dos "Perdedores

Anônimos" produz serenidade. O investidor que se sente tranquilo e relaxado pode concentrar-se em negociações melhores e mais seguras. Já o investidor tenso é como o motorista que congela no volante. Quando um abstêmio e um bêbado participam de uma corrida, sabe-se quem tem maiores chances de sair vitorioso. O bêbado pode ganhar de vez em quando, graças à sorte, mas o abstêmio é a melhor aposta. Sem dúvida você quer ser o abstêmio na corrida.

11. VENCEDORES E PERDEDORES

Chegamos ao mercado oriundos de diferentes praias da vida e trazemos conosco a bagagem mental de nossa criação e de nossas experiências anteriores. Quase todos achamos que se atuarmos no mercado da maneira como agimos em nossa vida pessoal acabaremos perdendo dinheiro.

Seu sucesso ou fracasso no mercado depende de seus pensamentos e sentimentos, depende de suas atitudes em relação aos ganhos e ao risco, ao medo e à cobiça e de como você maneja a empolgação das negociações e do risco.

Acima de tudo, seu sucesso ou fracasso depende de sua capacidade de usar o intelecto em vez de agir com base nas emoções. O investidor que se sente eufórico quando ganha e deprimido quando perde não consegue acumular patrimônio, pois se deixa levar pelas emoções. Se você permitir que o mercado controle seus sentimentos de euforia e depressão, você perderá dinheiro.

Para ser vencedor no mercado, é preciso conhecer-se e agir com frieza e responsabilidade. A dor da perda induz as pessoas a buscar métodos mágicos. Ao mesmo tempo, essas mesmas pessoas em busca de milagres descartam boa parte do que é útil em seus antecedentes profissionais e de negócios.

Como um oceano

O mercado é como um oceano: sobe e desce independentemente de seus desejos. Você talvez fique alegre quando compra uma ação e ela dispara numa alta do mercado. Também é possível que se sinta dominado pelo medo quando está vendido e o mercado sobe, corroendo o seu patrimônio em cada ponto de alta. Esses sentimentos não têm nada a ver com o mercado. Estão dentro de você.

O mercado não sabe de sua existência. Você não pode fazer nada para influenciá-lo. Resta-lhe apenas a alternativa de controlar seu comportamento.

O oceano não quer saber do seu bem-estar, mas tampouco está interessado em causar-lhe danos. Você talvez se sinta exultante num dia de sol, quando uma brisa suave enfuna as velas de seu barco rumo ao seu destino. Também é provável que sinta pânico numa noite tempestuosa, quando as ondas empurram seu barco para os recifes. Seus sentimentos sobre o oceano existem apenas em sua mente. E ameaçam sua sobrevivência quando tomam o lugar do intelecto e dominam seu comportamento.

O navegante não controla o oceano, mas é capaz de controlar-se a si mesmo. Ele estuda as correntes e os padrões meteorológicos. Aprende técnicas de navegação segura e ganha experiência. Sabe quando levantar âncora e quando reforçar as amarras. O navegante bem-sucedido usa a inteligência.

O oceano pode ser útil quando fornece peixes e funciona como hidrovia. Mas o oceano também pode ser perigoso, soçobrando embarcações e afogando pessoas. Quanto mais racional sua abordagem, maior a probabilidade de que você chegue ao seu destino e realize seus objetivos. Ao contrário, quando as emoções são sua bússola, você não consegue concentrar-se na realidade do oceano.

O operador de mercado precisa estudar as tendências e as reversões no mercado da maneira como o navegante perscruta o oceano. Deve operar em pequena escala enquanto aprende a lidar consigo mesmo e com o mercado. Jamais se consegue controlar o mercado, mas se aprende a controlar a si mesmo.

O iniciante que realiza uma sucessão de operações lucrativas não raro se sente capaz de caminhar sobre as águas. Começa a assumir riscos insensatos e logo estoura sua conta. Por outro lado, o amador que sofre várias perdas seguidas geralmente se sente tão desmoralizado que não consegue colocar uma ordem, mesmo quando seu sistema emite fortes sinais de compra ou venda. Se as operações no mercado fazem com que você se sinta empolgado ou assustado, você não consegue utilizar todo o seu intelecto. Quando a alegria tirar seus pés do chão, você realizará operações irracionais e perderá. Ao contrário, quando o medo o derrubar, você perderá oportunidades lucrativas.

O investidor profissional usa a cabeça e mantém-se calmo. Apenas os amadores ficam eufóricos ou deprimidos com suas negociações. As reações emocionais são um luxo a que você não se pode dar nos mercados.

Negociações emocionais

A maioria das pessoas anseia por empolgação e entretenimento. Cantores, atores e atletas profissionais alcançam rendas muito mais altas em nossa sociedade do que outros trabalhadores mundanos, como médicos, pilotos ou professores universitários. As pessoas adoram ficar com os nervos à flor da pele – por isso compram bilhetes de loteria, frequentam cassinos e diminuem a velocidade para bisbilhotar os acidentes nas estradas.

Operar nos mercados é experiência inebriante, capaz de criar forte dependência. Os perdedores que jogam dinheiro nos mercados recebem em troca alto valor como entretenimento.

Os mercados estão entre as principais fontes de entretenimento da face da Terra. É um esporte para espectadores e jogadores, que acabam se fundindo numa única pessoa. Imagine um importante jogo de futebol, no qual você não esteja confinado às arquibancadas. Por uns poucos dólares, você pode entrar em campo e atuar como jogador. Se você der os chutes certos, será pago como profissional e até pode fazer gols.

Na primeira vez, é até possível que você pense duas vezes antes de "adentrar o gramado". Essa atitude cautelosa é responsável pela bem conhecida "sorte dos principiantes". Quando o dente de leite acerta na bola logo de início e recebe seu pagamento, é muito provável que se considere melhor do que os profissionais e se julgue capaz de ganhar a vida como jogador. Os amadores fominhas começam a correr em campo como doidos, dividindo todas as bolas, mesmo quando a oportunidade não é boa. Não demora muito, cometem falta grave e são expulsos de campo.

As decisões emocionais são letais nos mercados. Vê-se bom modelo de negociação emocional quando se vai ao hipódromo e em vez de olhar para os cavalos observa-se a plateia. Os apostadores batem os pés, pulam e gritam para os cavalos e jóqueis. Milhares de pessoas extravasam suas emoções. Os vencedores se abraçam e os perdedores rasgam seus boletos em desespero. A euforia, o sofrimento e a intensidade da torcida são caricaturas do que acontece nos mercados. O bookmaker frio, que tenta ganhar a vida nas pistas, não vibra, não grita nem aposta toda a grana num único páreo.

Os cassinos adoram apostadores bêbados. Por isso, servem bebida de graça aos jogadores, pois os ébrios são mais impulsivos e se arriscam mais. Pela mesma razão, tentam livrar-se dos jogadores frios. Serve-se menos bebida de graça em Wall Street do que nos cassinos, mas pelo menos aqui não o chutam porta afora por ser um bom investidor.

Responsável por sua vida

Quando um macaco machuca o pé num tronco, tem um acesso de raiva e começa a chutar a madeira furiosamente. Você ri do macaco, mas será que também ri de si mesmo quando age da mesma maneira? Se o mercado cai quando você está comprado, você pode dobrar a posição perdedora para ganhar duas vezes na reversão da tendência negativa ou adquirir outra posição vendida, para neutralizar a perda. Você age emocionalmente, em vez de usar o intelecto. Qual é a diferença entre o investidor que tenta vingar-se do mercado e o macaco que chuta a árvore? Agir na base da raiva, medo ou empolgação destrói sua chance de sucesso. Você deve analisar seu comportamento no mercado, em vez de se deixar levar pelos sentimentos.

Ficamos com raiva do mercado, temos medo dele, desenvolvemos superstições tolas. Enquanto isso, o mercado mantém seus ciclos de altas e baixas, como o oceano que passa por períodos de tempestades e calmarias. Mark Douglas escreve em *The Disciplined Trader* que no mercado "Não há começo, meio e fim – apenas o que você cria em sua mente. Raramente, como parte de nossa educação, aprendemos a operar numa arena que permite completa liberdade de expressão criativa, sem nenhuma estrutura externa para restringi-la de alguma maneira".

Tentamos engambelar ou manipular o mercado, agindo como o antigo imperador Xerxes, que ordenou a seus soldados que chicoteassem o mar por afundar sua frota. A maioria de nós não sabe quão manipuladores somos, como barganhamos, como extravasamos nossos sentimentos no mercado. Quase todos nos consideramos o centro do universo e achamos que todas as pessoas ou grupos sejam bons ou maus conosco. Isso não se aplica ao mercado, que é completamente impessoal.

Leston Havens, psiquiatra da Universidade de Harvard, escreve: "O canibalismo e a escravidão são provavelmente as manifestações mais antigas da predação e da submissão humana. Embora ambas sejam desencorajadas, sua existência contínua sob formas psicológicas demonstra que a civilização alcançou grande sucesso em evoluir do concreto e do físico para o abstrato e para o psicológico, embora mantendo os mesmos propósitos." Os pais ameaçam os filhos, os fanfarrões surram os colegas mais fracos e os professores tentam vergar a vontade dos alunos. Não admira que a maioria de nós cresça escondendo-se numa concha ou aprendendo a manejar os outros em autodefesa. Agir com independência não parece natural para nós, mas essa é a única maneira de alcançar o sucesso no mercado.

Douglas adverte: "Se o comportamento do mercado parece misterioso para você, é porque seu próprio comportamento é misterioso e inadministrável. Você realmente não consegue determinar o que o mercado fará em seguida, se nem mesmo souber como você agirá em seguida." Em última instância, "a única coisa que você consegue controlar é a si mesmo. Como operador de mercado, você tem o poder de dar dinheiro para si mesmo ou dar dinheiro para os outros operadores de mercado". E acrescenta: "Os operadores de mercado capazes de ganhar dinheiro de maneira consistente (...) atuam sob a perspectiva de uma disciplina mental."

Cada investidor tem seus próprios demônios a exorcizar no esforço de tornar-se profissional bem-sucedido. Aqui estão várias regras que foram eficazes para mim, à medida que eu evoluía de amador insensato para semiprofissional errático e, finalmente, para investidor profissional. Você pode alterar a lista para melhor adaptá-la à sua personalidade.

1. Decida que você está no mercado com propósitos duradouros – ou seja, você quer continuar sendo operador de mercado daqui a 20 anos.
2. Aprenda tanto quanto possível. Leia e ouça os especialistas, mas preserve certo grau de ceticismo sadio a respeito de tudo. Faça perguntas, e não aceite ao pé da letra tudo que afirmam.
3. Não se torne ambicioso nem se precipite em suas operações de mercado. Não se apresse em aprender. Os mercados continuarão lá, com outras oportunidades promissoras, nos meses e anos vindouros.
4. Desenvolva um método para analisar o mercado – ou seja, "Se A acontecer, é provável que B também ocorra". O mercado tem muitas dimensões – use vários métodos analíticos para confirmar as operações. Teste todas as hipóteses com base em dados históricos e depois no mercado, usando dinheiro de verdade. Os mercados sempre mudam. Você precisa de diferentes ferramentas para operar no mercado em alta, no mercado em baixa, e nos períodos de transição, além de outro método para distinguir as diferenças entre as situações (ver as seções sobre análise técnica).
5. Desenvolva um plano de gestão do dinheiro. Seu primeiro objetivo deve ser a sobrevivência no longo prazo; seu segundo objetivo, o crescimento constante do capital; e seu terceiro objetivo, gerar altos lucros. A maioria dos investidores põe o terceiro objetivo em primeiro lugar e ignora os objetivos 1 e 2. (Ver o Capítulo 10.)
6. Saiba que o investidor é o elo mais fraco em qualquer sistema de negociação. Compareça a uma reunião dos Alcoólatras Anônimos para aprender a evitar perdas ou a desenvolver seu próprio método de evitar operações impulsivas.
7. Os vencedores pensam, sentem e agem de maneira diferente dos perdedores. Você deve olhar para dentro de si mesmo, deixar de lado as ilusões e mudar as velhas maneiras de ser, pensar e agir. A mudança é difícil, mas se quiser ser um investidor profissional, você deve empenhar-se em mudar sua personalidade.

II

Psicologia de Massa

12. O QUE É PREÇO?

Wall Street tem esse nome por causa de um muro (wall) que impedia os animais domésticos de se afastarem demais do assentamento existente na ponta de Manhattan. O fato é que o legado rural perdura na linguagem dos investidores. Quatro animais, em especial, são mencionados com muita frequência em Wall Street: touros (bulls), ursos (bears), porcos (hogs) e carneiros (sheep). Os operadores de mercado dizem: "Os touros ganham dinheiro, os ursos ganham dinheiro, mas os carneiros são abatidos."

O touro luta arremessando o adversário para o alto com os chifres. O touro é o comprador – pessoa que aposta na alta do mercado e lucra com o aumento dos preços. O urso luta derrubando o adversário com as patas. O urso é o vendedor – alguém que aposta na baixa do mercado e lucra com a queda dos preços.

Por serem gulosos, os porcos são abatidos quando operam no mercado para satisfazer sua intemperança. Alguns porcos compram ou vendem posições grandes demais para eles e são massacrados por uma pequena mudança adversa. Outros mantêm durante muito tempo suas posições – ficam esperando que o lucro aumente, mesmo depois da reversão da tendência. Os carneiros são seguidores passivos e medrosos de tendências, de dicas e de gurus. Às vezes, usam chifres ou peles e se exibem como touros ou ursos. Reconhecem-se os disfarces pelos grunhidos e balidos, quando o mercado se torna volátil.

Sempre que o mercado está aberto, os touros compram e os ursos vendem, os porcos e carneiros são pisoteados pelas manadas, enquanto os investidores indecisos ficam esperando fora da arena. Terminais em todo o mundo mostram um fluxo constante de cotações – os preços mais recentes de qualquer objeto de negociação. Milhares de olhos estão focados em cada cotação, à medida que se decidem as operações.

Discutindo sobre preços

Quando pergunto aos operadores de mercado nos seminários o que é preço, alguns respondem: "Preço é uma percepção de valor." Outros dizem: "Preço é o que alguém em determinado momento está disposto a pagar a outrem por algum objeto." Alguém observa: "Preço é o que a última pessoa pagou pelo objeto. Este é o preço agora." Mais alguém sugere: "Não, é o que a próxima pessoa pagará."

Os operadores de mercado que não são capazes de apresentar uma definição clara de preço não sabem o que estão analisando. Seu sucesso ou fracasso como operador de mercado depende de sua capacidade de lidar com os preços – e é melhor saber o que isso significa! Alguns participantes desses seminários mostram-se inquietos enquanto procuram uma resposta para uma pergunta aparentemente óbvia. Os argumentos vão e voltam, como no seguinte debate:

> Vou lhe dar um exemplo de uma situação extremamente negativa. No crash de 1929, as ações da Singer estavam sendo vendidas por US$100, mas de repente cessam as propostas de compra e durante algum tempo ninguém quer comprar, até que alguém diz: "Quero vender. Quanto me pagam?" E alguém na sala de negociações responde: "Um dólar." E ficou com a ação. Realizou-se a negociação.
>
> Preço é o que o maior tolo está disposto a pagar.
>
> Veja o caso do mercado de 1987. Toda aquela queda repentina de 500 pontos – as ações, intrinsecamente, não valiam um tostão a menos depois da queda do que antes. Portanto, tudo consistia na diferença de percepção e de disposição para pagar da próxima pessoa.
>
> Podemos ir um pouco mais longe. O objeto pelo qual se está pagando um preço não tem nenhum valor. É apenas um pedaço de papel. Tudo que importa é o valor intrínseco do dividendo, em comparação com os papéis do governo na época.
>
> Ela ainda tem o valor do que alguém estiver disposto a pagar para comprá-la. Se ninguém quiser adquiri-la, ela não tem valor.
>
> Ela lhe proporcionará um fluxo de rendimentos.
>
> E se você negocia com soja? Você pode comer a soja.

Mas e se a ação pagar dividendos?

Mas ela não corresponde a ativos?

A empresa que emitiu a ação tem valor, gera fluxo de caixa.

Eu lhe dou uma ação da IBM; se ninguém quiser comprá-la, você pode acender um cigarro com ela.

Não existe esse negócio de ninguém querer comprar ação da IBM. Sempre existe compra e venda.

Dá uma olhada na United Airlines. Um dia está a US$300, no outro está a US$150.

Não ocorreu nenhuma mudança na empresa em si, ela ainda está produzindo o mesmo fluxo de caixa, o papel ainda tem o mesmo valor contábil e corresponde aos mesmos ativos – qual é a diferença?

O preço da ação tem muito pouco a ver com a empresa. O preço da ação da IBM tem muito pouco a ver com a IBM. Da maneira como vejo a coisa, o preço da ação está ligado à IBM por um elástico com um quilômetro de comprimento e pode oscilar como doido para cima e para baixo – a IBM prossegue em seu caminho, sem grandes desvios de rumo, influenciando muito de longe o preço de suas ações.

O preço é a interseção das curvas de oferta e demanda.

Todo investidor sério deve conhecer o significado de preço. É preciso saber o que analisar antes de sair por aí comprando e vendendo ações, futuros ou opções.

Resolvendo conflitos

Três são os grupos de investidores no mercado: compradores, vendedores e indecisos. “Preço de venda” (ask) é o que um vendedor pede por sua mercadoria. “Preço de compra” (bid) é o que um comprador oferece pela mesma mercadoria. Os compradores e vendedores estão sempre em conflito.

Os compradores querem pagar o mínimo possível e os vendedores querem cobrar o máximo possível. Se os membros dos dois grupos insistirem em suas pretensões iniciais, nenhuma transação se realizará. Ausência de transação significa ausência de preço — apenas propostas intencionais de compradores e vendedores.

O vendedor tem uma escolha: esperar que o preço suba ou aceitar uma oferta mais baixa por sua mercadoria. O comprador também tem uma escolha: esperar que os preços desçam ou dispor-se a pagar mais aos vendedores.

A transação ocorre quando duas mentes se encontram em termos monetários: um touro ansioso concorda com os termos do vendedor e paga mais ou um urso ansioso concorda com os termos do comprador e vende um pouco mais barato. A presença de investidores indecisos exerce pressão sobre os touros e os ursos.

Quando compradores e vendedores negociam em particular, podem barganhar em ritmo mais lento. Mas as duas partes devem movimentar-se com muito mais rapidez quando negociam numa bolsa de valores. Sabem que estão cercados por uma multidão de outros investidores que podem interferir na negociação a qualquer momento.

O comprador sabe que se pensar muito outro investidor pode entrar em cena e ficar com o negócio. O vendedor também sabe que se tentar insistir em preço mais alto, outro investidor pode adiantar-se e vender a preço mais baixo. A multidão de investidores indecisos aumenta a ansiedade dos compradores e vendedores para chegar a um acordo com a outra parte. A transação concretiza-se quando as duas pontas chegam a um denominador comum.

Um consenso de valor

Cada impulso na tela de cotações representa uma transação entre um comprador e um vendedor. Os compradores compram porque esperam que os preços subam. Os vendedores vendem porque esperam que os preços caiam. Os compradores e vendedores operam no mercado cercados por multidões de investidores indecisos, que podem tornar-se compradores ou vendedores à medida que os preços mudam e o tempo passa.

As compras pelos touros empurram o mercado para cima, enquanto as vendas pelos ursos puxam o mercado para baixo; enquanto isso, os investidores indecisos aceleram o ritmo de tudo, criando um senso de urgência entre compradores e vendedores.

Os investidores chegam ao mercado provenientes de todo o mundo: pessoalmente, via computadores ou por meio de suas corretoras. Todos têm a chance de comprar e vender. Cada preço é um consenso momentâneo quanto ao valor do objeto, entre todos os participantes do mercado, expresso em ação. O preço é um evento psicológico – um efêmero equilíbrio de opiniões entre touros e ursos. O preço é produzido pela massa de operadores de mercado – compradores, vendedores e indecisos. Os padrões de preço e volume refletem a psicologia de massa dos mercados.

Padrões de comportamento

Grandes multidões convergem para as bolsas de ações, mercadorias e opções – em pessoa ou representadas por suas corretoras. Muito dinheiro e pouco dinheiro, dinheiro inteligente e dinheiro burro, dinheiro institucional e dinheiro privado, todos se encontram na sala de negociações das bolsas de valores. *Cada preço representa um fugaz consenso de valor entre compradores, vendedores e investidores indecisos no momento da transação. Por trás de cada padrão no livro de gráficos há uma multidão de investidores.*

O consenso da multidão muda a cada momento. Às vezes, forma-se em ambiente comedido; outras vezes, amolda-se em contextos turbulentos. Em tempos tranquilos, os preços movimentam-se em pequenos incrementos. Quando as multidões ficam apavoradas ou empolgadas, os preços começam a dar saltos. Imagine-se vendendo coletes salva-vidas num navio que esteja afundando – é como se comportam os preços quando massas de investidores se tornam emocionais quanto a determinada tendência. O investidor astuto tenta entrar no mercado em tempos tranquilos e realiza lucro em tempos conturbados.

Os analistas técnicos estudam as guinadas da psicologia de massa nos mercados financeiros. Cada sessão de negociações é uma batalha entre touros, que ganham dinheiro quando os preços sobem, e ursos, que lucram quando os preços caem. O objetivo dos analistas técnicos é descobrir o equilíbrio de poder entre touros e ursos e apostar no grupo vencedor. Se os touros forem muito mais fortes, deve-se comprar e manter. Se os ursos forem muito mais fortes, deve-se vender e vender a descoberto. Se ambos os campos tiverem a mesma força, o investidor sábio fica entre os dois. Deixa que os fanfarrões briguem uns com os outros e opera apenas quando estiver razoavelmente seguro quanto ao provável vencedor.

Preços, volumes e contratos em aberto refletem o comportamento da multidão. O mesmo ocorre com os indicadores neles baseados. Essa característica torna a análise técnica semelhante às pesquisas de opinião. Ambas combinam ciência e arte: são científicas na medida em que usam métodos científicos e computadores; são artísticas na extensão em que se baseiam no julgamento pessoal e na interpretação das descobertas.

13. O QUE É O MERCADO?

Qual é a realidade por trás dos símbolos, preços, números e gráficos de mercado? Ao verificar os preços nos jornais, observar as cotações na tela ou plotar um indicador num gráfico, o que realmente você está vendo? Qual *é* o mercado que você quer analisar e operar?

Os amadores agem como se o mercado fosse um *happening* gigantesco, um jogo de futebol em que podem entrar em campo, juntar-se aos profissionais e ganhar dinheiro. Os operadores de mercado com antecedentes científicos ou com formação em engenharia geralmente tratam o mercado como um evento físico. Aplicam-lhe os princípios de processamento de sinais, de redução de ruído e ideias semelhantes. Em contraste, os investidores profissionais sabem muito bem o que o mercado é – uma enorme massa de pessoas.

Todo investidor tenta tirar dinheiro dos outros investidores superando-os em suas estimativas quanto aos rumos prováveis do mercado. Os membros da multidão do mercado vivem em diferentes continentes. O elemento de ligação entre eles são os modernos meios de telecomunicações, no esforço de extrair lucro uns dos outros. *O mercado é uma enorme multidão de pessoas. Cada membro da multidão tenta tirar dinheiro dos outros participantes, sendo mais inteligente do que os demais. O mercado é um ambiente extremamente rigoroso, pois todos estão contra você e você luta contra todos.*

Além de muito rigoroso, o mercado também é demasiado oneroso, pois se paga alto preço para entrar e sair. Você precisa transpor duas barreiras muito altas – comissões e slippage – antes de começar a ganhar dinheiro. No momento em que coloca a ordem, você já deve comissão à corretora. Antes de começar, você já está perdendo o jogo. Em seguida, os operadores da sala de negociações tentam atingi-lo com a slippage no momento em que sua ordem chega lá. E ainda procuram dar outra mordida em sua conta quando você sai da posição. *Ao operar nos mercados, você compete com algumas das mentes mais brilhantes do mundo, ao mesmo tempo em que luta para manter a distância as piranhas das comissões e da slippage.*

Multidões em todo o mundo

Nos velhos tempos, os mercados eram pequenos e muitos investidores conheciam-se uns aos outros. A Bolsa de Valores de Nova York foi constituída em 1792, como um clube de duas dúzias de corretores. Nos dias ensolarados, costumavam operar à sombra de um choupo e, nos dias chuvosos, na Fraunces Tavern. A primeira coisa que os corretores fizeram depois de organizar a Bolsa de Valores de Nova York foi beliscar o público com comissões fixas que perduraram pelos 180 anos seguintes.

Hoje, apenas os operadores da sala de negociações se encontram face a face. A maioria dos demais operadores está ligada ao mercado por meio eletrônico. Os atores do mundo financeiro observam as mesmas cotações em seus terminais, leem os mesmos artigos na mídia financeira e estão sujeitos a argumentos de vendas semelhantes por parte dos corretores. Esses laços nos unem como membros da multidão do mercado, ainda que estejamos a milhares de quilômetros da bolsa de valores.

Graças aos modernos meios de telecomunicações, o mundo está cada vez menor e os mercados estão em franco crescimento. A euforia de Londres flui para Nova York e a melancolia de Tóquio infecta Hong Kong.

Quando se analisa o mercado, o que se examina, na verdade, é o comportamento da multidão. As massas se comportam da mesma maneira, em diferentes culturas, em todos os continentes. Os psicólogos sociais descobriram várias leis que governam o comportamento das multidões. O investidor precisa compreender como as multidões do mercado influenciam sua mente.

Grupos, não indivíduos

A maioria das pessoas sente uma necessidade premente de juntar-se à multidão e "agir como todo o mundo". Essa compulsão primitiva oblitera sua capacidade de julgamento quando se inicia uma negociação no mercado. O operador de mercado bem-sucedido precisa pensar com independência. Deve ser bastante forte para analisar o mercado sozinho e para executar suas decisões sobre investimentos.

Se oito ou dez pessoas puserem as mãos em sua cabeça e o empurrarem para baixo, seus joelhos vergarão, por mais forte que você seja. A multidão pode ser burra, mas é mais forte do que você. As massas têm o poder de criar tendências. Jamais vá contra uma tendência. Se a tendência for de alta, você deve apenas comprar ou manter-se fora. Nunca venda a descoberto "porque os preços estão muito altos" – nunca discuta com a multidão. Você não precisa correr com a multidão – mas também nunca deve correr contra ela.

Respeite a força da multidão – mas não tenha medo dela. As massas são poderosas, mas primitivas; seu comportamento é simples e repetitivo. O investidor que pensa por conta própria pode tirar dinheiro dos membros da multidão.

A fonte de dinheiro

Ao tentar ganhar dinheiro operando nos mercados, você algum dia parou para pensar de onde vem o dinheiro que espera ganhar? O dinheiro do mercado resulta do aumento do lucro das empresas, das taxas de juros mais baixas ou da boa safra de soja? *Nada disso. Todo dinheiro do mercado decorre da presença de outros operadores que injetam dinheiro no mercado. O dinheiro que você quer ganhar é de outras pessoas que não têm a intenção de lhe dar dinheiro.*

Operar nos mercados é tentar tirar o dinheiro de outras pessoas, enquanto elas lutam para ficar com o seu dinheiro. Ganhar nos mercados é extremamente difícil porque os corretores e os operadores da sala de negociações surrupiam dinheiro tanto dos perdedores quanto dos vencedores.

Tim Slater comparou as operações de mercado com uma batalha medieval. Os cavaleiros iam para as liças com suas lanças e espadas em riste e tentavam matar os adversários, que também usavam suas lanças e espadas para abatê-lo. O vencedor ficava com as armas, com as propriedades e com a mulher do perdedor e vendia seus filhos como escravos. Agora, pelejamos nas bolsas, em vez de nas lides em campo aberto. Tirar dinheiro de alguém não é diferente de sugar o seu sangue. Ele pode perder a casa, outros bens, a esposa, e os filhos talvez sofram.

Um amigo meu, muito otimista, observou em tom jocoso que a arena estava apinhada de adversários mal preparados: "Noventa e nove por cento dos corretores ignoram a coisa mais elementar em qualquer pesquisa. Não sabem o que estão fazendo. Nós temos o conhecimento e alguns pobres coitados ignorantes estão distribuindo dinheiro como caridade." Essa teoria parece boa, mas está errada – não há dinheiro fácil no mercado.

Realmente, há muito carneiro inocente por aí, esperando ser tosquiado ou abatido. De fato, são presas fáceis – mas para ficar com um pedaço da carne deles você precisa lutar com alguns adversários muito perigosos. E não faltam profissionais: pistoleiros americanos, cavaleiros ingleses, mafiosos italianos, samurais japoneses, mercenários franceses e outros guerreiros, todos correndo atrás do mesmo carneiro desditoso e indefeso. Operar nos mercados significa combater multidões de rivais hostis e ao mesmo tempo pagar pelo privilégio de entrar e sair da luta, morto, ferido ou vivo.

Informação privilegiada

Pelo menos um grupo de pessoas recebe informações antes dos demais investidores. Os registros mostram que os insiders das empresas sempre ganham dinheiro no mercado de ações. Mas esses dados refletem apenas as negociações legítimas, que foram comunicadas à Securities and Exchange Commission pelos investidores. Elas são apenas a ponta do iceberg, pois se realizam muito mais negociações privilegiadas ilegítimas no mercado de ações.

Quem opera no mercado com base em informações privilegiadas está roubando dinheiro do resto dos investidores. As ações judiciais contra insiders na década de 1980 levaram para a prisão alguns desses transgressores mais notórios – Dennis Levine, Ivan Boesky e outros. Durante algum tempo, rara era a semana sem uma prisão, indiciação ou condenação: o caso do Yuppy Five, de Michael Milken, e mesmo de um psiquiatra de

Connecticut, que operou no mercado depois de tomar conhecimento de uma fusão iminente por meio de um paciente.

Os réus dos casos de informação privilegiada da década de 1980 foram pegos porque se tornaram gananciosos e displicentes – e enfrentaram um procurador federal em Nova York com ambições políticas. A ponta do iceberg foi desbastada, mas a grande massa continua a flutuar abaixo da superfície. Não pergunte que navio naufragará – é a sua conta de investimentos que está em jogo.

O esforço para reduzir as negociações privilegiadas é como tentar livrar-se dos ratos numa fazenda. Os pesticidas os mantêm sob controle, mas não os erradicam. Um ex-CEO de uma companhia aberta explicou-me que o homem inteligente não negocia com base em informações privilegiadas, mas as dá aos amigos de golfe no country club. Depois, eles lhe retribuem com informações privilegiadas sobre suas empresas e ambos lucram sem serem detectados. A rede de insiders é segura desde que seus membros sigam o mesmo código de conduta e não se tornem por demais gananciosos.

As informações privilegiadas são legais nos mercados futuros. A análise técnica ajuda a detectar compras e vendas privilegiadas. Os gráficos refletem todas as negociações, realizadas por todos os membros do mercado – até mesmo pelos insiders. Eles deixam pegadas nos gráficos, como qualquer outro participante – e cabe ao analista técnico segui-los até o banco.

14. A CENA DAS OPERAÇÕES NO MERCADO

Os seres humanos operam nos mercados desde a aurora da humanidade – era mais seguro negociar com os vizinhos do que atacá-los. Com o desenvolvimento da sociedade, o dinheiro tornou-se o meio de troca. Os mercados de ações e mercadorias estão entre os marcos das sociedades avançadas. Um dos primeiros avanços econômicos na Europa Oriental, depois do colapso do comunismo, foi a formação de bolsas de ações e de mercadorias.

Marco Polo, mercador italiano da Idade Média, levou 15 anos para ir da Itália à China. Agora, um investidor europeu que queira comprar ouro em Hong Kong não demorará mais de um minuto para executar a transação.

Atualmente, os mercados de ações, de futuros e de opções se estendem por todo o mundo. Só na Índia, existem mais de 14 bolsas de valores. Em todo o mundo, há mais de 65 bolsas de futuros e opções. Como Barbara Diamond e Mark Kollar escrevem em seu livro, *24-Hour Trading*, eles formam preços em quase 400 contratos – abrangendo ampla variedade de países, mercadorias, títulos e outros objetos. Todas as bolsas devem atender a três critérios, desenvolvidos de início nas ágoras da Grécia Antiga e depois nas feiras das cidades medievais: localização definida, regras para a classificação das mercadorias e estipulação das condições dos contratos.

Operadores de mercado individuais

Os operadores de mercado individuais geralmente entram no mercado depois de carreiras bem-sucedidas nos negócios ou nas profissões. Em média, o investidor privado em mercados futuros nos Estados Unidos está na casa dos 50 anos, é casado e tem diploma universitário. Muitos desses investidores possuem sua própria empresa e vários têm pós-graduação. Os dois maiores grupos ocupacionais de operadores em mercados futuros são de fazendeiros e engenheiros.

A maioria das pessoas opera nos mercados por motivos racionais e irracionais. Entre os motivos racionais está o desejo de auferir altos retornos sobre o capital. Entre os motivos irracionais encontram-se o anseio de jogar e a busca de vibração. Quase todos esses operadores de mercado não estão cientes de seus motivos irracionais.

Aprender a operar nos mercados exige tempo, trabalho duro, energia e dinheiro. Poucos indivíduos chegam ao nível de profissionais, capazes de sustentar-se por meio de suas operações de mercado. Os profissionais são extremamente sérios em sua atuação, satisfazendo às suas necessidades irracionais fora do mercado, ao passo que os amadores as extravasam dentro do mercado.

O principal papel econômico do operador de mercado é sustentar seu corretor – ajudá-lo a pagar o financiamento da casa própria e a manter os filhos em escolas particulares. Além disso, a função do especulador é ajudar as empresas a levantar capital no mercado de ações e a assumir o risco do preço nos mercados de mercadorias, permitindo que os produtores se concentrem na produção. Esses importantes objetivos econômicos estão longe da mente do especulador quando ele dá uma ordem a seu corretor.

Investidores institucionais

As instituições são responsáveis por enorme volume de negociações. Seus bolsos profundos lhes conferem numerosas vantagens. Pagam comissões institucionais baixas. Podem contratar os melhores pesquisadores, corretores e operadores. Algumas até reagem contra os operadores da sala de negociações que roubam demais na slippage. A onda de prisões e processos contra operadores de sala de negociações, em Chicago, em 1990 e 1991, começou quando a Archer Daniels Midland, empresa de processamento de alimentos, trouxe o FBI.

Um amigo meu, que chefia a mesa de operações de um banco, baseia algumas de suas decisões em serviços prestados por um grupo de ex-agentes da CIA. Eles vasculham a mídia para detectar tendências ainda incipientes na sociedade e enviam seus relatórios a ele. Meu amigo operador incuba algumas de suas melhores ideias com base nesses relatórios. Os vultosos honorários anuais pagos a esses especialistas tornam-se desprezíveis quando comparados com os milhões de dólares em negociações daí resultantes. A maioria dos investidores privados não tem essas oportunidades. É mais fácil para as instituições comprar as melhores pesquisas.

Um conhecido meu que costumava operar com êxito para um banco de investimentos em Wall Street enfrentou dificuldades quando passou a operar por conta própria. Descobriu que seu sistema de cotações em tempo real, instalado em seu apartamento da Park Avenue, em Manhattan, não lhe transmitia as notícias com tanta rapidez quanto os equipamentos de que dispunha na sala de operações de sua velha empresa. Corretores de todo o país telefonavam-lhe com as notícias mais recentes, porque queriam suas ordens de operação. "Quando se opera em casa, nunca se é o primeiro a saber das notícias", diz ele.

Algumas grandes empresas têm redes de inteligência que lhes permitem agir antes do público. Um dia, quando os futuros de petróleo subiram em resposta a um incêndio numa plataforma no Mar do Norte, telefonei para um amigo numa empresa de petróleo. O mercado estava em polvorosa, mas ele mantinha-se calmo – comprara futuros de petróleo meia hora antes da explosão nos preços, pois recebera um telex de um agente na área do incêndio bem antes da divulgação do acidente pelas agências de notícias. As informações oportunas são inestimáveis, mas apenas uma grande empresa pode dispor de uma rede de inteligência.

As organizações que operam tanto nos mercados futuros quanto nos mercados à vista desfrutam de duas vantagens. Contam com a verdadeira informação privilegiada e não estão sujeitas aos limites de posições especulativas (ver Seção 40). Recentemente, visitei um conhecido numa empresa de petróleo multinacional. Depois de passar por procedimentos de segurança mais rigorosos do que os do Aeroporto Internacional Kennedy, percorri corredores entre cubículos envidraçados. Grupos de operadores apinhavam-se em torno de monitores, negociando produtos de petróleo. Quando perguntei a meu anfitrião se esses operadores de mercado estavam fazendo hedge ou especulando, ele olhou-me nos olhos e respondeu: "Sim." Perguntei de novo e recebi a mesma resposta. As empresas ziguezagueiam de um lado para o outro da linha tênue entre hedge e especulação, com base em informações privilegiadas.

Os empregados das empresas que operam nos mercados contam com uma vantagem psicológica – podem trabalhar sob menos tensão, pois seu próprio dinheiro não está em jogo. A maioria dos indivíduos não pratica a disciplina de parar de operar quando entra numa sucessão de perdas, mas as instituições impõem disciplina a seus operadores de mercado. Estes atuam sob dois limites – o quanto arriscar numa única operação e quantia máxima que se pode perder num mês. Essas restrições exercem sobre o operador de mercado os mesmos efeitos de uma ordem stop-loss.

Em face de todas essas vantagens para as instituições, como podem os operadores de mercado individuais competir com as organizações e ganhar? Primeiro, muitos departamentos de operações das empresas são mal gerenciados. Segundo, o calcanhar de aquiles da maioria das instituições é que quase sempre são obrigadas a operar nos mercados, enquanto o investidor individual tem a liberdade de entrar e sair dos mercados a qualquer momento. Os bancos precisam ser ativos no mercado de títulos de crédito e as empresas de processamento de alimentos não podem deixar de atuar no mercado de grãos, quase que a qualquer preço. O investidor individual tem condições de esperar pelas melhores oportunidades.

Entretanto, a maioria dos operadores de mercado individuais desperdiça essa vantagem por operar em excesso. O indivíduo que quiser ser vitorioso na luta contra os gigantes deve cultivar a paciência e controlar a ganância. *Lembre-se, seu objetivo é operar bem, em vez de operar sempre.*

Os operadores de mercado institucionais bem-sucedidos recebem aumentos e bonificações. Contudo, mesmo as bonificações expressivas podem parecer ninharia em face dos muitos milhões que ganham para as instituições. Os bem-sucedidos operadores de mercado institucionais a toda hora falam em deixar o emprego para trabalhar por conta própria.

Mas raros são os que se dão bem na transição. Quase todos os operadores de mercado que deixam as instituições são dominados pelos sentimentos de medo, ganância, exaltação e pânico, quando começam a arriscar o próprio dinheiro. Poucos alcançam os mesmos êxitos quando operam nos mercados por conta própria – outro sinal de que a psicologia situa-se no âmago do sucesso ou do fracasso nas operações de mercado.

Os fabricantes de espadas

Os cavaleiros medievais saíam a campo em busca das espadas com melhor têmpera e mais afiadas, enquanto os modernos investidores em renda variável saem à cata dos melhores sistemas de negociação. O acesso crescente a dados, computadores e software cria um campo de jogo mais nivelado para todos. O preço do hardware cai quase todos os meses e o software fica cada vez melhor. Até mesmo para um investidor analfabeto em computadores é fácil contratar um consultor e instalar um sistema (ver Seção 24).

O computador permite que você acelere as pesquisas e siga mais pistas. Mas não é um substituto das decisões sobre investimentos. O computador ajuda a analisar mais mercados com mais profundidade; porém, o responsável final por todas as operações de mercado é o próprio operador de mercado.

Três são os tipos de software para operações no mercado: caixas de ferramentas (tool boxes), caixas-pretas (black boxes) e caixas-cinza (gray boxes). A caixa de ferramentas permite a visualização de dados, o desenho de gráficos, a plotagem de indicadores e até o teste do sistema de negociações. As caixas de ferramentas para os investidores em opções incluem modelos de avaliação de opções. Adaptar uma boa caixa de ferramentas às suas necessidades é tão fácil quanto ajustar o banco de seu carro.

O que está dentro de uma caixa-preta é segredo. Você entra com os dados e o software lhe diz quando comprar e vender. É como uma mágica – uma maneira de ganhar dinheiro sem pensar. As caixas-pretas geralmente vêm com excelente registro de antecedentes históricos. Essa característica é natural, pois elas foram criadas para ajustar-se a velhos dados! Os mercados sempre mudam e as caixas-pretas sempre estouram, mas as novas gerações de perdedores sempre compram caixas-pretas.

As caixas-cinza ficam dos dois lados da cerca, entre caixas de ferramentas e caixas-pretas. Esses pacotes geralmente são desenvolvidos por eminentes personalidades de mercado. Revelam a lógica geral do sistema e permitem que se ajustem alguns de seus parâmetros.

Assessores

As newsletters de consultores são salpicos coloridos no cenário do mercado. A liberdade de imprensa possibilita que qualquer um abra a máquina de escrever em cima da mesa da cozinha, compre alguns selos e passe a divulgar boletins informativos. A tentativa de levantar o desempenho de tais publicações no passado é em boa parte um exercício de futilidade, pois quase ninguém segue todas as recomendações desses periódicos.

Alguns deles contêm ideias úteis e orientam os leitores na direção de boas oportunidades. Outras têm até valor educativo. Quase sempre, vendem aos outsiders a ilusão de serem insiders. De saber o que acontece ou está a ponto de acontecer nos mercados.

Essas publicações são bom entretenimento. A assinatura dá direito a um amigo correspondente, que lhe envia cartas divertidas e interessantes e nunca exige sua resposta, exceto para enviar o cheque na hora da renovação.

Os serviços que avaliam essas newsletters são negócios com fins lucrativos, dirigidos por pequenos empresários, cujo bem-estar depende do bem-estar da indústria de consultoria. Tais serviços de avaliação às vezes criticam um ou outro consultor, mas em geral dedicam boa parte de sua energia a exaltar a qualidade das recomendações.

Também já escrevi uma newsletter de orientação: trabalhava duro, não forjava resultados e recebia boas avaliações. Mas, como insider do setor, percebi o enorme potencial para a simulação de resultados. Esse é um segredo bem guardado da indústria de consultoria.

Quando me preparava para entrar no negócio de boletins informativos, um dos mais eminentes consultores da época disse-me que eu gastaria menos tempo com pesquisa e mais com marketing. O primeiro princípio da redação de newsletters é: "Se precisar fazer previsões, faça muitas." Sempre que uma previsão der certo, dobre o volume de material promocional.

Concursos de negociações

Os concursos de negociações são promovidos por pequenas empresas ou por indivíduos. Os participantes pagam aos organizadores para monitorar seus resultados e para divulgar os nomes dos vencedores. Essas competições têm duas falhas – uma sem maiores consequências e a outra talvez até criminosa. Esse é um escândalo à espera de ser devassado pelo jornalismo investigativo.

Todos os concursos ocultam informações sobre os perdedores e só falam nos vencedores. Toda araruta tem seu dia de mingau e a maioria dos pernas de pau também tem o seu dia de artilheiro. Quem sempre participa desses concursos e assume grandes riscos acaba tendo as suas horas de glória, colhe os frutos da publicidade daí decorrente e atrai novos clientes para serviços de gestão de dinheiro.

Muitos consultores entram nesses concursos de negociações com pequenos cacifes, que destacam como verba especial para despesas com marketing. Se tiverem sorte, tornam-se alvos de valiosa publicidade, enquanto ocultam suas perdas. Ninguém ouve falar no participante que destrói sua conta. Conheço muitos operadores de mercado tão ruins que não conseguem negociar bala com criança. São perdedores crônicos. No entanto, todos apareceram na lista de vencedores de um grande concurso, com alta porcentagem de ganhos. Essa publicidade permitiu-lhes levantar dinheiro do público – que não demoraram muito a perder. Se os concursos de negociações revelassem os nomes e os resultados de todos os participantes, essa simples providência logo mataria o empreendimento.

Falha mais maligna dos concursos de negociações é o conluio financeiro entre alguns organizadores e participantes. Muitos organizadores têm incentivo financeiro direto para manipular os resultados e ajudar seus cúmplices a obter publicidade como vencedores. E assim costumam levantar dinheiro do público.

O patrocinador de um desses concursos disse-me que estava levantando dinheiro para a sua estrela vencedora. Qual será o grau de imparcialidade de um árbitro que mantém relacionamentos de negócios com as partes? Parecia que as quantias que conseguiria levantar dependiam do nível de desempenho de sua "estrela" nesse concurso. Infelizmente, o luminar tão enaltecido logo perdeu o dinheiro de terceiros, sob sua gestão.

Os piores abusos geralmente ocorrem em concursos dirigidos por empresas corretoras. A organização define as regras do concurso, atrai participantes, determina que operem por seu intermédio, avalia-os, divulga os resultados e então avança sobre a jugular da massa – levantar dinheiro do público a ser gerenciado pelos vencedores, auferindo, assim, honorários e comissões. É fácil para essa empresa criar estrelas. Basta que abra várias contas para o "vencedor" escolhido. Ao fim de cada dia, transfere as melhores negociações para a conta do concurso, enquanto o resto continua nas contas originais, forjando-se, assim, resultados brilhantes. Os concursos de negociações podem ser tesouras afiadas para tosquiar o público.

15. A MULTIDÃO DO MERCADO E VOCÊ

O mercado é uma multidão unida por laços frouxos, cujos membros apostam que os preços subirão ou cairão. Uma vez que cada preço representa o consenso da multidão no momento da transação, todos os investidores estão, com efeito, apostando no ânimo da multidão no futuro. Essa multidão oscila o tempo todo entre otimismo, indiferença e pessimismo. Ou entre esperança e desespero. A maioria das pessoas não segue os próprios planos de negociação, pois deixa que a multidão influencie seus sentimentos, pensamentos e ações.

Os touros e os ursos batalham no mercado, e o valor de seus investimentos sobe e desce, dependendo das iniciativas de agentes totalmente estranhos. Você não pode controlar o mercado. Você apenas decide se e quando entrar e sair de determinada posição.

A maioria dos operadores de mercado fica agitada quando inicia uma negociação. Sua capacidade de julgamento fica obliterada pelas emoções depois que se juntam à multidão do mercado. Essas emoções induzidas pela massa desviam os investidores de seus planos e os levam a perder dinheiro.

Especialistas em multidões

Charles Mackay, advogado escocês, escreveu seu clássico, *Extraordinary Popular Delusions and the Madness of Crowds,* em 1841. Nessa obra, ele descreveu várias manias de massa, como a Mania da Tulipa, na

Holanda, em 1634, e a Bolha de Investimentos dos Mares do Sul, na Inglaterra, em 1720.

A loucura das tulipas começou com uma alta no mercado de bulbos de tulipa. A duração da tendência convenceu os prósperos holandeses de que as tulipas continuariam a aumentar de valor. Muitos deles abandonaram seus negócios para cultivar tulipas, negociar com elas no mercado ou tornar-se corretores de tulipas. Os bancos passaram a aceitar tulipas como garantia de empréstimos e os especuladores ganharam muito dinheiro. Finalmente, a mania entrou em colapso em ondas de pânico de venda, deixando muita gente na miséria e o país em choque. Lamenta-se Mackay: "As pessoas enlouquecem em massa, mas recuperam a razão aos poucos e uma a uma."

Em 1897, Gustave LeBon, filósofo e político francês, escreveu *The Crowd*, um dos melhores livros sobre psicologia de massa. O investidor que o ler hoje verá seu reflexo num espelho de 100 anos.

LeBon escreveu que, quando as pessoas se aglomeram numa multidão, "não importam os indivíduos que a componham, nem quão semelhantes ou diferentes sejam os estilos de vida, ocupações, personalidade e inteligência, o fato de terem se transformado em multidão confere-lhes uma espécie de mente coletiva, que os faz sentir, pensar e agir de maneira muito diversa de seu modo de sentir, pensar e agir como indivíduos, ou seja, caso tivessem continuado isolados".

As pessoas mudam quando se juntam à multidão. Tornam-se mais crédulas e impulsivas, buscam ansiosamente um líder e reagem de maneira emocional, em vez de usarem o intelecto. O indivíduo que se envolve com um grupo torna-se menos capaz de pensar por conta própria.

Os experimentos de psicólogos sociais americanos, na década de 1950, comprovaram que as pessoas, quando em grupos, pensam de maneira diferente de quando estão sozinhas. Por exemplo, um indivíduo sozinho consegue distinguir com facilidade a mais longa de duas linhas traçadas numa folha de papel, mas perde essa capacidade quando inserido num grupo cujos membros, deliberadamente, dão respostas erradas. Pessoas inteligentes, com nível universitário, acreditam mais num grupo de estranhos do que nos próprios olhos!

Os membros do grupo acreditam uns nos outros e, em especial, nos líderes mais do que em si mesmos. Theodore Adorno e outros sociólogos mostraram em seu estudo de dois volumes, *The American Soldier*, que o maior previsor isolado da eficácia de um indivíduo em combate era o relacionamento com o sargento. O soldado que confia no líder literalmente o segue até a morte. O operador de mercado que acredita estar seguindo uma tendência pode manter uma posição perdedora durante muito tempo até consumir todo o seu patrimônio.

Sigmund Freud explicou que os grupos se mantêm coesos pela lealdade de seus membros ao líder. Nossos sentimentos em relação aos líderes do grupo decorrem de nossos sentimentos da infância em relação aos pais – mistura de confiança, adoração, medo, desejo de aprovação e rebelião potencial. Quando nos reunimos em grupo, nosso raciocínio sobre as questões referentes ao grupo regride ao nível da infância. Um grupo sem líder não se mantém coeso e dissolve-se. Isso explica os pânicos de compra e venda. Quando os investidores de repente constatam que a tendência que vinham seguindo não mais é válida, saem de suas posições em pânico.

Os membros do grupo até podem seguir algumas tendências, mas são liquidados quando o mercado muda de rumo. Ao juntar-se a um grupo, você age como uma criança seguindo os pais. O mercado não quer saber do seu bem-estar. Os operadores de mercado bem-sucedidos são pensadores independentes.

Por que se juntar?

Desde o início dos tempos as pessoas se juntam em multidões por motivos de segurança. Se um grupo de caçadores atacasse um tigre-dentes-de-sabre, a maioria deles provavelmente sobreviveria. Mas um caçador isolado teria chances muito remotas de sair vivo do encontro. Assim, os solitários morriam com mais frequência e deixavam prole menor. Como os gregários tinham maiores chances de viver por mais tempo e produzir mais descendentes, a tendência de se reunir em grupo parece ter sido instilada na natureza humana.

Nossa sociedade glorifica a liberdade e o livre-arbítrio, mas abrigamos muitos impulsos primitivos sob essa fina camada de verniz de civilização. Por motivos de segurança, queremos constituir grupos fortes, sob a liderança de líderes poderosos. Quanto maior a incerteza, mais intenso nosso desejo de nos reunirmos em grupos e de sermos liderados.

Os tigres-dentes-de-sabre não mais vagueiam pelas glebas de Wall Street, mas você decerto teme por sua segurança financeira. E os seus receios tornam-se mais intensos em face de sua incapacidade de controlar as mudanças nos preços dos ativos financeiros. O valor de suas posições sobe e desce ao sabor das compras e vendas efetuadas por pessoas e instituições totalmente estranhas. Essa incerteza leva muitos investidores em renda fixa a procurar um líder que lhes diga o que fazer.

Você talvez tenha decidido racionalmente assumir posições compradas ou vendidas, mas no momento em que efetua uma operação a multidão começa a sugá-lo. Você precisa prestar atenção vários sinais que indicam quando você deixa de ser um investidor inteligente para transformar-se em membro esbaforido da multidão.

Você começa a perder sua independência quando observa os preços como um gavião e sente-se exultante quando estão a seu favor ou deprimido quando lhe são contrários. Você está com problemas quando passa a confiar nos gurus mais do que na própria capacidade e impulsivamente reforça as posições perdedoras ou as reverte. Você perde a sua independência quando não segue o próprio plano de investimentos. Ao perceber o que está acontecendo, tente recuperar o bom-senso; se não conseguir reassumir a compostura, saia do mercado.

Mentalidade de multidão

As pessoas tornam-se primitivas e orientadas para a ação quando se juntam às multidões. Elas se deixam dominar por emoções básicas mas poderosas, como terror, exultação, sobressalto e alegria. Oscilam entre sentimentos opostos, de angústia e júbilo, pânico e segurança. Um cientista pode ser frio e racional em seu laboratório, mas pode efetuar operações de mercado levianas depois de se deixar levar pela histeria de massa do mercado. O grupo pode dominá-lo, não importa que você esteja operando do escritório apinhado de uma corretora ou de uma cabana remota, no alto de uma montanha. Ao permitir que outros influenciem suas decisões sobre suas operações de mercado, você reduz suas chances de sucesso.

A lealdade ao grupo é essencial para a sobrevivência de uma unidade militar. Sindicalizar-se talvez o ajude a manter o emprego, ainda que seu desempenho não seja dos melhores. Mas nenhum grupo pode protegê-lo no mercado.

A multidão é maior e mais forte do que você. Por mais inteligente que seja, você não pode discutir com a multidão. Você só tem uma escolha – juntar-se à multidão ou agir com independência.

Muitos operadores de mercado ficam intrigados com a reversão do mercado sempre que abandonam sua posição perdedora. Isso acontece porque os membros da multidão são dominados pelo mesmo medo – e todos debandam das mesmas posições ao mesmo tempo. Depois que termina o surto de vendas, o mercado não tem para onde ir, senão para cima. O otimismo retorna ao mercado, a multidão de novo se deixa levar pela ganância e inicia-se mais uma orgia de compras.

As multidões são primitivas e suas estratégias de operação nos mercados devem ser simples. Não é preciso ser um gênio para conceber métodos de negociação eficazes. Se o mercado se virar contra você, corte as perdas e corra. Nunca vale a pena brigar com a multidão – simplesmente recorra à sua capacidade de julgamento para decidir quando entrar e quando sair.

A natureza humana o predispõe a abrir mão de sua independência em situações de estresse. Ao iniciar uma operação, você sente o desejo de imitar os outros em vez de observar com atenção os sinais do mercado. Essa é a razão por que é preciso desenvolver e seguir sistemas de negociação e adotar regras de gestão do dinheiro. Esses parâmetros representam suas decisões individuais racionais. Eles foram definidos antes de você entrar no mercado e perder-se na multidão.

Quem lidera?

Você talvez sinta uma alegria intensa quando os preços se movimentam a seu favor. Mas também é possível que se deixe dominar pela raiva, pela depressão e pelo medo quando a tendência dos preços for contrária às suas posições. Os investidores se juntam às multidões quando se sentem estressados e ameaçados. Subjugados pelas emoções, perdem a independência e começam a imitar os outros membros do grupo, sobretudo o líder.

Quando as crianças se sentem assustadas, elas querem que lhes digam como agir e recorrem aos pais. Em seguida, passam a agir assim em relação aos professores, médicos, ministros, chefes e especialistas. Os operadores de mercado, por sua vez, recorrem a gurus, fornecedores de sistemas de negociação, colunistas de jornais e outros líderes do mercado. Mas como Tony Plummer observou com brilhantismo em seu livro *Forecasting Financial Markets*, o principal líder do mercado é o preço.

O preço é o líder da multidão do mercado. Investidores em todo o mundo seguem as altas e baixas do mercado. O preço parece dizer aos investidores: "Sigam-me e lhes mostrarei o caminho para a riqueza." Quase todos os investidores consideram-se independentes. Poucos se dão conta da intensidade com que se concentram no comportamento do líder do grupo.

Uma tendência a seu favor é como um convite dadivoso e promissor dos pais para compartilhar uma refeição, sob o risco de ser excluído do banquete. Já a tendência contrária às suas posições é que nem uma punição irada dos pais. Quando você é dominado por esses sentimentos, é fácil ignorar os sinais objetivos que lhe dizem para sair. Sua reação talvez seja a de desafiar, barganhar ou implorar perdão – evitando a atitude racional de aceitar a perda e abandonar a posição perdedora.

Independência

Você precisa basear seus investimentos num plano cuidadoso de operações no mercado, em vez de pular em resposta a cada mudança na tendência dos preços. Você deve saber exatamente sob que condições entrar ou sair de determinada posição. Não tome decisões sob a pressão do momento quando está vulnerável a ser sugado para dentro da multidão.

O sucesso de suas operações de mercado depende de seu raciocínio e de sua atuação como indivíduo. A parte mais fácil de qualquer sistema de negociação é o investidor em si. Os investidores fracassam quando operam no mercado sem um plano ou quando se desviam do plano original. Enquanto os indivíduos sensatos desenvolvem planos racionais, os membros instáveis de uma multidão volúvel se entregam a operações impulsivas.

Você deve observar-se constantemente e manter-se atento às mudanças em seu estado mental enquanto opera nos mercados. Anote seus motivos para entrar em determinada posição e as regras para sair dela, incluindo as referentes à gestão do dinheiro. Você não deve mudar o seu plano enquanto estiver numa posição em aberto.

As sereias são criaturas da mitologia grega, cujo canto era tão inebriante que os marinheiros se atiravam ao mar e se afogavam. Quando Ulisses quis ouvir o canto das sereias, mandou que seus homens o amarrassem ao mastro e pusessem cera nos próprios ouvidos. Ulisses ouviu o canto das sereias, mas sobreviveu porque não conseguiu desprender-se das cordas e porque os marinheiros não ouviam suas ordens e ameaças para que o soltassem. Você garante sua sobrevivência como investidor quando se prende ao mastro de seu plano de operações de mercado e de suas regras de gestão do dinheiro sem ceder à ululação das multidões.

16. PSICOLOGIA DAS TENDÊNCIAS

Cada preço é o consenso momentâneo entre os participantes do mercado sobre o valor de determinado ativo. Revela a votação mais recente a respeito do valor de um objeto de negociação. Qualquer investidor pode dar o seu voto, emitindo uma ordem de compra ou venda ou recusando-se a negociar ao preço vigente.

Cada barra no gráfico reflete a batalha entre touros e ursos. Quando os touros se sentem mais vigorosos, eles compram com mais ansiedade e empurram o mercado para cima. Quando os ursos se sentem mais vigorosos, eles vendem com mais disposição e puxam o mercado para baixo.

Cada preço reflete a ação ou inação de todos os operadores de mercado. Os gráficos são visores da psicologia de massa. Quando se analisam os gráficos, perscruta-se na verdade o comportamento dos investidores. Os indicadores técnicos ajudam a tornar essa análise mais objetiva.

A análise técnica é psicologia social aplicada. Seu objetivo é identificar tendências e mudanças no comportamento das multidões, a fim de tomar decisões inteligentes sobre as operações no mercado.

Sentimentos fortes

Pergunte à maioria dos investidores por que os preços subiram e a resposta provavelmente se aterá ao estoque e não ao fluxo – mais compradores do que vendedores. Isso não é verdade. O número de instrumentos de negociação, como ações ou futuros, comprados ou vendidos em qualquer mercado é sempre igual.

Caso você queira comprar um contrato de francos suíços, alguém terá de vendê-lo. Se você quiser vender a descoberto um contrato de S&P 500, alguém terá de comprá-lo. As quantidades de ações compradas e vendidas no mercado de ações são sempre iguais, como também são idênticos os volumes de posições compradas e vendidas nos mercados futuros. Os preços movimentam-se para cima ou para baixo por causa de mudanças na intensidade da ganância e do medo entre compradores e vendedores.

Quando a tendência é de alta, os touros sentem-se otimistas e concordam em comprar um pouco mais caro, pois esperam que as cotações continuem subindo. Os ursos, por outro lado, sentem-se tensos e só se dispõem a vender por um preço mais alto. Quando touros gananciosos e otimistas se encontram com ursos receosos e defensivos, o mercado sobe. Quanto mais intensos forem os sentimentos, mais forte será a alta. A alta termina apenas quando muitos touros perdem o entusiasmo.

Quando os preços cedem, os ursos sentem-se otimistas e não se incomodam de vender a descoberto a preços mais baixos. Os touros estão temerosos e concordam em comprar apenas com desconto. Enquanto os ursos se considerarem vencedores, continuarão a vender a preços mais baixos e a tendência baixista prossegue. Ela só termina quando os ursos começam a sentir-se inquietos e se recusam a vender a preços mais baixos.

Altas e baixas

Poucos investidores agem como seres humanos puramente racionais. Constata-se alta dose de atividade emocional nos mercados. A maioria dos participantes do mercado age com base no princípio do "macaco vê, macaco faz". Ondas de medo e ganância levam de roldão os touros e os ursos.

Os mercados sobem por causa da ganância dos compradores e do medo dos vendedores a descoberto. Os touros normalmente gostam de comprar barato. Mas quando a expectativa de alta é muito forte, ficam mais preocupados em não perder o impulso de alta do que em conseguir preços atraentes. A alta prossegue enquanto os touros forem bastante gananciosos para atender às demandas dos vendedores.

A intensidade da alta depende do sentimento predominante dos investidores. Se os compradores se sentirem apenas um pouco mais fortes do que os vendedores, o mercado sobe lentamente. Caso se sintam muito mais fortes, a alta será rápida. O trabalho do analista técnico é descobrir se os compradores continuam fortes ou se já estão perdendo o gás.

Os vendedores a descoberto sentem-se encurralados pelos mercados em alta, à medida que seus lucros derretem e se convertem em perdas. Quando os vendedores a descoberto correm para cobrir suas posições, a curva da alta empina-se quase que para a vertical. O medo é emoção mais forte do que a ganância e as altas induzidas pela cobertura de posições vendidas são especialmente fortes.

Os mercados caem por causa da ganância entre os ursos e do medo entre os touros. Normalmente, os ursos preferem vender a descoberto nas altas, mas se esperam ganhar muito dinheiro na baixa, não se importam em operar a descoberto também na descida. Os compradores receosos concordam em comprar apenas abaixo do mercado. Se os vendedores a descoberto estiverem dispostos a atender a essas demandas e vender ao preço proposto, a queda continua.

À medida que os lucros dos touros derretem e se convertem em perdas, eles entram em pânico e vendem a praticamente qualquer preço. Estão tão ansiosos para sair que aceitam as propostas de compra abaixo do mercado. Os mercados podem cair com muita rapidez quando atingidos pelo pânico de venda.

Líderes de tendências

A lealdade é o adesivo que mantém a coesão grupal. Freud mostrou que os membros de um grupo se relacionam com o líder da maneira como as crianças interagem com o pai. Os membros do grupo esperam que o líder os inspire e os recompense quando são bons, mas que os puna quando são maus.

Quem lidera as tendências do mercado? Quando alguém tenta controlar o mercado, geralmente se dá mal. Por exemplo, a alta da prata na década de 1980 foi liderada pelos irmãos Hunt, do Texas, e seus associados árabes. Os Hunt acabaram numa vara de falências e concordatas. Não lhes sobrou dinheiro nem mesmo para manter o carro e tomaram o metrô para chegarem ao tribunal. Os gurus do mercado às vezes lideram as tendências, porém, geralmente, não duram mais do que um ciclo de mercado.

Tony Plummer, investidor inglês, apresentou uma ideia revolucionária em seu livro *Forecasting Financial Markets – The Truth Behind Technical Analysis*. Ele mostrou que o preço em si funciona como líder da multidão do mercado! A maioria dos investidores concentra a atenção no preço.

Os vencedores sentem-se recompensados quando os preços se movimentam a seu favor e os perdedores sentem-se punidos quando os preços se movimentam contra eles. Os membros da multidão mantêm-se na santa ignorância de que, ao se concentrarem no preço, criam seu próprio líder. Os operadores de mercado que se deixam hipnotizar pelas oscilações nos preços criam seus próprios ídolos.

Nos mercados em alta, os touros se sentem recompensados por um pai generoso. Quanto mais perdurar a tendência de alta, mais intenso será o sentimento de confiança. Assim como as crianças continuam agindo da mesma maneira quando são recompensadas por seu comportamento, também os touros no mercado em alta reforçam suas posições compradas e entram em novas posições. Os ursos sentem-se punidos por estarem vendendo a descoberto. Muitos deles cobrem suas posições, ficam comprados e juntam-se aos touros.

As compras por touros felizes e as coberturas de posições por ursos temerosos intensificam a tendência de alta. Os compradores sentem-se recompensados, enquanto os vendedores sentem-se punidos. Ambos sentem-se envolvidos emocionalmente, mas poucos operadores de mercado percebem que estão desencadeando uma tendência de alta, desenvolvendo seu próprio líder.

Até que um dia ocorre um choque de preço – uma grande venda chega ao mercado sem que existam compradores suficientes para absorvê-la. A tendência de alta dá um mergulho. Os touros sentem-se maltratados, como crianças cujo pai lhes dá algumas palmadas durante uma refeição, mas os ursos sentem-se encorajados.

O choque de preço lança as sementes da reversão da tendência. Ainda que o mercado se recupere e entre em nova alta, os touros sentem-se menos seguros e os ursos tornam-se mais ousados. Essa falta de coesão no grupo dominante e o otimismo entre os oponentes tornam iminente a reversão da tendência. Vários indicadores técnicos identificam topos, traçando um padrão chamado divergência de baixa (ver Seção 28). Isso ocorre quando os preços alcançam nova máxima mas esta se situa em ponto inferior ao da máxima anterior. As divergências de baixa proporcionam as melhores oportunidades de operações a descoberto.

Quando a tendência é de baixa, os ursos se sentem como bons filhos, elogiados e recompensados por serem inteligentes. Tornam-se cada vez mais confiantes, reforçam suas posições e a tendência de baixa persiste. Novos ursos entram no mercado. A maioria das pessoas admira os vencedores e a mídia financeira entrevista os ursos nos mercados em baixa.

Os touros perdem dinheiro durante a tendência de baixa, fazendo com que se sintam mal. Em consequência, desfazem-se de suas posições e muitos mudam de lado, juntando-se aos ursos. Essas vendas pressionam os mercados mais para baixo.

Depois de algum tempo, os ursos tornam-se cada vez mais confiantes e os touros cada vez mais desmoralizados. De repente, ocorre um choque de preço. Uma sucessão de ordens de compra absorve todas as ordens de venda disponíveis e levanta o mercado. Agora, é a vez de os ursos se sentirem como crianças cujo pai repreendeu-as com severidade durante uma refeição até então feliz.

O choque de preço lança as sementes da reversão da tendência de baixa, porque os ursos se sentem mais temerosos e os touros tornam-se mais ousados. Quando as crianças começam a duvidar da existência de Papai Noel, raramente voltam a acreditar plenamente no bom velhinho. Ainda que os ursos se recuperem e os preços caiam para novas mínimas, vários indicadores técnicos revelam a fraqueza do mercado, ao traçarem padrões denominados divergências de alta. Isso ocorre quando os preços caem para uma nova mínima mas o novo fundo é mais superficial do que o anterior. As divergências de alta oferecem as melhores oportunidades de compra.

Psicologia social

O ser humano é dotado de livre-arbítrio e é difícil prever seu comportamento. Os comportamentos de grupo são mais previsíveis e fáceis de seguir. Quando se analisam os mercados, analisam-se comportamentos de grupo. Você precisa identificar a direção em que se movimentam os grupos e suas mudanças.

Os grupos nos sugam e obliteram nosso julgamento. O problema para a maioria dos analistas é se emaranhar na mentalidade dos grupos que são objeto de seus estudos.

Quanto mais longa for a alta, mais os técnicos se deixam levar pela euforia altista, ignoram os sinais de perigo e não se dão conta da reversão. Quanto mais prolongada for a baixa, mais os técnicos se enleiam na melancolia baixista e não percebem os indícios de alta. Essa é a razão por que é importante ter um plano por escrito para analisar os mercados. Precisamos definir antecipadamente que indicadores observaremos e como os interpretaremos.

Os operadores da sala de negociações usam várias ferramentas para rastrear a qualidade e a intensidade de um sentimento de massa. Observam a capacidade da multidão de romper níveis recentes de suporte e resistência. Ficam de olho no fluxo de "papel" – as ordens dos clientes que chegam à sala de negociações em resposta às mudanças nos preços. Os operadores da sala de negociações ouvem as mudanças, no tom e no volume do alarido no recinto da bolsa.

No entanto, quando se opera fora da sala de negociações, precisa-se de outras ferramentas para analisar o comportamento da multidão. Os gráficos e indicadores refletem psicologia de massa em ação. *O analista técnico é um especialista em psicologia de massa, geralmente armado com um computador.*

17. GESTÃO *VERSUS* PREVISÃO

Um dia, encontrei um cirurgião muito gordo num seminário. Ele me disse que perdera um quarto de milhão de dólares em três anos, negociando com ações e opções. Quando lhe perguntei como tomava suas decisões sobre investimentos, ele apontou meio acanhado para a sua enorme pança. Ele jogava com base na intuição e recorria à sua renda profissional para sustentar o hábito. Dispõe-se de duas alternativas para o instinto: uma é a análise fundamentalista; a outra é a análise técnica.

Os grandes mercados altistas e baixistas resultam de mudanças nos fundamentos da oferta e da procura. Os analistas fundamentalistas acompanham os relatórios sobre safras, estudam as iniciativas dos bancos centrais, acompanham os índices de ocupação dos setores e assim por diante. No entanto, ainda que se conheçam esses fatores, é possível perder dinheiro nas operações de mercado quando se está fora de sintonia com as tendências de médio e curto prazos. Elas dependem das emoções da multidão.

Os analistas técnicos acreditam que os preços refletem tudo que se conhece sobre o mercado, incluindo os fatores fundamentais. Cada preço representa o consenso de todos os participantes do mercado sobre o valor de determinado objeto – grandes investidores institucionais, pequenos especuladores, analistas técnicos, pesquisadores fundamentalistas e jogadores.

A análise técnica é um estudo de psicologia de massa. É em parte ciência e em parte arte. Os especialistas dessa área usam muitos métodos científicos, inclusive conceitos matemáticos de teoria dos jogos, probabilidades e assim por diante. Quase todos usam computadores para rastrear indicadores sofisticados.

A análise técnica também é uma arte. As barras nos gráficos juntam-se em padrões e formações. Quando os preços e indicadores se movimentam, produzem um senso de fluxo e ritmo, um sentimento de tensão e beleza que ajuda o analista a perceber o que está acontecendo e como operar nos mercados.

O comportamento individual é complexo, diversificado e quase imprevisível. O comportamento grupal é primitivo. Os técnicos estudam os padrões de comportamento das multidões do mercado e operam quando reconhecem um padrão que no passado precedeu certos movimentos do mercado.

Pesquisas de opinião

As pesquisas de opinião em política são um bom modelo de análise técnica. Os técnicos e os pesquisadores de opinião tentam ler a mente da massa. Os pesquisadores de opinião o fazem em busca de ganhos políticos; os técnicos, na tentativa de auferir ganhos financeiros. Os políticos querem conhecer suas chances de serem eleitos ou reeleitos. Fazem promessas aos eleitores e então pedem aos pesquisadores de opinião pública que verifiquem suas chances de vitória.

Os pesquisadores de opinião pública usam métodos científicos: estatística, procedimentos de amostragem e assim por diante. Também precisam de um jeito todo especial de entrevistar e de formular perguntas; em outras palavras, precisam estar sintonizados com as correntes emocionais de seus partidos. As pesquisas de opinião pública são uma combinação de ciência e arte. Quando um pesquisador de opinião pública afirmar que é um cientista, pergunte-lhe por que, nos Estados Unidos, a maioria deles é membro do Partido Democrata ou do Partido Republicano. A verdadeira ciência é apartidária.

Os técnicos de mercado devem erguer-se acima das filiações partidárias. O importante é não ser nem touro nem urso, mas buscar a verdade. O touro tendencioso olha para o gráfico e diz: "Onde eu posso comprar?" O urso tendencioso olha para o mesmo gráfico e tenta descobrir em que ponto deve operar a descoberto. Os analistas de alto coturno estão acima dos vieses altistas e baixistas.

Um truque o ajuda a detectar sua tendência. Se quiser comprar, vire o gráfico de cabeça para baixo e veja se ele recomenda venda. Se ele ainda sugerir compra, mesmo ao contrário, você deve empenhar-se para eliminar a tendência altista de seu sistema. Se, ao contrário, ambos os gráficos parecerem indicar venda, você precisa trabalhar para expurgar a tendência baixista.

A bola de cristal

A maioria dos investidores leva para o lado pessoal as viradas nos preços. Quase todos sentem-se muito orgulhosos quando ganham dinheiro e adoram gabar-se de seus lucros. Quando uma operação não dá certo, sentem-se punidos como crianças e tentam ocultar o prejuízo. É possível ler as emoções dos investidores estampadas em suas fisionomias.

Muitos investidores acreditam que o objetivo do analista de mercado é prever os preços no futuro. Em quase todos os campos, os amadores pedem previsões, ao passo que os profissionais simplesmente gerenciam as informações e tomam decisões baseadas nas probabilidades. Veja o caso da medicina, por exemplo. Um paciente é levado para a sala de emergências com uma faca fincada no peito – e os ansiosos membros da família fazem apenas duas perguntas: "Ele sobreviverá?" e, depois, "Quando poderá ir para casa?". Pedem previsões aos médicos.

Mas o médico não é um previsor – cuida dos problemas à medida que surgem. Sua primeira função é evitar a morte do paciente em consequência de choque, e assim lhe dá analgésicos e faz transfusões de sangue para compensar a hemorragia. Em seguida, remove a faca e sutura os tecidos lesionados. A próxima preocupação é evitar a infecção. Assim, monitora o estado do paciente e prescreve medicamentos para evitar complicações. Ele está gerenciando – não prevendo. Quando a família insiste em previsões, é até possível que as dê, mas sua utilidade prática é baixa.

Para ganhar dinheiro com suas operações de mercado, não é necessário prever o futuro. O importante é extrair informações do mercado e verificar quem controla a situação – se os touros ou os ursos. É preciso medir a força do grupo dominante e determinar a probabilidade de permanência da tendência vigente. Também é necessário planejar a gestão conservadora do dinheiro, visando à sobrevivência de longo prazo e à acumulação de lucro. Também é importante observar o funcionamento de sua mente e não descambar para a ganância ou para o medo. O investidor que fizer tudo isso tem mais chances de sucesso do que qualquer previsor.

Leia o mercado, gerencie-se

Enorme volume de informações transborda dos mercados durante as horas de negociações. As mudanças dos preços narram as batalhas entre touros e ursos. Seu trabalho é analisar essas informações e apostar no grupo de mercado dominante.

Previsões dramáticas são truques do mercado para iludir os incautos. As pessoas que vendem serviços de assessoria sabem que as boas previsões atraem clientes pagantes, enquanto as más previsões são logo esquecidas. Meu telefone tocou enquanto escrevia este capítulo. Um guru famoso, na época passando por um período de má sorte, disse-me que havia identificado "uma dessas oportunidades de compra que só acontecem uma vez na vida" em certo mercado agrícola. Ele me pediu para ajudá-lo a levantar dinheiro e garantiu que o multiplicaria por 100 em seis meses! Não sei quantos tolos ele fisgou, mas as previsões dramáticas sempre foram boas para tosquiar o público.

Use o bom-senso ao analisar os mercados. Quando alguma nova ocorrência o intrigar, compare-a com a vida fora dos mercados. Por exemplo, os indicadores podem emitir sinais de compra em dois mercados. Você deve comprar no mercado que caiu muito depois do sinal de compra ou no que caiu menos? Coteje essa situação com o que acontece com alguém depois de um tombo. Se ele rolou um lance de escada, provavelmente se levantará, sacudirá a poeira e voltará a correr. Mas se caiu da janela do terceiro andar, dificilmente voltará a correr tão cedo; precisará de tempo para recuperar-se. Os preços raramente sobem com muito vigor imediatamente depois de um declínio acentuado.

As operações de mercado bem-sucedidas erguem-se sobre três pilares. É preciso analisar o equilíbrio de poder entre touros e ursos. É fundamental praticar a boa gestão do dinheiro. É imprescindível seguir seu plano de negociações e evitar empolgar-se nos mercados.

III

Análise de Gráficos Clássica

18. GRÁFICOS

Os analistas técnicos estudam os movimentos do mercado, tentando identificar padrões de preço recorrentes. O objetivo é lucrar com operações no mercado, quando os padrões se repetem. A maioria dos analistas técnicos trabalha com gráficos de barras, que mostram o preço máximo, o preço mínimo, o preço de fechamento, o volume e os contratos em aberto. O gráfico ponto-figura acompanha apenas as mudanças no preço e ignora tempo, volume e contratos em aberto.

O gráfico clássico exige apenas papel e lápis. Apela aos que têm inclinação visual. Quem plota os dados a mão desenvolve sensibilidade física em relação ao preço. Os computadores aceleram a produção de gráficos, à custa de se perder parte dessa sensibilidade.

O maior problema dos gráficos é o pensamento desejoso, ou *wishful thinking*. Os investidores não raro convencem-se a si mesmos de que um padrão é de alta ou de baixa, dependendo de sua intenção de comprar ou vender.

No começo do século XX, Herman Rorschach, psiquiatra suíço, desenvolveu um teste para a exploração da mente das pessoas. Derramou tinta em 10 folhas de papel e dobrou cada uma delas na metade, criando um borrão simétrico. Quase todas as pessoas que olham para essas folhas descrevem o que veem: partes da anatomia, animais, edifícios e assim por diante. Na realidade, não passam de borrões! Cada um vê o que está em sua mente. A maioria dos investidores usa os gráficos como um gigantesco teste de Rorschach. Projetam suas esperanças, medos e fantasias nos gráficos.

Breve história

Os primeiros grafistas dos Estados Unidos apareceram na virada do século XIX para o século XX. Entre eles se incluem Charles Dow, autor de uma famosa teoria do mercado de ações, e William Hamilton, que sucedeu a Dow como editor do *Wall Street Journal*. A máxima famosa de Dow era: "As médias descontam tudo." Com isso ele afirmava que as mudanças no Dow Jones Industrial and Rail Averages refletiam todos os conhecimentos e esperanças sobre a economia e sobre o mercado de ações.

Dow nunca escreveu um livro, apenas os editoriais do *Wall Street Journal*. Hamilton substituiu Dow depois de sua morte e deu grande impulso aos gráficos ao escrever "The Turn of the Tide" (A Virada da Maré), editorial sobre o crash de 1929.

Hamilton definiu os princípios da teoria Dow em seu livro *The Stock Market Barometer*. Robert Rhea, editor de uma newsletter, contribuiu para que a teoria atingisse o auge, em seu livro de 1932, *The Dow Theory*.

A década de 1930 foi a Era de Ouro dos gráficos. Muitos inovadores viram-se com excesso de tempo depois do crash de 1929. Schabaker, Rhea, Elliott, Wyckoff, Gann e outros publicaram suas pesquisas durante essa década. O trabalho desses pioneiros prosseguiu em duas direções distintas. Alguns, como Wyckoff e Schabaker, encararam os gráficos como um registro visual da oferta e demanda nos mercados. Outros, como Elliott e Gann, buscaram uma ordem perfeita nos mercados – empreendimento fascinante mas fútil (ver Seção 6).

Em 1948, Edwards (que era genro de Schabaker) e Magee publicaram *Technical Analysis of Stock Trends*. Eles popularizaram conceitos como triângulos, retângulos, cabeças e ombros, além de outras formações e novos conceitos, como suporte, resistência e linhas de tendência. Outros grafistas aplicaram esses conceitos a mercadorias.

Os mercados mudaram muito desde os dias de Edwards e Magee. Na década de 1940, o volume diário de negociações de uma ação ativa na Bolsa de Valores de Nova York era de apenas várias centenas. Já na década de 1990 não raro excedia a milhões. O equilíbrio de poder no mercado de ações deslocou-se em favor dos touros. Os primeiros grafistas escreveram que os topos no mercado de ações eram pontiagudos e efêmeros, enquanto os fundos formavam-se mais devagar e eram mais duradouros. Isso era verdade naqueles tempos deflacionários, mas o oposto tem sido a realidade desde a década de 1950. Agora, os fundos tendem a se formar rapidamente, enquanto os topos costumam levar mais tempo.

O significado de um gráfico de barras

Os padrões dos gráficos refletem as ondas de ganância e medo entre os operadores de mercado. Este livro foca os gráficos diários, mas é possível aplicar muitos de seus princípios a outros dados. As regras para a leitura de gráficos semanais, diários e horários são muito semelhantes.

Cada preço é o consenso momentâneo dos participantes do mercado sobre o valor de uma ação, expresso sob a forma de negociações. Cada barra de preço fornece várias informações sobre o equilíbrio de poder entre touros e ursos (Figura 18.1).

O **preço de abertura** das barras diárias ou semanais geralmente reflete a opinião dos amadores sobre valor. Eles leem os jornais matutinos, tomam conhecimento do que aconteceu na véspera e transmitem suas ordens para os corretores, antes de irem para o trabalho. Os amadores são especialmente ativos no começo do dia e no começo da semana.

Os investidores que pesquisaram as relações entre preços de abertura e fechamento durante várias décadas descobriram que os preços de abertura com grande frequência se situam perto da máxima ou da mínima das barras diárias. As compras e vendas por amadores no começo do dia criam um extremo emocional dos quais os preços se recuperam ao longo do dia.

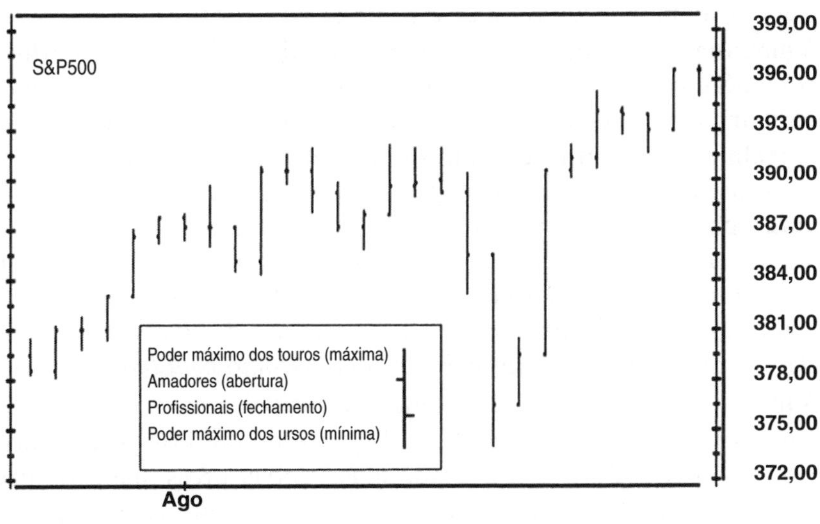

Figura 18.1: O significado de um gráfico de barras

Os preços de abertura são estabelecidos pelos amadores, cujas ordens se acumulam durante a noite e chegam ao mercado de manhã. Os preços de fechamento são determinados em boa parte pelos profissionais de mercado, que negociam durante o dia. Observe a frequência com que os preços de abertura e fechamento estão nos extremos opostos das barras.

Em cada barra, a máxima marca o poder máximo dos touros e a mínima marca o poder máximo dos ursos durante o período representado pela barra. A slippage tende a ser menor quando se entra ou sai de posições em barras curtas.

Nos mercados em alta, os preços geralmente registram a mínima da semana na segunda ou na terça-feira, em consequência da realização de lucro pelos amadores, e depois atingem nova máxima na quinta ou na sexta-feira. Nos mercados em baixa, a máxima da semana geralmente ocorre na segunda ou na terça-feira, atingindo-se nova mínima mais para o fim da semana, na quinta ou na sexta-feira.

O **preço de fechamento** das barras diárias ou semanais tende a refletir as negociações dos investidores profissionais. Eles observam o mercado ao longo do dia, reagem às mudanças e tornam-se especialmente ativos perto do fim do pregão. Muitos deles realizam lucro nessa hora, para não carregarem posições durante a noite.

Os profissionais como grupo geralmente operam contra os amadores. Tendem a comprar aberturas mais baixas, vender a descoberto aberturas mais altas e desfazer-se de suas posições ao longo do dia. Os investidores precisam prestar atenção à relação entre preços de abertura e de fechamento. *Se os preços fecham mais altos do que abriram, os profissionais de mercado provavelmente foram mais altistas do que os amadores.* Vale a pena operar com os profissionais e contra os amadores.

A máxima de cada barra representa o auge do poder dos touros durante o período. Os touros ganham dinheiro quando os preços sobem. Suas compras empurram os preços para cima e cada ponto de alta aumenta seus lucros. Finalmente, os touros chegam a um nível em que não mais conseguem aumentar os preços – nem mais um ponto. A máxima de uma barra diária representa o ponto de maior poder dos touros naquele dia e a máxima de uma barra semanal marca o pico do poder dos touros durante a semana. A máxima de uma barra de cinco minutos reflete o poder máximo dos touros naquele período de cinco minutos. *O ponto mais alto de uma barra representa o poder máximo dos touros no período representado pela barra.*

A mínima de cada barra representa o ponto de maior poder dos ursos durante o período. Os ursos ganham dinheiro quando os preços baixam. Continuam vendendo a descoberto, suas vendas pressionam os preços mais para baixo e cada ponto de baixa aumenta seus lucros. Em algum momento, eles ficam sem capital e perdem o entusiasmo e, com isso, cessa a queda dos preços. *A mínima de cada barra mostra o poder máximo dos ursos durante o período.* A mínima de uma barra diária marca o ponto de maior poder dos ursos durante aquele dia, e a mínima de uma barra semanal identifica o apogeu do poder dos ursos durante aquela semana.

O ponto de fechamento de cada barra revela o resultado de uma batalha entre touros e ursos durante o período. Se os preços fecham perto da máxima da barra diária, isso mostra que os touros ganharam a batalha do dia. Os preços de fechamento em gráficos diários dos mercados futuros são especialmente importantes. A quantidade de dinheiro em sua conta depende disso, pois o valor de sua conta é "marcado a mercado" (marked to market) a cada noite.

A distância entre a máxima e a mínima de qualquer barra revela a intensidade do conflito entre touros e ursos. Em média, as barras revelam mercados relativamente frios. A barra cujo comprimento seja apenas a metade da média corresponde a um mercado sonolento e desinteressado. Já a barra que seja duas vezes mais alta do que a média mostra um mercado em ebulição, no qual os touros e os ursos pelejaram ininterruptamente em toda a extensão da arena.

A slippage (ver Seção 3) é geralmente mais baixa nos mercados tranquilos. Vale a pena entrar nas negociações em períodos cujas barras sejam curtas ou normais. As barras compridas são boas para realizar lucros. A tentativa de assumir uma posição quando o mercado está em operação é como pular num trem em movimento. É melhor esperar pelo próximo.

Candelabros japoneses

Os comerciantes de arroz japoneses começaram a usar gráficos candelabro uns dois séculos antes do aparecimento do primeiro grafista nos Estados Unidos. Em vez de barras, esses gráficos apresentam fileiras de velas com pavios em ambos os lados. O corpo de cada vela representa a distância entre os preços de abertura e de fechamento. Se o preço de fechamento for maior do que o de abertura, o corpo é branco. Se o preço de fechamento for mais baixo, o corpo é preto.

A ponta do pavio superior representa a máxima do dia e a ponta do pavio inferior representa a mínima do dia. Os japoneses consideram as máximas e mínimas do dia relativamente desimportantes, de acordo com Steve Nison, autor de *Japanese Candlestick Charting Techniques.* Eles se concentram na relação entre preços de abertura e fechamento e nos padrões que incluem várias velas.

A principal vantagem do gráfico candelabro é o foco na luta entre amadores, que controlam a abertura, e profissionais, que controlam o fechamento. Infelizmente, a maioria dos grafistas de candelabro não usa muitas ferramentas dos analistas ocidentais. Eles ignoram o volume e não têm linhas de tendência ou indicadores técnicos. Essas lacunas estão sendo preenchidas por modernos grafistas americanos, como Greg Morris, cujo software *Candlepower* combina indicadores técnicos ocidentais com os padrões clássicos do candelabro.

Perfil do mercado

A técnica de gráficos para rastrear a acumulação e a distribuição durante cada seção de negociações foi desenvolvida por J. Peter Steidlmayer. O

perfil de mercado (market profile) necessita de acesso em tempo real aos dados – um fluxo constante de cotações durante todo o dia. O método atribui uma letra do alfabeto a cada meia hora de negociações. Cada nível de preço atingido durante aquela meia hora é marcado com sua própria letra.

À medida que os preços mudam, cada vez mais letras enchem a tela, criando uma curva em forma de sino. Quando os preços rompem uma tendência, o perfil de mercado reflete essa situação, tornando-se alongado. Às vezes, combina-se o perfil de mercado com o de dados de liquidez (liquidity data bank), que monitora o volume de negociações durante o dia por vários grupos – operadores da sala de negociações, hedgers e operadores fora da sala de negociações.

Mercados eficientes, random walk e Lei da Natureza

A **teoria dos mercados eficientes** é a noção acadêmica de que ninguém pode superar o desempenho do mercado, pois qualquer preço, a qualquer momento, incorpora todas as informações disponíveis. Warren Buffet, um dos investidores mais bem-sucedidos do século XX, comentou: "Acho fascinante como a ortodoxia reinante pode levar muita gente a pensar que a terra é plana. Investir num mercado no qual as pessoas acreditam em eficiência é como jogar bridge com alguém a quem disseram que não é bom olhar as cartas."

A falha lógica da teoria dos mercados eficientes é equiparar conhecimento e ação. É até possível que algumas pessoas tenham conhecimento, mas as pressões emocionais da multidão geralmente as induzem a operar nos mercados de maneira irracional. Um bom analista é capaz de detectar padrões repetitivos de comportamento da multidão em seus gráficos e explorá-los.

Os teóricos do **random walk** argumentam que os preços do mercado mudam ao acaso. Evidentemente, há uma boa dose de aleatoriedade ou "ruído" nos mercados, da mesma maneira como se constata aleatoriedade em qualquer outra multidão que esteja atuando em qualquer lugar. O observador inteligente consegue identificar padrões de comportamento repetitivos numa multidão e fazer apostas sensatas em sua continuidade ou reversão.

As pessoas têm memória, lembram-se dos preços passados e essas lembranças influenciam suas decisões de compra e venda. As recordações ajudam a criar suporte abaixo do mercado e resistência acima dele. Os random walkers negam que as lembranças do passado influenciam nosso comportamento no presente.

Conforme observou Milton Friedman, os preços contêm informações sobre a disponibilidade da oferta e a intensidade da demanda. Os participantes do mercado usam essas informações para tomar suas decisões sobre compra e venda. Por exemplo, os consumidores compram mais mercadorias quando estão em liquidação e menos quando os preços estão altos. Os operadores de mercado são tão capazes de comportamentos lógicos quanto uma dona de casa num supermercado. Quando os preços estão baixos, as caçadoras de pechinchas entram em cena. A escassez pode induzir a situações de pânico de compra, mas os preços altos restringem a demanda.

A **Lei da Natureza** é o grito de guerra de um grupo de místicos que se opõem aos random walkers nos mercados financeiros. Os místicos argumentam que existe uma ordem perfeita nos mercados, que, segundo eles, movimenta-se como um mecanismo de relógio, em resposta a leis naturais imutáveis. R. N. Elliott chegou ao ponto de intitular seu último livro de *Nature's Law* (Lei da Natureza).

A multidão da "ordem perfeita" gravita para a astrologia e busca conexões entre os preços e o movimento dos planetas. A maioria dos místicos tenta ocultar sua inclinação astrológica, mas é fácil tirá-los da concha. Da próxima vez em que alguém lhe falar de ordem natural nos mercados, pergunte-lhe sobre astrologia. Ele provavelmente não perderá a oportunidade de sair do armário e falar sobre as estrelas.

Os que creem em ordem perfeita nos mercados acreditam na possibilidade de prever topos e fundos, ainda que no futuro remoto. Os amadores adoram previsões, e o misticismo proporciona ótimos recursos de marketing. Ajuda a vender cursos, sistemas de negociações e newsletters.

Os místicos, os acadêmicos do random walk e os teóricos do mercado eficiente têm um traço em comum. Todos estão igualmente alienados da realidade dos mercados. Os extremistas brigam uns com os outros, mas pensam da mesma maneira.

19. SUPORTE E RESISTÊNCIA

Uma bola bate no piso e quica. E cai depois de bater no teto. Suporte e resistência são como piso e teto, com os preços distribuídos entre esses dois extremos. A compreensão dos conceitos de suporte e resistência é fundamental para entender as tendências dos preços e os padrões dos gráficos. A avaliação de sua força ajuda a decidir se a tendência deve continuar ou reverter.

Suporte é o nível de preço em que as compras são bastante intensas para interromper ou reverter uma tendência de baixa. Quando uma tendência de baixa atinge o suporte, ela retrocede como o mergulhador que chega ao fundo e retorna. O suporte é representado no gráfico por uma linha horizontal ou quase horizontal, conectando vários fundos (Figura 19.1).

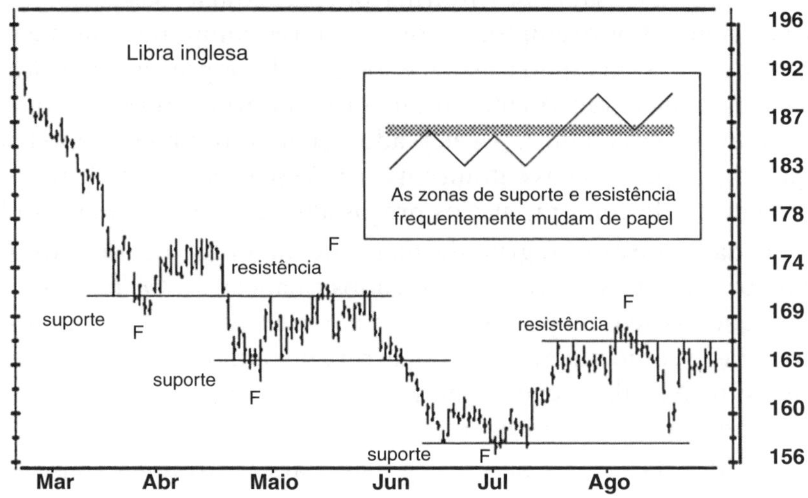

Figura 19.1: Suporte e resistência

Trace linhas horizontais que cruzem a borda superior e a borda inferior das áreas de congestionamento. A linha inferior marca o suporte – o nível em que os compradores superam os vendedores. A linha superior identifica a resistência, o nível em que os vendedores superam os compradores. As áreas de suporte e de resistência frequentemente mudam de papel. Observe como o nível de suporte em março converte-se em linha de resistência em maio. A força dessas barreiras aumenta cada vez que os preços tocam nelas e retrocedem.

Cuidado com as falsas rupturas de suportes e resistências. A letra F marca uma falsa ruptura neste gráfico. Os amadores tendem a seguir rupturas, enquanto os profissionais tendem a opor-se a elas. No lado direito do gráfico, os preços estão encontrando forte resistência. Essa é a hora de buscar oportunidades de operar a descoberto, por meio de stop de proteção um pouco acima da linha de resistência.

Resistência é o nível de preço em que as vendas são bastante intensas para interromper ou reverter uma tendência de alta. Quando a tendência de alta atinge a resistência, ela para ou cai, como alguém que bate com a cabeça num galho ao subir numa árvore. A resistência é representada no gráfico por uma linha horizontal ou quase horizontal, conectando vários topos.

É melhor traçar linhas de suporte e resistência entre as bordas de áreas de congestionamento em vez de entre preços extremos. As bordas mostram onde massas de investidores mudaram de opinião, ao passo que os pontos extremos refletem apenas o pânico entre os investidores mais fracos.

Suportes e resistências de menor intensidade apenas interrompem as tendências, ao passo que os mais intensos provocam reversões. Os operadores de mercado compram no suporte e vendem na resistência, convertendo sua eficácia em profecia autorrealizável.

Recordações, dor e arrependimento

O suporte e a resistência existem porque as pessoas têm lembranças. Nossas lembranças nos levam a comprar e a vender em certos níveis. As compras e vendas pelas multidões de operadores de mercado criam suporte e resistência.

Se os operadores de mercado se lembrarem de que recentemente os preços pararam de cair e inflectiram a partir de certo nível, é provável que comprem quando os preços mais uma vez se aproximarem desse nível. Se os operadores de mercado se lembrarem de que há pouco tempo uma tendência de alta reverteu, depois de atingir certo pico, tenderão a vender e operar a descoberto quando os preços mais uma vez se aproximarem desse nível.

Por exemplo, todas as grandes altas no mercado de ações, de 1966 a 1982, terminaram sempre que o Dow Jones Industrial Average atingiu 950 ou 1.050. A resistência era tão forte que os investidores passaram a chamá-la de "A Graveyard in the Sky" (Sepultura no Céu). Depois que os touros romperam a marradas aquele nível, ele converteu-se em grande área de suporte.

O suporte e a resistência existem porque as massas de operadores de mercado sentem dor e arrependimento. Os investidores que assumem posições compradas são acometidos de dor intensa. Os perdedores estão determinados a sair assim que o mercado lhes der outra chance. Já aqueles que deixam de aproveitar uma oportunidade tornam-se vítimas de arrependimento e também aguardam que o mercado lhes dê uma segunda chance. Os sentimentos de dor e de arrependimento são brandos dentro das faixas de negociação, em que as viradas são menos drásticas e os perdedores não se machucam muito. Já os rompimentos de faixas de negociação geram dor intensa e arrependimento lancinante.

Quando o mercado se mantém horizontal durante algum tempo, os operadores de mercado acostumam-se a comprar na borda inferior da faixa de negociação e a operar a descoberto na borda superior. Nas tendências de alta, os ursos que venderam a descoberto sentem dor e os touros sentem arrependimento por não terem comprado mais. Ambos estão determinados a comprar se o mercado lhes der uma segunda chance. A dor dos ursos e o arrependimento dos touros deixam-nos prontos para comprar, criando **suporte** durante as reações nas tendências de alta.

Resistência é uma área em que os touros sentem dor, os ursos sentem arrependimento e ambos estão prontos para vender. Quando os preços despencam de uma faixa de negociação, os touros que compraram sentem dor, veem-se encurralados e esperam por uma alta que lhes permita sair sem perdas. Os ursos se arrependem por não terem assumido mais posições vendidas e esperam por uma alta que lhes dê uma segunda chance de vender a descoberto. A dor dos touros e o arrependimento dos ursos criam resistência, um teto acima do mercado nas tendências de alta. A força do suporte e da resistência depende da intensidade dos sentimentos entre as massas de operadores de mercado.

A força do suporte e da resistência

Uma área de congestionamento que foi atingida por várias tendências é como um campo de batalha marcado por crateras. Seus defensores têm muita cobertura e provavelmente serão capazes de retardar o avanço das forças atacantes. Quanto mais tempo os preços se mantiverem em zonas de congestionamento, mais forte será o comprometimento emocional dos touros e dos ursos em relação a tal área. Quando os preços se aproximam dessa zona vindos de cima, ela serve como suporte. Quando os preços se erguem até lá vindos de baixo, ela age como resistência. A área de congestionamento pode reverter seu papel e atuar seja como suporte, seja como resistência.

A força de toda zona de suporte e resistência depende de três fatores: sua intensidade, sua altura e o volume de negociações nela realizadas. Pode-se visualizar esses fatores como o comprimento, a largura e a profundidade da zona de congestionamento.

Quanto mais duradoura for uma área de suporte ou resistência – por quanto tempo manteve-se incólume ou o número de ataques que rechaçou –, mais forte ela será. O suporte e a resistência, como bom vinho, ficam melhores com a idade. Uma faixa de negociação de duas semanas proporciona apenas um mínimo de suporte ou resistência. Já uma faixa de negociação de dois meses já se prolongou por tempo suficiente para que os operadores de mercado se acostumem com ela e gera suporte e resistência intermediários. Por fim, uma faixa de negociação de dois anos torna-se aceita como padrão de valor e oferece intenso suporte ou resistência.

À medida que envelhecem, os níveis de suporte e resistência ficam mais fracos. Os perdedores continuam retirando-se dos mercados, substituídos por recém-chegados que não têm o mesmo comprometimento emocional com os velhos níveis de preços. As pessoas que perderam dinheiro há pouco tempo ainda estão lambendo as feridas e se lembram dos reveses com muita nitidez. Provavelmente ainda estão no mercado, sentindo dor e arrependimento, tentando recuperar-se. No entanto, quem tomou decisões erradas vários anos atrás já deve estar fora do mercado e suas recordações são menos importantes.

A força do suporte e da resistência aumenta cada vez que a área é atingida. Ao verem que os preços reverteram em certo nível, os investidores tenderão a apostar na reversão quando os preços retornarem ao mesmo nível.

Quanto mais alta é a zona de suporte e de resistência, maior será a dificuldade para transpô-la. Zonas de congestionamento altas são como muros de cinco metros em torno de uma propriedade. Se sua altura corresponder a apenas 1% do atual valor de mercado (quatro pontos no caso do S&P 500 a 400 pontos), ela oferecerá pouco suporte ou resistência. Se a altura for de 3%, o nível de suporte ou resistência será intermediário. No entanto, se a altura chegar a 7%, a zona de congestionamento será capaz de reverter tendências muito intensas.

Quanto maior for o volume de negociação numa zona de suporte ou resistência, mais forte será a rejeição da tendência. Altos volumes de negociação numa área de congestionamento mostram envolvimento ativo dos investidores – sinal de forte comprometimento emocional. Baixos volumes de negociação, ao contrário, sugerem que os investidores têm pouco interesse em operar naquele nível – sinal de baixa intensidade de suporte ou resistência.

Regras de negociação

1. Sempre que a tendência que você estiver seguindo aproximar-se do suporte ou da resistência, estreite seu stop de proteção. O stop de proteção é uma ordem para vender abaixo do mercado, quando você estiver comprado, ou de cobrir posições vendidas acima do mercado, quando você estiver a descoberto. Esse stop o protege de ser atingido com muita intensidade por movimentos adversos do mercado. A tendência revela sua força pela maneira como atua quando atinge o suporte ou a resistência. Se for bastante forte para penetrar na zona, a tendência acelera e seu stop estreito não é atingido. Se retroceder ao atingir o suporte ou a resistência, a tendência revela sua fraqueza. Nesse caso, seu stop estreito salva um bom pedaço de seus lucros.
2. O suporte e a resistência são mais importantes em gráficos de longo prazo do que em gráficos de curto prazo. Os gráficos semanais são mais importantes que os diários. O bom investidor fica de olho em várias referências temporais e dá mais atenção às mais longas. Se a tendência semanal estiver navegando em zona não congestionada, o fato de a tendência diária ter encontrado resistência é menos importante. Quando a tendência semanal aproximar-se de um suporte ou resistência, você deve estar mais preparado para a ação.
3. Os níveis de suporte e de resistência são úteis para emitir ordens de stop de perda ou de proteção de lucro. O fundo de uma área de congestionamento é a última linha de suporte. Se você comprar e colocar seu stop abaixo desse nível, estará dando bastante espaço

para a tendência de alta. Os operadores de mercado mais cuidadosos compram depois de um rompimento de alta e colocam o stop no meio da área de congestionamento. Um verdadeiro rompimento de alta não deve ser seguido por um retrocesso dentro da faixa de negociação, da mesma maneira como um foguete não deve cair de volta na plataforma de lançamento. Reverta esse procedimento nas tendências de baixa.

Muitos operadores de mercado evitam emitir ordens de stop em números inteiros. Essa superstição começou com as recomendações improvisadas de Edwards e Magee para que assim se agisse, pois "todos" os amadores atuariam da mesma maneira. Agora, se os operadores de mercado compram cobre a 92, colocam o stop em 89,75, e não mais em 90. Ao venderem a descoberto uma ação a 76, definem o stop de proteção em 80,25, quando antes talvez o deixassem em 80. Atualmente, há menos stops em números redondos do que em números fracionários. O melhor é estabelecer os stops em níveis lógicos, não importa que sejam inteiros ou fracionários.

Rompimentos verdadeiros e falsos

Os mercados passam mais tempo em faixas de negociação do que em tendências. A maioria dos rompimentos de faixas de negociação são falsas rupturas. Assim, enganam os seguidores de tendências antes que os preços retornem à faixa de negociação. As falsas rupturas são a maldição dos amadores, mas a bem-aventurança dos operadores de mercado profissionais.

Os profissionais esperam que os preços flutuem sem ir muito longe boa parte do tempo. Aguardam até que um rompimento de alta pare de alcançar novas máximas ou que um rompimento de baixa deixe de atingir novas mínimas. E então dão o bote – operam contra o rompimento e colocam um stop de proteção no ponto extremo mais recente. É um stop muito estreito, e o risco é baixo, ao mesmo tempo em que é grande o potencial de lucro com o retorno à zona de congestionamento. A relação risco/recompensa é tão boa que os profissionais podem dar-se ao luxo de errar metade das vezes e ainda saírem de campo vitoriosos.

A melhor hora de comprar um rompimento de alta num gráfico diário é quando sua análise do gráfico **semanal** sugerir que uma nova tendência de alta está em desenvolvimento. Os verdadeiros rompimentos são confirmados por **altos volumes**, ao passo que as falsas rupturas tendem a apresentar volumes mais baixos. Os verdadeiros rompimentos são confirmados quando os **indicadores** alcançam novas altas ou baixas extremas na direção da tendência, enquanto as falsas rupturas geralmente se caracterizam por divergências entre preços e indicadores.

20. TENDÊNCIAS E FAIXA DE NEGOCIAÇÃO

Os investidores tentam lucrar com mudanças nos preços: compre na baixa e venda na alta, ou venda a descoberto na alta e cubra na baixa. Mesmo uma olhada rápida nos gráficos revela que os mercados passam boa parte do tempo em faixas de negociação e passam menos tempo em tendências.

Uma **tendência** se manifesta quando os preços continuam subindo ou descendo ao longo do tempo. Nas **tendências de alta**, cada subida do mercado atinge um ponto mais alto do que a anterior e cada declínio para em ponto mais alto do que o precedente. Nas **tendências de baixa,** cada declínio cai para ponto mais baixo do que o anterior e cada subida cessa em nível mais baixo do que o precedente. Nas **faixas de negociação,** a maioria das subidas para mais ou menos na mesma altura e os declínios cessam mais ou menos no mesmo ponto.

Os investidores precisam identificar tendências e faixas de negociação. É mais fácil operar durante tendências (Figura 20.1). É mais difícil ganhar dinheiro quando os preços estão na horizontal, a não ser que se lancem opções, o que exige habilidades especiais.

Operar em tendências e em faixas de negociação demanda diferentes táticas. Quando se fica comprado em tendências de alta ou se vende a descoberto em tendências de baixa, é preciso dar à tendência o benefício da dúvida e não ser alijado com facilidade. Vale a pena apertar o cinto de segurança e aguentar a turbulência enquanto perdurar a tendência. Quando se opera em faixa de negociação, é preciso ser maleável e fechar as posições ao menor sinal de reversão.

Outra diferença nas táticas de negociação entre operar em tendências e operar em faixas de negociação é o manejo da força e fraqueza dos indicadores técnicos. Você deve seguir a força durante as tendências – comprar na tendência de alta e vender na tendência de baixa. Quando os preços estiverem em faixa de negociação, você deve fazer o oposto – comprar fraqueza e vender força.

Psicologia de massa

As tendências de alta surgem quando os touros são mais fortes do que os ursos e suas compras empurram os preços para cima. Se os ursos puxarem os preços para baixo, os touros retornam com força, rompem o declínio e impelem os preços para uma nova máxima. As tendências negativas ocorrem quando os ursos são mais fortes e suas vendas pressionam os mercados para baixo. Quando uma sucessão de compras ergue os preços, os ursos vendem a descoberto na alta, interrompem a sequência e puxam os preços para novas mínimas.

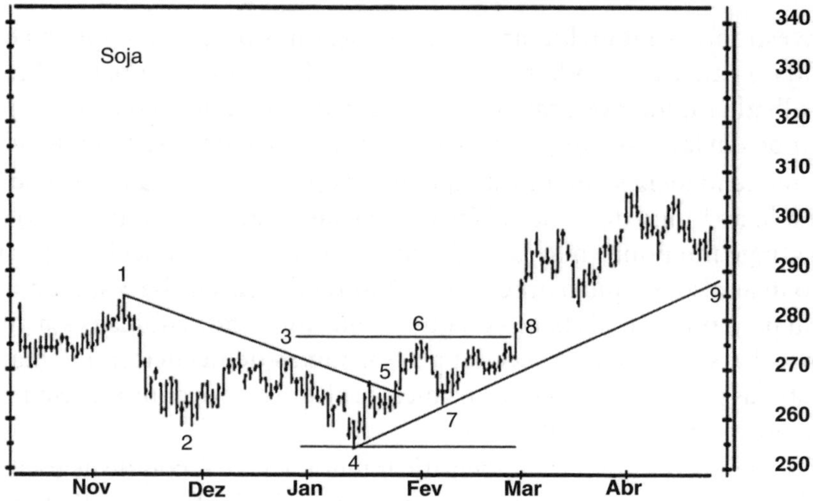

Figura 20.1: Tendências e faixa de negociação

O padrão de fundos e topos mais baixos define tendências de baixa. A soja caiu de novembro até meados de janeiro. O fundo 4 estava mais baixo do que o fundo 2 e o pico 3 estava mais baixo do que o pico 1. O rompimento da linha de tendência de baixa no ponto 5 sinalizou o fim da tendência de baixa. Uma tendência de baixa rompida pode levar a uma faixa de negociação ou a uma tendência de alta.

A tendência de baixa de novembro-janeiro dissolveu-se em faixa de negociação, definida por linhas horizontais traçadas ao longo da mínima de 4 e das máximas de 3 e 6. Quando o declínio a partir da máxima de 6 parou numa mínima mais baixa de 7 sem atingir o fundo da faixa, foi possível traçar uma linha de tendência de alta preliminar. O rompimento da faixa no ponto 8 confirmou o início de uma nova tendência de alta.

Na borda direita do gráfico, os preços estão oscilando um pouco acima da linha de tendência de alta. É uma oportunidade de compra, pois a tendência é de alta. O risco da operação pode ser controlado pela emissão de uma ordem de stop, abaixo da mínima mais recente ou abaixo da linha de tendência. Observe que as faixas de negociação diárias (as distâncias entre máximas e mínimas) são relativamente estreitas. Isso é típico de tendências vigorosas. As tendências geralmente se esgotam depois de vários dias com faixas de negociação amplas — sinal de pressão de rompimento.

Quando os touros ou os ursos são igualmente fortes ou fracos, os preços mantêm-se numa faixa de negociação. Quando os touros conseguem empurrar os preços para cima, os ursos vendem a descoberto na alta e os preços caem. Então, os caçadores de pechinchas entram em cena e rompem o declínio; os ursos cobrem suas posições vendidas, suas compras deflagram uma pequena alta e o ciclo se repete.

A faixa de negociação é como uma luta entre duas gangues igualmente fortes. Elas empurram uma a outra em movimentos de avanço e recuo numa esquina, mas nenhuma delas é capaz de controlar o território. Já a tendência assemelha-se a uma luta em que a gangue mais forte persegue a gangue mais fraca rua abaixo. A toda hora, a gangue mais fraca para de correr e ensaia alguma resistência, mas logo é forçada a debandar em fuga.

Os preços nas faixas de negociação não vão a lugar algum, da mesma maneira como as multidões passam boa parte do tempo perambulando às tontas. Os mercados permanecem mais tempo em faixas de negociação do que em tendências, pois, entre as pessoas, a falta de rumo é mais comum do que a ação deliberada. Quando a multidão fica agitada, ela se avoluma em determinada direção e deflagra uma tendência. Mas a multidão não se mantém excitada durante muito tempo – logo retorna ao marasmo. Os profissionais tendem a conceder o benefício da dúvida às faixas de negociação.

A difícil borda direita do gráfico

A identificação de tendências e de faixas de negociação é uma das tarefas mais difíceis da análise técnica. É fácil descobri-las no meio do gráfico; porém, à medida que você se aproxima da borda direita, mais difícil torna-se o trabalho.

As tendências e as faixas de negociação destacam-se com nitidez nos velhos gráficos. Os especialistas os apresentam nos seminários e dão a impressão de que é fácil identificar tendências. O problema é que seu corretor não permite que você opere no meio do gráfico. Ele diz que você deve tomar suas decisões de negociação na difícil borda direita do gráfico!

O passado é fixo e fácil de analisar. O futuro é fluido e incerto. No momento em que se identifica uma tendência, bom pedaço dela já se foi. Ninguém repica os sinos quando a tendência se dissolve em faixa de negociação. No momento em que se reconhece a mudança, perde-se algum dinheiro na tentativa de operar como se o mercado ainda prosseguisse na tendência.

Muitos padrões e indicadores contradizem-se uns aos outros na borda direita do gráfico. Você deve tomar suas decisões com base em probabilidades, numa atmosfera de incerteza.

A maioria das pessoas não consegue conviver com a incerteza. Estão sujeitas à forte necessidade emocional de estarem certas. E assim insistem em posições perdedoras, na expectativa de que o mercado reverta, para torná-las boas. A tentativa de sempre acertar no mercado é muito dispendiosa. Os investidores profissionais abandonam com rapidez as posições perdedoras. Quando o mercado se afasta de sua análise, você precisa interromper as perdas, sem agitação nem emoções.

Métodos e técnicas

Não existe um método mágico único para a identificação de tendências e de faixas de negociação. Há várias abordagens e vale a pena combiná-las. Quando elas se confirmam umas às outras, a mensagem é reforçada. Quando se contradizem, o melhor é não operar.

1. Analise o padrão de máximas e mínimas. Quando as altas continuam alcançando níveis mais altos e as baixas continuam estancando em níveis mais altos, identifica-se uma tendência de alta. Já o padrão de mínimas mais baixas e de máximas mais baixas configura uma tendência de baixa. O padrão de máximas e mínimas irregulares sugere uma faixa de negociação (Figura 20.1).
2. Trace uma linha de tendência de alta, ligando mínimas e máximas recentes significativas (ver Seção 21). A inclinação da linha de tendência mais recente identifica a tendência em curso (Figuras 20.1, 20.2 e 21.1).

Uma máxima ou mínima significativa num gráfico diário é a máxima mais alta ou a mínima mais baixa no período de pelo menos uma semana. À medida que analisa gráficos, você fica cada vez melhor na identificação desses pontos. A análise técnica é em parte ciência e em parte arte.

3. Plote uma média móvel exponencial de 13 dias ou mais longa (ver Seção 25). A direção de sua inclinação identifica a tendência. Se a média móvel não alcançar nova máxima ou nova mínima em um mês, o mercado está em faixa de negociação.
4. Vários indicadores de mercado, como o MACD (ver Seção 26) e o sistema direcional (Seção 27), ajudam a identificar tendências. O sistema direcional é especialmente eficaz na captação dos primeiros estágios de uma nova tendência.

Opere ou espere

Quando se identifica uma tendência de alta e se resolve comprar, é preciso decidir entre comprar imediatamente ou esperar uma baixa. Ao comprar rápido, você se atrela à tendência, mas seus stops provavelmente estarão mais distantes e seus riscos serão maiores.

Figura 20.2: As linhas de tendência identificam tendências

A mensagem mais importante de uma linha de tendência é a direção de sua inclinação. Quando a inclinação for para cima opere no mercado com posições compradas. Quando a inclinação for para baixo, opere no mercado com posições vendidas.

A linha de tendência de alta ligando os fundos 1 e 2 identifica uma tendência de alta. Ela indica que se deve negociar óleo para aquecimento apenas em posições compradas. Observe que às vezes os preços rompem para baixo essa linha de tendência de alta, mas depois se recuperam e voltam a subir (3). Esta é uma excelente oportunidade para operar a descoberto. Essa situação se repete no ponto 7, onde os preços voltam à linha de tendência de alta, depois de rompê-la em queda.

Quando se opera na direção da linha de tendência, geralmente se negocia seguindo a maré do mercado. Na borda direita do gráfico, é preciso buscar uma oportunidade de operar a descoberto, pois a tendência é de baixa. Não venda a descoberto imediatamente, pois os preços estão muito abaixo da linha de tendência de baixa e a ordem de stop teria de ser muito ampla. É essencial esperar por oportunidades de negociação com bom índice risco/retorno. A paciência é uma virtude do investidor.

Se esperar uma queda, seus riscos serão menores, mas você enfrentará quatro grupos de concorrentes: os comprados, que querem aumentar suas posições; os vendidos, que querem sair do mercado sem perdas; os operadores de mercado que nunca compraram; e os operadores de mercado que venderam muito cedo mas estão ansiosos por comprar. A área de espera pela reversão da tendência de alta está muito congestionada! Os mercados não são conhecidos por suas ações filantrópicas e um retrocesso profundo pode muito bem significar o início da virada. O mesmo raciocínio também se aplica às tendências de baixa. Esperar a reversão quando a tendência está ganhando força é jogo de amador.

Se o mercado estiver em faixa de negociação e você acreditar na iminência de um rompimento, é preciso decidir entre comprar antes do rompimento, durante o rompimento ou na reversão depois do rompimento. Se você operar em várias posições, poderá comprar um terço antes do rompimento, um terço no rompimento e um terço na reversão.

Qualquer que seja o método, há uma regra em gestão de dinheiro que o manterá longe das operações mais arriscadas. A distância entre o ponto de entrada e o nível do stop de proteção nunca deve ser superior a 2% da sua conta de investimentos (ver Capítulo 10). Por mais atraente que seja uma negociação, não a realize se exigir stop mais amplo.

As táticas de gestão do dinheiro são diferentes nas tendências e nas faixas de negociação. Vale a pena assumir uma posição menor numa tendência, mas usar stop mais amplo. Nesse caso, é menos provável que as reações o forcem a vender suas posições, enquanto mantém o risco sob controle. Você pode assumir uma posição maior numa faixa de negociação, mas usar stop mais estreito.

Encontrar bons pontos de entrada é extremamente importante nas faixas de negociação. Nesse caso, é preciso operar com muita exatidão, porque o potencial de lucro é limitado. Já as tendências são mais complacentes com as entradas atabalhoadas, desde que se negocie na direção da tendência. Os velhos investidores riem: "Não confunda cérebro com mercado em alta." Quando não é possível dizer se o mercado está numa tendência ou numa faixa de negociação, lembre-se de que os profissionais concedem o benefício da dúvida às faixas de negociação. Se não estiver convencido, fique de fora.

Os profissionais adoram as faixas de negociação porque podem entrar e sair das posições com pouco risco de serem empalados por uma tendência. Uma vez que as comissões são baixas ou inexistentes e há pouca slippage, os profissionais ganham dinheiro em mercados com poucas flutuações. Quem opera fora das salas de negociações estará em melhores condições se tentar pegar as tendências. Pode-se negociar com menos frequência durante as tendências, e a conta de investimentos será menos afetada pelas comissões e pela slippage.

Referências temporais conflitantes

A maioria dos operadores de mercado ignora o fato de que os mercados geralmente funcionam numa tendência e numa faixa de negociação ao mesmo tempo! Adotam uma referência temporal, como dia ou hora, e analisam as negociações em gráficos diários. Com a atenção fixada nos gráficos horários ou diários, as tendências de outras referências temporais, como semanais ou de dez minutos, passam despercebidas e interferem em seus planos.

Os mercados funcionam em várias referências temporais ao mesmo tempo (ver Seção 36), como em gráficos de dez minutos, em gráficos horários, em gráficos diários, em gráficos semanais e em outros gráficos. O mercado talvez sugira compra, num gráfico diário, mas recomende venda, num gráfico semanal, e vice-versa (Figura 20.3). Os sinais em diferentes referências temporais no mesmo mercado não raro são contraditórios. Qual deles seguir?

Quando em dúvida sobre uma tendência, recue um passo e examine os gráficos numa referência temporal mais longa do que aquela em que estiver tentando negociar. Essa busca por uma perspectiva mais ampla é um dos mais importantes princípios do sistema de negociação Triple Screen (ver Seção 43).

O operador de mercado fracassado geralmente acha que obteria melhores resultados se tivesse um terminal de cotações em tempo real sobre sua mesa. Uma das fantasias universais dos perdedores é que seriam vencedores se tivessem meios para receber informações com mais rapidez, concentrando-se em referência temporal mais breve. Mas a realidade é que, nesse caso, apenas perderiam dinheiro com mais rapidez! Quando isso acontece, alguns desses perdedores ainda insistem em que seriam mais bem-sucedidos se operassem diretamente na sala de negociações, sem nenhum atraso na transmissão de dados. No entanto, mais da metade dos operadores da sala de negociações simplesmente evapora do mercado no primeiro ano; operar no palco do mercado não ajuda em nada os perdedores.

Os sinais conflitantes em diferentes referências temporais no mesmo mercado são um dos maiores enigmas na análise de tendências. O que parece ser uma tendência num gráfico diário talvez pareça apenas um ponto num gráfico semanal. O que talvez pareça nada mais que uma faixa de negociação horizontal num gráfico diário revela importantes tendências de alta e de baixa num gráfico horário, e assim por diante. Quando em dúvida, os profissionais recorrem ao quadro mais amplo, enquanto os amadores dão um zoom para os gráficos mais a curto prazo.

21. LINHAS DE TENDÊNCIA

Os gráficos revelam as manobras dos touros e dos ursos. Fundos de queda mostram onde os ursos pararam e os touros reconquistaram o controle do mercado. Topos de alta revelam onde os touros perderam o gás e os ursos

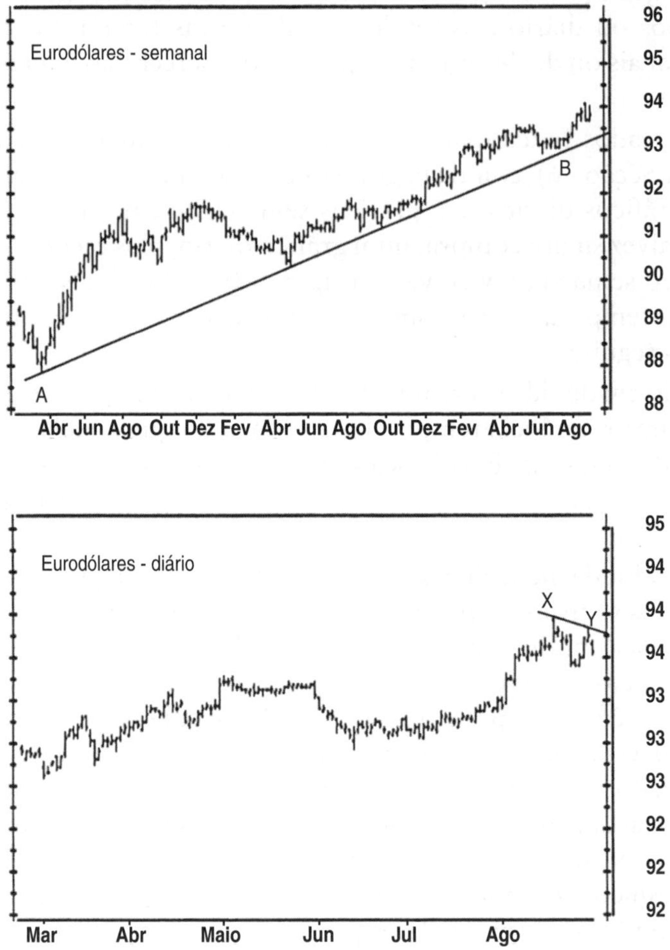

Figura 20.3: Tendências conflitantes em diferentes referências temporais

O gráfico semanal de eurodólares mostra uma perfeita tendência de alta de A para B. Ao mesmo tempo, o gráfico diário mostra o início da tendência de baixa X – Y. Qual delas seguir? Sinais contraditórios em diferentes referências temporais no mesmo mercado estão entre os dilemas mais comuns e mais espinhosos das operações de mercado. É preciso observar os mercados em mais de uma referência temporal e saber como lidar com seus sinais conflitantes. O sistema de negociação Triple Screen o ajuda a resolver este problema (ver Seção 43).

retomaram o controle do mercado. A linha que liga dois fundos próximos configura o mais baixo denominador comum do poder dos touros. A linha que liga dois topos próximos mostra o mais baixo denominador comum do poder dos ursos. Essas linhas, conectando fundos e topos, são denominadas **linhas de tendência.** Os investidores as utilizam para identificar tendências.

Quando os preços sobem, trace uma linha de tendência de alta unindo os fundos. Quando os preços descem, trace uma linha de tendência de baixa ligando os topos. A projeção dessas linhas em direção ao futuro ajuda a antecipar pontos de compra e de venda.

O aspecto mais importante de uma linha de tendência é seu ângulo – que identifica as forças dominantes do mercado. A linha de tendência que aponta para cima mostra que os touros estão no controle. Nesses casos, convém comprar, com stop de proteção abaixo da linha de tendência. A linha de tendência que aponta para baixo mostra que os ursos estão no controle. Nesses casos, convém vender a descoberto e proteger sua posição por meio de stop de proteção acima da linha de tendência.

As linhas de tendência estão entre as mais antigas ferramentas dos operadores de mercado. Entre as modernas ferramentas computadorizadas para a identificação de tendências incluem-se as médias móveis, o sistema direcional e o MACD (Capítulo 4).

Como traçar uma linha de tendência

A maioria dos grafistas traça a linha de tendência entre os pontos extremos de máxima e de mínima, mas é melhor desenhá-la entre as bordas das áreas de congestionamento (Figura 21.1). Essas bordas mostram onde a maioria dos investidores mudou de direção. A análise técnica é uma pesquisa de opinião pública – e os pesquisadores querem levantar a opinião das massas, e não de uns poucos extremistas. O desenho de linhas de tendência ao longo das bordas das áreas de congestionamento é algo subjetivo. É preciso não cair na tentação de entortar a régua.

O pânico dos touros para desfazer-se das posições a qualquer preço nos fundos e o pânico dos ursos para cobrir as posições a qualquer preço nos topos cria extremos, que parecem longas "caudas" nos gráficos. É preferível basear as linhas de tendência nas bordas das áreas de congestionamento, e não nas pontas das caudas, pois estas últimas pouco revelam a respeito das multidões, além da tendência de entrar em pânico.

Os pontos extremos são muito importantes – mas não para o desenho de linhas de tendência. Os mercados geralmente dão uma guinada a partir dessas caudas, oferecendo oportunidades para os investidores de curto prazo (Figura 21.1). Conforme observou Steidlmayer, a barra que dá a impressão de um dedo que se destaca de um padrão rígido proporciona valioso ponto de referência para as operações a curto prazo.

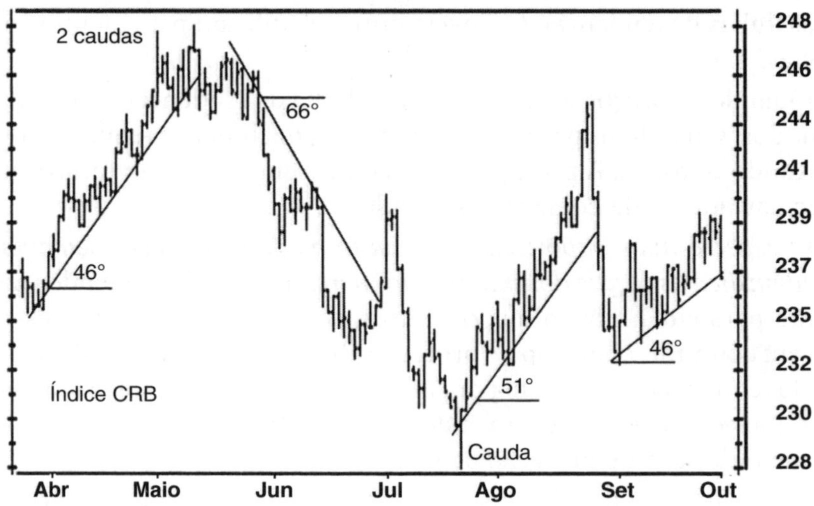

Figura 21.1: Linhas de tendência e "caudas"

Trace linhas de tendência ao longo das bordas das áreas de congestionamento e exclua do traçado os preços extremos. As caudas são barras alongadas nas pontas das tendências – elas emergem das áreas de congestionamento. Em geral, os mercados revertem quando atingem as caudas, oferecendo boas oportunidades de operação na direção oposta.

Observe como os ângulos das tendências de alta tendem a recuar, mês após mês. O conhecimento dessa característica pode ajudá-lo a desenhar linhas de tendência preliminares. Na borda direita do gráfico, os preços estão tocando a linha de tendência de alta – compre assim que perceber uma barra que não alcance uma nova mínima.

Os mercados constantemente flutuam, em busca de uma área que gere os mais altos volumes de negociação. Uma cauda mostra que certo preço foi rejeitado pelo mercado. Geralmente resulta em virada na direção oposta. Assim que você reconhecer uma cauda, opere no sentido oposto e coloque seu stop de proteção a meio caminho ao longo da cauda. Se o mercado começar a "morder a cauda", é hora de dar o fora.

Victor Sperandeo, em seu livro *Trader Vic,* descreveu outro método para traçar linhas de tendência. Sua técnica ajuda a identificar reversões de tendências bem estabelecidas (Figura 21.2).

Sperandeo traça a linha de tendência de alta a partir da mínima mais baixa do movimento até a mínima secundária mais alta antes da máxima mais alta. Essa linha talvez não atravesse os preços entre esses dois pontos. O rompimento dessa linha é o primeiro sinal de mudança de tendência. O segundo sinal surge quando os preços testam mais uma vez a máxima re-

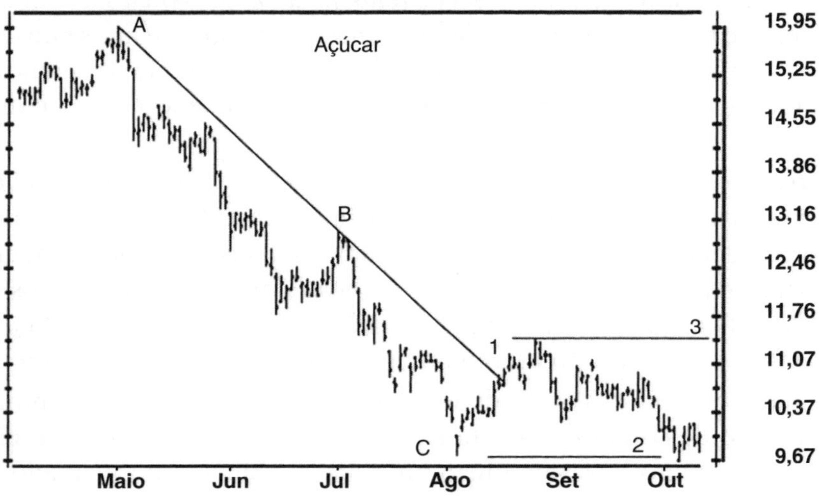

Figura 21.2: Método de reversão 1-2-3

Trace uma linha de tendência da máxima mais alta (A) à máxima secundária mais alta (B), anterior à mínima mais baixa (C), de modo que ela não atravesse os preços entre A e B. O rompimento dessa linha de tendência (1) é o primeiro sinal de uma mudança de tendência. O teste da mínima recente (2) é o segundo sinal de mudança na linha de tendência. Esta é uma boa hora para começar a comprar. Ao romperem a alta secundária (3), os preços confirmarão a reversão da tendência. Este método, descrito por Victor Sperandeo, ajuda a captar grandes reversões, em vez de guinadas de curto prazo.

cente e depois recuam a partir desse ponto. O terceiro sinal ocorre quando os preços rompem a mínima secundária anterior. A imagem inversa desse método aplica-se às tendências de baixa.

Avaliação das linhas de tendência

O aspecto isolado mais importante das linhas de tendência é sua inclinação. Quando a linha de tendência se inclina para cima, os touros estão no controle da situação e vale a pena buscar oportunidades de compra. Quando a linha de tendência se inclina para baixo, os ursos estão no controle e vale a pena buscar oportunidades de operar a descoberto. Pode-se avaliar a importância de qualquer linha de tendência examinando-se cinco fatores: referência temporal da linha de tendência, seu comprimento, a frequência com que são tocadas pelos preços, ângulo e volume.

Quanto mais longa for a referência temporal, mais importante será a linha de tendência. As linhas de tendência em gráficos semanais identificam tendências mais importantes do que as linhas de tendência em gráficos horários, e assim por diante.

Quanto mais longa for a linha de tendência, maior será a sua validade. As linhas de tendência curtas refletem comportamentos de massa no curto prazo. Quanto mais duradoura for a tendência, maior será a inércia. Um mercado em alta vigorosa pode seguir sua linha de tendência durante vários anos.

Quanto mais contatos houver entre os preços e a linha de tendência, maior será a validade da linha. Quando a tendência é de alta, o retorno à linha de tendência mostra uma rebelião entre os ursos. Quando a tendência é de baixa, o afluxo à linha de tendência mostra uma rebelião entre os touros. Quando os preços retornam à linha de tendência e depois se afastam dela, sabe-se que o grupo dominante no mercado venceu os rebeldes.

Traça-se uma linha de tendência preliminar entre apenas dois pontos. Três pontos de contato aumentam a validade da linha. Quatro ou cinco pontos de contato mostram que a multidão dominante no mercado está firme no controle.

O ângulo entre a linha de tendência e o eixo horizontal reflete a intensidade emocional da multidão dominante no mercado. Uma linha de tendência com forte inclinação mostra que a multidão dominante está se movimentando com rapidez. Uma linha de tendência quase horizontal mostra que a multidão dominante está se movimentando com lentidão. As linhas de tendência pouco profundas tendem a ser mais duradouras, como a tartaruga competindo com a lebre numa corrida.

Vale a pena medir o ângulo de todas as linhas de tendência e anotá-lo no gráfico (Figura 21.1). Isso pode ser feito por meio de um computador, de um transferidor ou de uma Ferramenta de Mapeamento Chinesa. A comparação dos ângulos das tendências mostra se a multidão dominante no mercado está ficando mais altista ou baixista. É impressionante a frequência com que as linhas de tendência formam o mesmo ângulo, repetidamente, em dado mercado. Talvez seja porque os principais atores são sempre os mesmos.

Às vezes, os preços afastam-se da linha de tendência com mais rapidez. Nesses casos, pode-se traçar uma nova linha de tendência mais inclinada, mostrando que a tendência está ganhando velocidade e tornando-se insustentável (Figura 21.3). Ao traçar uma nova linha mais inclinada, aumente o rigor de seu stop, colocando-o imediatamente abaixo da mais recente linha de tendência, e ajuste-o a cada nova barra. O rompimento de uma linha de tendência inclinada geralmente é seguido de uma reversão brusca.

Nas tendências de alta, os volumes normalmente aumentam quando os preços sobem e diminuem quando os preços caem. Isso mostra que as altas aquecem os investidores, ao passo que as baixas os deixam frios. O

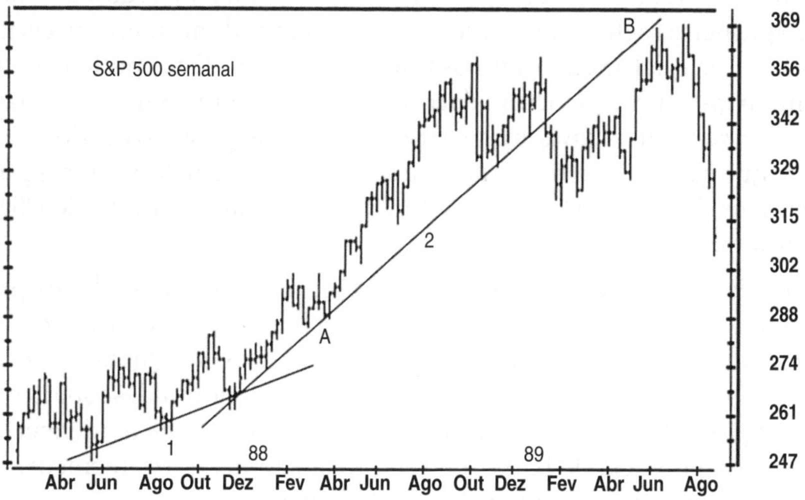

Figura 21.3: Quando as linhas de tendência aceleram

O mercado de ações subiu lentamente, mas com firmeza, depois de atingir o fundo do poço, em 1987. Podia-se comprar sempre que os preços tocassem a linha de tendência de alta pouco inclinada (1). A tendência de alta acelerou-se em 1988 e, no ponto A, foi preciso traçar uma nova linha de tendência de alta (2). O rompimento da nova linha de tendência mais inclinada indicou que o movimento dos touros estava terminado. Como às vezes ocorre, o mercado ofereceu excelente oportunidade de operações a descoberto, no ponto B, quando retornou à velha linha de tendência, antes de despencar.

oposto ocorre nas tendências de baixa – o volume aumenta nas baixas e diminui nas altas. Um retrocesso com alto volume ameaça a linha de tendência, pois mostra que a multidão rebelde está crescendo.

Se o volume se expande quando os preços se movimentam na direção da linha de tendência, isso confirma a linha de tendência; se o volume encolhe quando os preços retrocedem à linha de tendência, isso também confirma a linha de tendência. Se o volume se expande quando os preços retornam à linha de tendência, o sinal é de advertência de possível rompimento; se o volume encolhe quando os preços se afastam da linha de tendência, o aviso é de que a linha de tendência está em perigo.

Rompimento de linhas de tendência

O rompimento de uma linha de tendência bem estabelecida mostra que a multidão dominante no mercado perdeu o poder. É preciso ter o cuidado de não antecipar os sinais do mercado – a maioria dos operadores de mercado perde dinheiro quando age de maneira precipitada.

A linha de tendência não é um piso de vidro sob o mercado que se estilhaça à primeira rachadura. Parece mais uma cerca de arame, com certa flexibilidade, na qual se encostam os touros e os ursos. Estes podem até mesmo empurrá-la um pouco, sem derrubá-la, da maneira como os animais sacodem ou vergam as divisórias entre os pastos. Alguns investidores insistem em que a linha de tendência deve ser penetrada em dois ou três pontos percentuais do preço (US$8 – US$12, no caso de um contrato de US$400 por onça de ouro).

Depois do rompimento de uma tendência muito inclinada, os preços sobem novamente, testam mais uma vez a velha máxima e tocam de baixo para cima a velha tendência de alta (Figuras 20.2, 21.3). Quando isso ocorre, tem-se uma oportunidade quase perfeita de operar a descoberto: uma combinação de topo duplo, o retorno a uma velha linha de tendência e, talvez, uma divergência de baixa em relação aos indicadores técnicos. O reverso também se aplica às tendências de baixa.

Regras de negociação

1. Opere na direção da inclinação da linha de tendência. Se ela apontar para cima, procure oportunidades de compra e evite operar a descoberto. Quando a inclinação for para baixo, opere a descoberto e evite comprar.
2. A linha de tendência oferece suporte e resistência. Quando os preços sobem, emita ordens de compra na linha de tendência de alta e stops de proteção abaixo dela. Reverta o procedimento nas tendências de baixa.
3. Linhas de tendência com forte inclinação precedem rupturas acentuadas. Se a inclinação da linha de tendência for superior a 45°, coloque seu stop exatamente na linha de tendência e o ajuste diariamente.
4. Os preços geralmente submetem a novo teste o extremo mais recente, depois do rompimento de uma linha de tendência com forte inclinação. O movimento de alta em retorno a uma máxima anterior, com volumes decrescentes e com divergências de indicadores, fornece excelente oportunidade para operações a descoberto. O movimento de baixa para uma mínima anterior, depois do rompimento de uma linha de tendência de baixa, fornece oportunidade de compra de baixo risco.
5. Trace uma linha de canal paralela à linha de tendência e a utilize como alvo para a realização de lucro.

Canais de linhas de tendência

Um **canal** é composto por duas linhas paralelas que contêm preços (Figura 21.4). Quando se traça uma linha de tendência de alta unindo os fundos de reações, também é possível traçar uma linha de canal paralela à primeira, unindo os topos das altas. Quando se traça uma linha de tendência de baixa, unindo os topos das altas, também é possível traçar uma linha de canal paralela à primeira, unindo os fundos das baixas.

As linhas de canal, como as linhas de tendência, devem ser traçadas unindo as bordas de áreas de congestionamento, deixando de fora as má-

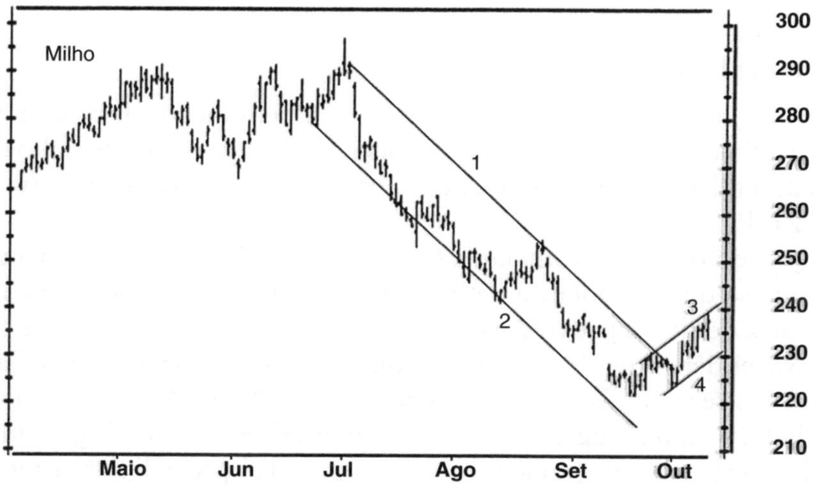

Figura 21.4: Canais de linhas de tendência e linhas de tendência preliminares

A linha de tendência de baixa 1, unindo os picos de alta, identifica um mercado de milho em baixa. A linha de canal 2, paralela à linha de tendência, une as mínimas. A linha de canal ajuda a acompanhar o poder máximo dos ursos numa tendência de baixa. As melhores oportunidades de operação a descoberto estão na metade superior de um canal descendente, enquanto as melhores oportunidades de compra estão na metade inferior de um canal ascendente.

Quando os preços rompem para cima a linha de tendência de baixa, os canais podem ajudá-lo a traçar uma linha preliminar de tendência de alta. Primeiro, trace uma linha de canal 3 para ligar os dois mais recentes topos de alta. Em seguida, trace uma linha 4, paralela a 3, tocando os mais recentes fundos. Essa é a nova linha preliminar de tendência de alta.

Na borda direita do gráfico, o milho encontra-se em tendência de alta. Já está muito caro, perto da linha de canal superior. Se quiser operar a descoberto, coloque uma ordem de compra a ser executada nas proximidades da linha de tendência 4.

ximas e mínimas extremas. A presença de uma linha de canal reforça a validade da própria linha de tendência. A validade das linhas de canal depende de quantas vezes elas foram tocadas pelos preços.

A linha de canal marca as áreas de poder máximo dos touros numa linha de tendência de alta e de poder máximo dos ursos numa linha de tendência de baixa. Quanto mais largo for o canal, mais forte será a tendência. Vale a pena operar na direção da inclinação do canal, em posições compradas, no um quarto ou na metade inferior de um canal ascendente; e em posições vendidas, no um quarto ou na metade superior de um canal descendente. Os lucros devem ser realizados na parede oposta do canal (ver também Seção 45).

Linha de tendência preliminar

Normalmente, a linha de tendência toca em pelo menos dois pontos do gráfico. No entanto, há uma técnica pouco conhecida para o desenho de linhas de tendência preliminares, que se baseia em apenas um ponto (ver Figura 21.4).

Quando os preços rompem a tendência de baixa e sobem acima dela, presume-se que a tendência de baixa terminou e que se inicia uma nova tendência de alta. Ligue os dois picos mais recentes – esta é a linha de canal da nova tendência de alta. Trace uma linha paralela a ela passando pela mínima mais recente. Essa linha de tendência de alta preliminar, paralela a uma linha de canal, sugere onde esperar o próximo fundo. Ela geralmente revela excelentes oportunidades de compra. Tal procedimento tende a funcionar melhor nos fundos do que nos topos.

Mais sobre linhas de tendências

Quando os preços rompem a tendência de alta, meça a **distância vertical** entre a linha de tendência e o topo mais recente e projete-a para baixo, a partir do ponto de ruptura. Se a multidão pode tornar-se bastante otimista para virar os preços tantos dólares acima da linha de tendência, também é provável que se torne igualmente pessimista, empurrando os preços para baixo até a mesma distância da linha de tendência. Reverta o procedimento nas tendências de baixa. Este método indica o alvo mais próximo de um novo movimento, que geralmente é superado.

As linhas de tendência também podem ser aplicadas a **volume** e a **indicadores.** A inclinação de uma linha de tendência de volume mostra se mais ou menos pessoas estão participando do mercado. Uma linha de tendência de volume descendente mostra que a multidão do mercado está se recusando a seguir a atual tendência dos preços. Entre os indicadores técnicos, o índice de força relativa (ver Seção 31) é especialmente adequado à análise de tendências. Ele geralmente rompe as linhas de tendência antes dos preços, proporcionando uma primeira indicação de uma mudança de tendência.

22. GAPS

Gap é um padrão de gráfico que consiste em duas barras adjacentes, no qual a mínima de uma barra é mais alta do que a máxima de outra barra (Figura 22.1). Ele mostra que nenhuma negociação ocorreu a certo preço, apenas em níveis mais altos e mais baixos. O *Webster's Dictionary* define: "Gap: 1. buraco ou abertura, como numa parede ou cerca, resultante de rompimento ou divisão; brecha. 2. interrupção de continuidade no espaço ou tempo; hiato; lacuna."

Os gaps ocorrem quando os preços saltam em resposta a desequilíbrio repentino entre as ordens de compra ou venda, desencadeado geralmente por notícias alarmantes. Os gaps nos gráficos diários mostram reações a eventos que ocorreram fora do horário de funcionamento do mercado. Se as notícias tivessem sido divulgadas durante as horas de negociação, o gap teria ocorrido apenas nos gráficos intradiários e talvez tivesse levado a faixa de negociação diária mais ampla.

Por exemplo, uma greve numa grande mina de cobre é fator de alta para essa mercadoria. Se a notícia for publicada à noite, os vendidos se assustam e correm para cobrir suas posições. Assim, inundam a sala de negociações com ordens de compra antes de soar a campainha de abertura. A propósito, o smart money provavelmente já comprou cobre antes do anúncio da greve, pois tende a assumir posições quando o mercado está tranquilo, mas os amadores quase sempre reagem de sobressalto às notícias.

Os gaps mostram que a multidão que opera nos mercados está assustada, que os perdedores estão ficando contundidos e abandonando suas posições. Quando se sabe que os touros ou ursos estão feridos, não é difícil imaginar o que farão em seguida e passar a operar de acordo com tais expectativas.

Alguns gaps são válidos; outros são falsos. Os gaps válidos ocorrem quando o mercado salta um nível de preço. Os gaps falsos ocorrem quando um instrumento financeiro é negociado em outro mercado, enquanto o mercado que se analisa está fechado. Por exemplo, os gráficos diários dos mercados futuros de câmbio de Chicago estão cheios de gaps falsos. Opera-se com câmbio em Tóquio, Londres e em outros lugares, enquanto a Bolsa Mercantil de Chicago está fechada. Quando a Bolsa reabre, seus preços formam gaps simplesmente para refletir as mudanças de preços no exterior.

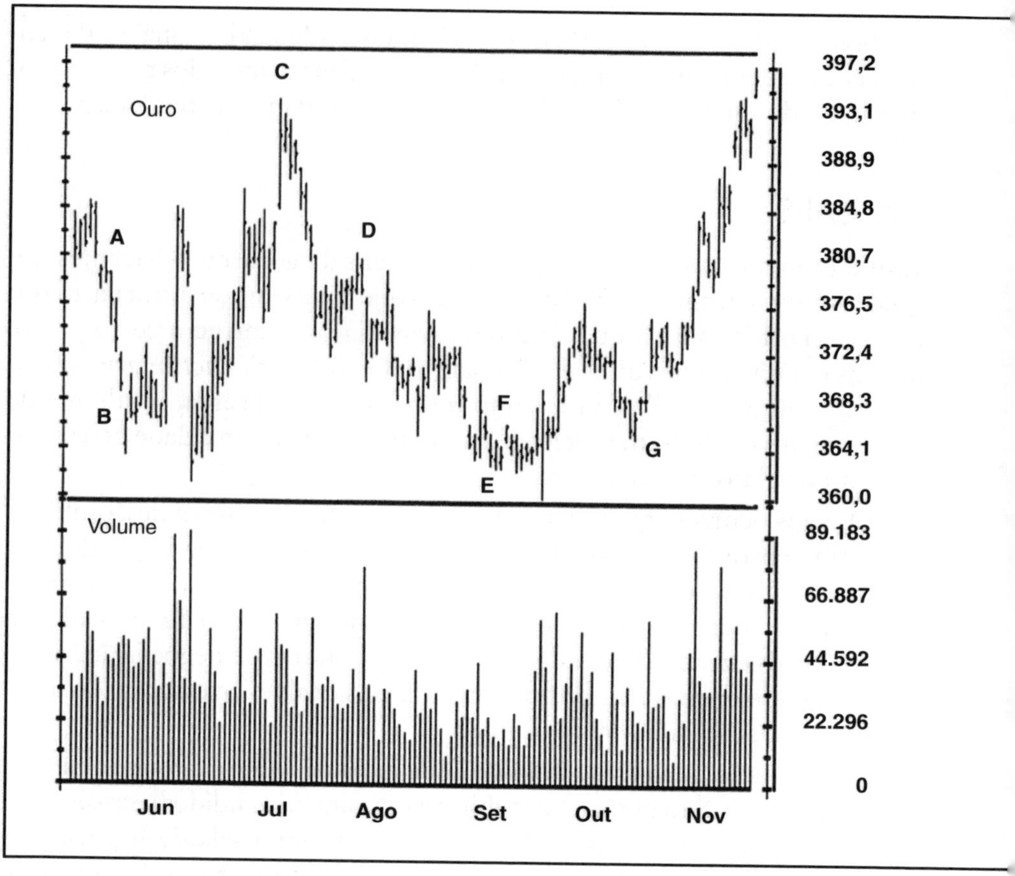

Todos os gaps podem ser divididos em quatro grandes grupos: comum, corte, continuação e exaustão. É preciso identificá-los, pois cada um conta uma história diferente e demanda diferentes táticas de negociação.

Gaps comuns

Os gaps comuns são fechados rapidamente – os preços retornam e preenchem o gap em poucos dias. Os gaps comuns geralmente ocorrem em mercados tranquilos, sem tendências. São vistos em contratos futuros para entrega posterior, em ações pouco negociadas ou em fundos de mercado com baixo volume ou sem negociação.

Os gaps comuns não mostram prosseguimento – não há novas máximas depois de um gap de alta nem novas mínimas depois de um gap de baixa. O volume pode aumentar ligeiramente no dia do gap comum, mas nos dias seguintes retorna-se ao volume médio. A falta de novas máximas ou mínimas e a indiferença do volume mostram que nem os touros nem os ur-

Figura 22.1: Gaps

Cubra este gráfico com uma folha de papel e deslize-a lentamente da direita para a esquerda.

A. Gap de corte. Venda a descoberto e coloque um stop alguns pontos acima da borda superior do gap.

B. Gap de exaustão – os preços retrocedem e preenchem o gap no dia seguinte. A tendência de baixa termina. Cubra as posições vendidas imediatamente.

C. Outro gap de exaustão marcado pela falta de novas máximas depois do gap. Vários dias de intensas negociações sem definição de tendência oferecem boas oportunidades de operar a descoberto, com stop acima da máxima.

D. Gap de continuação em tendência de baixa. Opere a descoberto, com stop poucos pontos acima da borda superior do gap. Os preços atingem esse limite poucos dias depois – nenhum método é à prova de falhas.

E. Gap de exaustão fechado dois dias depois de abrir-se. Cubra imediatamente as posições a descoberto.

F. Gap comum no meio de uma área de congestionamento, fechado no dia seguinte. Não se recomenda nenhuma ação.

G. Gap de corte. Opere comprado e coloque stop de proteção poucos pontos abaixo da borda superior do gap.

H. Gap de continuação. Reforce as posições compradas e coloque um stop de proteção poucos pontos abaixo da borda inferior do gap. O gap na borda direita do gráfico pode ser de continuação ou de exaustão. Volumes relativamente tranquilos sugerem continuação. Se comprar, coloque um stop de proteção poucos pontos abaixo da borda inferior do gap.

sos têm sentimentos fortes sobre o mercado. Os gaps comuns são os menos úteis para as negociações.

Os gaps comuns são mais frequentes que os outros gaps. Precisa-se de muito pouco para criá-los nos mercados apáticos. Um operador de sala de negociações da Comex em um de nossos seminários referiu-se à maneira como conseguia empurrar o ouro para cima ou para baixo em US$2 a onça num dia tranquilo. Ele era conhecido como grande operador e, se de repente começasse a fazer ofertas de compra de 20 contratos de uma vez, outros operadores da sala de negociações recuariam, imaginando que ele soubesse de algo. O ouro formaria um gap de alta e o truque no caso consistiria em vender antes do fechamento do gap.

O **gap ex-dividendo** é um gap comum que ocorre no mercado de ações no dia do início do pagamento de dividendos. Por exemplo, se o dividendo for de US$0,50, cada ação valerá US$0,50 menos depois do pagamento do dividendo. A situação é semelhante à queda no preço da vaca depois que nasce o bezerro. Após o nascimento, o preço da vaca diminui em importância equivalente ao preço do bezerro, pois a cria não é mais entregue com a mãe. O gap ex-dividendo era comum nos velhos tempos. Hoje, a variação média diária de uma ação que paga dividendos é maior do que o valor do dividendo e a queda da cotação ex-dividendo raramente resulta em gap.

Gaps de corte

O gap de corte ocorre quando os preços saltam para fora de uma zona de congestionamento, em alto volume, e iniciam uma nova tendência. O gap de corte pode ficar aberto durante semanas ou meses, e às vezes anos. Quanto mais longa tiver sido a faixa de negociação que precedeu o gap, mais longa será a tendência subsequente.

Um gap de corte de alta geralmente é acompanhado por várias novas máximas durante vários dias seguidos, enquanto o gap de corte de baixa é acompanhado por uma série de novas mínimas. Ocorre forte aumento de volume no dia do gap de corte e nos dias subsequentes. O volume no dia do gap pode corresponder a duas vezes o volume médio dos dias anteriores.

O gap de corte marca grande mudança na mentalidade da massa – revela grande pressão por trás da nova tendência. Quanto mais rápido se pula a bordo da nova tendência, melhor.

Os gaps em sua maioria são comuns e fechados com rapidez. Os investidores profissionais gostam de enfrentá-los – operar contra os gaps. Mas é preciso ser cuidadoso, pois, se você agir mecanicamente, mais cedo ou mais tarde será atropelado por um gap. É preciso ter muito dinheiro para sustentar uma posição perdedora durante meses, esperando o fechamento do gap.

Gaps de continuação

O gap de continuação ocorre em meio a uma tendência poderosa, que continua a alcançar novas máximas e novas mínimas sem preencher o gap. É semelhante a um gap de corte, mas ocorre durante a tendência, e não no começo. O gap de continuação revela novo surto de poder entre a multidão dominante no mercado. Os mercados de mercadorias da década de 1970, em alta inflacionária, apresentavam muitos desses gaps.

O gap de continuação pode ajudá-lo a estimar a duração provável da tendência. Meça a distância vertical do início da tendência até o gap e em seguida a projete a partir do gap na direção da tendência. Quando o mercado se aproximar desse alvo, é hora de começar a realizar lucro.

O volume confirma os gaps de continuação, quando salta pelo menos 50% acima da média dos dias anteriores. Se os preços não atingirem novas máximas ou novas mínimas durante vários dias depois do gap, provavelmente se está lidando com um traiçoeiro gap de exaustão.

Gaps de exaustão

O gap de exaustão não é seguido por novas máximas durante as tendências de alta ou por novas baixas durante as tendências de baixa. Os preços oscilam, depois retornam ao gap e o preenchem. Os gaps de exaustão aparecem no fim das tendências. Os preços sobem ou descem durante várias semanas ou meses e então abrem um gap na direção da tendência. De início, o gap de exaustão parece um gap de continuação – um salto na direção da tendência, em meio a altos volumes de negociação. Se o preço não atingir novas máximas ou novas mínimas durante vários dias depois do gap, trata-se provavelmente de um gap de exaustão.

O gap de exaustão se confirma apenas quando os preços revertem e fecham a lacuna. Este gap é como o último esforço de um atleta exausto. Ele se afasta do grupo numa arrancada, mas não é capaz de sustentar o ritmo; à medida que os demais se aproximam dele, sabe-se que perderá a corrida.

Regras de negociação

1. Os gaps comuns não oferecem boas oportunidades de negociação, mas se for preciso negociar, enfrente-os. Se os preços formarem um gap para cima, venda a descoberto assim que o mercado parar de atingir novas máximas e coloque um stop de proteção acima da máxima dos últimos dias; cubra as posições a descoberto e realize lucro na borda inferior do gap. Se os preços formarem um gap para baixo, assuma posições compradas assim que o mercado parar de atingir novas mínimas e coloque um stop de proteção abaixo da mínima dos últimos dias; emita uma ordem de venda e realize lucro na borda superior do gap.
2. Se o mercado formar um gap para fora de uma longa faixa de negociação, numa arrancada de volume, e continuar a atingir novas máximas e mínimas, provavelmente se está lidando com um gap de corte. Se os preços formarem um gap para cima, compre e coloque um stop de proteção na borda inferior do gap. O verdadeiro gap de corte quase nunca é fechado. Reverta o procedimento nas tendências de baixa. Esperar um retrocesso quando a nova tendência mal começou pode deixá-lo em dificuldade.
3. Operar num gap de continuação é semelhante a operar num gap de corte – compre logo e coloque um stop de proteção na borda inferior do gap. Reverta o procedimento nas tendências de baixa. Estreite seus stops quando a tendência se aproximar do alvo, conforme projetado pelo gap de continuação.

4. Os verdadeiros gaps de corte ou de continuação devem ser confirmados por uma série de novas máximas ou mínimas. Do contrário, talvez se esteja lidando com um gap de exaustão. Se o mercado se recusa a alcançar novas máximas ou mínimas em direção do gap, saia de suas posições e reavalie o mercado de fora do campo.
5. Os gaps de exaustão oferecem oportunidades de negociação atraentes, pois geralmente são seguidos por reversões atrativas. Ao identificar um gap de exaustão de alta, venda a descoberto e coloque um stop de proteção acima da máxima mais recente. Quando os preços começam a deslizar, os touros fracos iniciam a debandada. Mantenha-se vendido enquanto os preços continuarem a alcançar novas mínimas e cubra o dia depois que os preços deixarem de formar nova mínima. Reverta o procedimento nas tendências de baixa. Em face da alta volatilidade, opera-se com mais facilidade nos gaps de exaustão por meio de opções, sobretudo comprando opções de venda nos topos.

Mais sobre gaps

Uma **ilha de reversão** (island reversal) é a combinação de um gap de continuação e de um gap de corte na direção oposta. A ilha de reversão parece uma ilha real, separada dos demais preços por um golfo em que não ocorreu nenhuma negociação. Começa como um gap de continuação, seguido por uma faixa de negociação compacta, com altos volumes. Então, os preços formam um gap na direção oposta e deixam atrás de si uma ilha de preços. Este padrão ocorre muito raramente, mas marca grandes áreas de reversão. Opere contra a tendência que precedeu a formação da ilha.

Vale a pena observar os gaps em **mercados correlatos.** Se o ouro formar um gap de corte mas a prata e a platina não delinearem o mesmo padrão, talvez essa seja uma oportunidade para uma "catch-up move" (corrida de recuperação), num mercado que ainda não se tornou frenético.

Os gaps podem servir como **níveis de suporte e resistência.** O aumento de volume depois de um gap de alta indica suporte muito forte. Se ocorrer maior volume antes do gap, o suporte é menos forte.

Os **indicadores técnicos** ajudam a identificar tipos de gaps. O índice de força (ver Seção 42) baseia-se em preço e volume. Se o índice de força mostrar apenas uma pequena mudança no dia do gap, trata-se provavelmente de um gap comum. Quando o índice de força alcança um recorde de máxima ou de mínima em várias semanas, confirmam-se os gaps de corte e de continuação.

Os gráficos intradiários mostram muitos **gaps de abertura**, quando os preços abrem fora da faixa de negociação do dia anterior. Quando se constata um desequilíbrio entre as ordens de compra e venda do público antes da abertura, os operadores da sala de negociações abrem o mercado em nível mais alto ou mais baixo. Se o público externo quiser comprar, os operadores da sala de negociações vendem a esse preço mais alto, de modo a ganhar dinheiro com a mais leve baixa. Se os clientes quiserem vender, os operadores da sala de negociações ficarão com a mercadoria – a preços bastante baixos para lucrarem com a mais leve recuperação. Os profissionais jogam com frieza – eles sabem que as multidões raramente mantêm a empolgação durante muito tempo e que os preços tendem a retornar à faixa de negociação do dia anterior. Assim, vendem acima e compram abaixo da faixa de negociação, esperando para desfazer suas posições e realizar lucro, quando se fechar o gap de abertura.

Se você opera com futuros de S&P 500, lembre-se de que os gaps de abertura são quase sempre fechados. Se os futuros de S&P 500 abrirem mais alto, eles quase sempre caem durante o dia e tocam na máxima do dia anterior. Se abrirem mais baixo, quase sempre sobem durante o dia e tocam na mínima do dia anterior. Os day-traders (operadores que abrem e fecham posições no mesmo dia) tarimbados tendem a vender a descoberto em aberturas mais altas e a comprar em aberturas mais baixas. Esse não é um método mecânico – é importante comprar e vender apenas depois que os indicadores garantirem que a força por trás do gap de abertura se esgotou e que o mercado está pronto para fechar o gap.

23. PADRÕES DOS GRÁFICOS

Os padrões que você vê nos gráficos ou na tela do computador são as trilhas deixadas pelos touros e ursos. O grafista é um caçador que segue esses rastros sutis, visíveis apenas para aqueles que sabem o que procurar. Os padrões dos gráficos podem ajudá-lo a avaliar a probabilidade de continuação ou de reversão da tendência.

Dois são os principais grupos de padrões: continuação e reversão. Os padrões de **continuação** incluem bandeiras e flâmulas e sugerem que se negocie na direção da tendência em curso. Os padrões de **reversão** abrangem cabeça e ombros, cabeça e ombros inversos e topos e fundos duplos. Indicam que é hora de realizar lucro nas posições existentes. Alguns padrões podem atuar como formações de continuação ou de reversão. Os triângulos e retângulos são notórios por exercerem essa dupla tarefa.

Quando vários padrões de gráficos apontam na mesma direção, seus sinais são reforçados. Por exemplo, se uma linha de tendência de alta é rompida quando um topo cabeça-e-ombros está sendo completado, ambos confirmam que a tendência de alta está terminando. Quando diferentes padrões emitem mensagens conflitantes, seus sinais cancelam-se reciprocamente, e é melhor não operar.

Topos cabeça-e-ombros

Uma tendência de alta saudável movimenta-se em passos. A maioria das altas alcança picos mais elevados do que os da alta anterior e os declínios param em níveis mais altos do que os da baixa anterior. Quando as tendências de alta não alcançam uma máxima mais elevada ou os declínios ficam aquém da mínima anterior, essa situação mostra que os touros estão perdendo o controle.

Topos cabeça-e-ombros marcam o fim de tendências de alta (Figura 23.1). A "cabeça" é um pico de preço cercado por dois picos mais baixos, ou "ombros". Uma linha de pescoço liga as mínimas dos declínios nos dois ombros. A linha de pescoço não precisa ser horizontal – também pode ser ascendente ou descendente. A linha de pescoço com inclinação para baixo é especialmente baixista – mostra que os ursos estão ficando mais fortes.

Quando os preços não sobem além da cabeça, confirma-se o desenvolvimento de um topo cabeça-e-ombros. O ombro direito pode ser mais alto ou mais baixo do que o ombro esquerdo, assim como mais curto ou mais longo. A queda a partir do ombro direito rompe a linha de pescoço. Quando isso ocorre, a tendência está morta.

Depois de romper a linha de pescoço, os preços às vezes retrocedem a ela, com volumes mais baixos. Essa alta débil representa excelente oportunidade para operar a descoberto, com stop lógico logo acima da linha de pescoço.

Os topos cabeça-e-ombros geralmente apresentam padrões de volume típicos. O volume quase sempre é mais baixo na cabeça do que no ombro esquerdo. É ainda mais baixo no ombro direito. Os volumes tendem a aumentar quando os preços rompem a linha de pescoço. Quando os preços retrocedem a ela, o volume é muito pequeno.

Os padrões cabeça-e-ombros fornecem um alvo aproximado para nova tendência de baixa. É possível determiná-lo medindo-se a distância do topo da cabeça até a linha de pescoço e daí projetando-a para baixo.

Regras de negociação

Ao identificar um topo cabeça-e-ombros, você precisa tomar duas decisões: o que fazer com suas posições compradas e como operar a descoberto. Você tem três escolhas para gerenciar suas posições compradas: desfazer-se totalmente delas, estreitar suas ordens de stop ou vender algumas e manter as outras.

Muitos investidores optam pela quarta alternativa – simplesmente ficam parados e não fazem nada. Operar nos mercados é um jogo complexo e não trivial, que exige decisões numa atmosfera de incerteza.

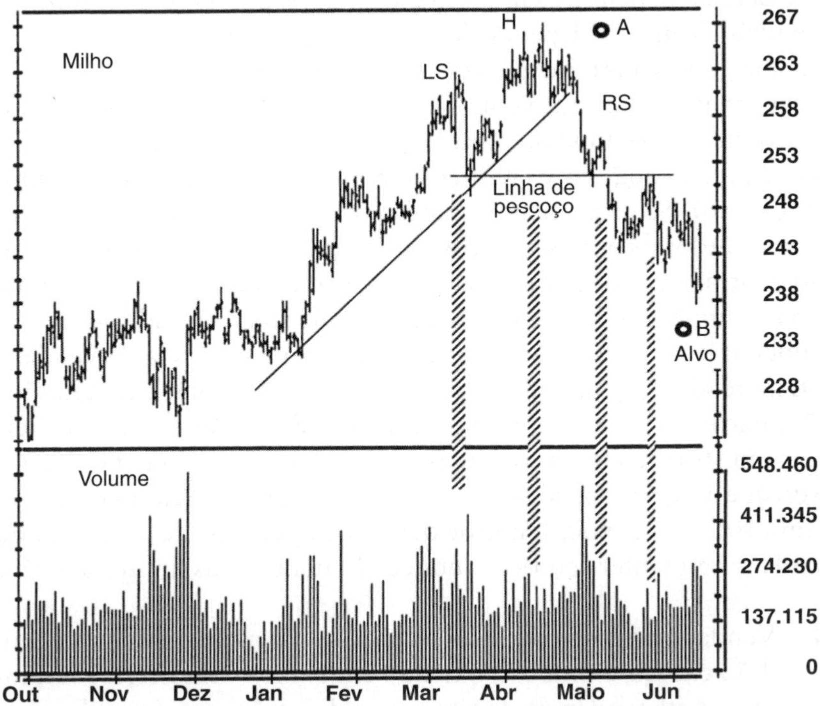

Figura 23.1: Cabeça e ombros

A tendência de alta mantém-se vigorosa enquanto as novas altas gerarem novas máximas. Os volumes crescentes confirmam as altas. Os volumes caem quando os preços alcançam a cabeça (H), disparando o alarme para estreitar os stops nas posições compradas. O declínio a partir da cabeça rompe a linha de tendência de alta e sinaliza que a tendência de alta está terminada.

A cabeça, neste caso, é uma "ilha de reversão" (ver Gaps, Seção 22) – padrão muito baixista. O volume aumenta de maneira agourenta durante o declínio a partir da cabeça. O ombro direito (RS) é muito menor do que o esquerdo – outro sinal de fraqueza. O baixo volume no ombro direito também aponta para uma boa oportunidade de operação a descoberto.

O declínio a partir do ombro direito rompe a linha de pescoço. Completa-se, assim, o padrão cabeça-e-ombros. É excelente a oportunidade de operação a descoberto quando os preços sobem de volta à linha de pescoço, com baixos volumes. A distância do topo da cabeça até a linha de pescoço (A) é um alvo para o declínio (B). Na borda direita do gráfico, mantenha-se comprado, pois os preços continuam a cair com volumes crescentes e ainda não alcançaram o alvo; coloque um stop de proteção no topo da faixa de negociação dos últimos cinco dias.

Sua decisão depende da intensidade de seu sentimento de certeza quanto ao padrão. Também depende do tamanho de sua conta de investimentos. Uma conta grande permite que você compre e venda gradualmente. Ter de negociar um único contrato com uma conta pequena exige apurado senso de oportunidade – é uma boa escola para investidores iniciantes.

Você precisa analisar os gráficos em mais de uma referência temporal (ver Seção 36). Se os gráficos semanais parecerem cambaleantes, um padrão cabeça-e-ombros nos gráficos diários talvez o leve a correr para a saída. Ao contrário, se os gráficos semanais estiverem fortes, quase sempre é preferível simplesmente estreitar as ordens de stop. Os indicadores técnicos também podem ajudá-lo a concluir quanto à urgência da venda.

Os mercados geralmente são mais voláteis nos topos, com grandes oscilações entre máximas e mínimas de curto prazo. Vender a descoberto e colocar um stop acima da máxima mais recente talvez o exponha a mais risco do que a quantia máxima por contrato compatível com sua conta (ver Capítulo 10). Talvez você tenha de deixar de operar ou de comprar opções de venda para manter seu risco monetário dentro dos limites aceitáveis.

1. Venda quando reconhecer a cabeça ou o ombro direito de um padrão cabeça-e-ombros, baseado em baixos volumes, o rompimento de uma tendência de alta e uma divergência entre indicadores e preços.
2. O declínio a partir da cabeça estabelece uma linha de pescoço. Se ainda mantiver uma posição comprada, coloque um stop abaixo da linha de pescoço.
3. A alta para o ombro direito geralmente é marcada por baixos volumes e por fraqueza ostensiva nos indicadores técnicos; oferece a última boa oportunidade para retirar o dinheiro da tendência de alta. Os indicadores técnicos geralmente alcançam níveis mais altos no ombro direito do que na cabeça, mas nunca superam os níveis alcançados no ombro esquerdo. Ao vender a descoberto no ombro direito, coloque seu stop no topo da cabeça. Especifique a ordem como "stop-and-reverse" – se parar fora da posição a descoberto, reverta e opere vendido (ver sinal O Cão dos Baskervilles).
4. Depois do rompimento da linha de pescoço, o retorno com baixos volumes oferece excelente oportunidade de operar a descoberto, com stop de proteção um pouco acima da linha de pescoço.

O Cão dos Baskervilles

Este sinal ocorre quando um padrão confiável, sob a forma de gráfico ou indicador, não resulta no comportamento esperado e os preços se movimentam na direção oposta. Um padrão ombro-e-cabeça indica o término da tendência de alta. Se os preços continuam a subir, configura-se o sinal Cão dos Baskervilles.

O nome do sinal inspira-se na história de Sir Arthur Conan Doyle, na qual Sherlock Holmes foi chamado para resolver um caso de assassinato numa propriedade rural. Ele descobriu a pista básica ao se dar conta de que o cão da família não latiu enquanto se cometia o assassinato. Isso significava que o cão conhecia o criminoso e que o criminoso era alguém de dentro da casa. *O sinal consistiu na falta da ação esperada* – a ausência de latidos!

Quando o mercado se recusa a latir em resposta a uma situação perfeitamente configurada, o sinal daí resultante é o do Cão dos Baskervilles. A situação revela que algo fundamental está mudando abaixo da superfície. Então, é hora de atrelar-se a uma nova tendência poderosa.

O padrão cabeça-e-ombros emite um forte sinal de venda. Se o mercado se recusa a cair e, ao contrário, sobe a partir do ombro direito, o sinal daí resultante é o do Cão dos Baskervilles. Quando os preços sobem acima da cabeça, é hora de cobrir as posições vendidas, revertê-las e operar comprado. O aborto de um topo cabeça-e-ombros geralmente resulta em alta muito forte. Compre no rompimento para cima e coloque um stop de proteção um pouco abaixo do topo da cabeça.

Cabeça-e-ombros invertido

Alguns investidores chamam esse padrão de fundo cabeça-e-ombros – imagem inversa de um topo cabeça-e-ombros. Parece a silhueta de uma pessoa de cabeça para baixo. Esse padrão se desenvolve quando uma tendência de baixa perde a força e está a ponto de reverter (Figura 23.2).

Nas verdadeiras tendências de baixa, cada nova mínima cai abaixo da anterior e cada nova alta cessa em nível inferior à precedente. Uma forte alta a partir da cabeça permite que se trace uma linha de pescoço. Quando um declínio a partir da linha de pescoço não alcança o nível da cabeça, cria-se um ombro direito. Quando os preços sobem a partir do ombro direito e ultrapassam a linha do pescoço, com limites crescentes, completa-se o fundo cabeça-e-ombro e inicia-se nova tendência de alta.

Às vezes, a um fundo cabeça-e-ombros segue-se um retrocesso à linha de pescoço, com baixos volumes, oferecendo excelente oportunidade de compra. Meça a distância do fundo da cabeça até a linha de pescoço e a projete para cima a partir do ponto em que se rompeu a linha de pescoço. Daí resulta a medida mínima de uma alta, que em geral é superada.

As táticas para operar em cabeça-e-ombros invertido são semelhantes às dos topos cabeça-e-ombros. Arrisca-se menos dinheiro operando nos fundos, pois os preços são menos voláteis, e podem-se usar stops mais próximos.

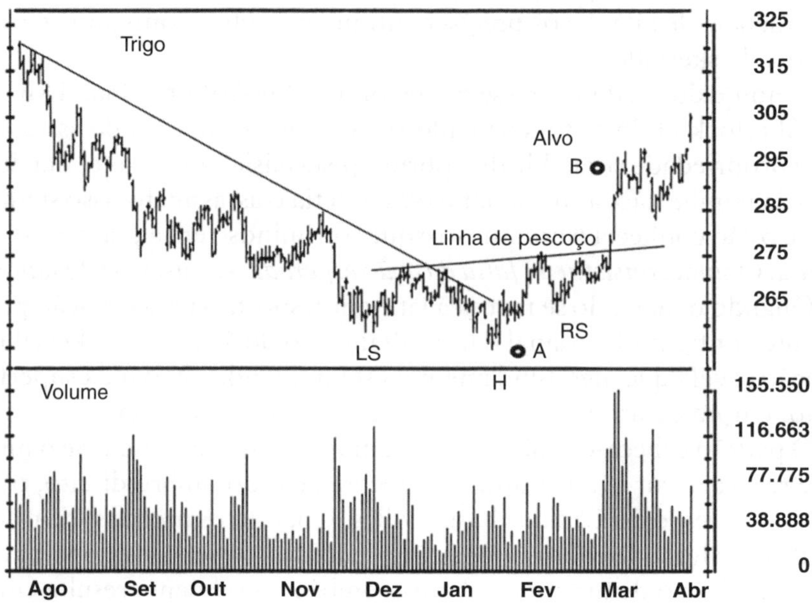

Figura 23.2: Cabeça-e-ombros invertido

Enquanto a tendência de baixa estiver em curso, os altos volumes confirmam todos os declínios, até o ombro esquerdo (LS). O declínio para dentro da cabeça (H) ocorre com baixos volumes — uma advertência para os ursos. A alta para fora da cabeça irrompe acima da linha de tendência de baixa e sinaliza o esgotamento da tendência de baixa.

A ocorrência de baixos volumes enquanto os preços percorrem o ombro direito (RS) e a inclinação ascendente da linha de pescoço indica a aproximação de alta vigorosa. A explosão dos volumes no rompimento da linha de pescoço confirma a nova tendência de alta. Nenhum retorno jamais alcançou essa linha de pescoço.

O alvo preliminar está tão acima da linha de pescoço quanto a cabeça do padrão (A) está abaixo dela. Não raro, as altas para fora dos fundos cabeça-e-ombros ultrapassam seus alvos. A melhor oportunidade de compra ocorreu no ombro direito, com um stop de proteção poucos pontos abaixo da cabeça. Na borda direita do gráfico, um gap confirma a forte tendência de alta. Coloque um stop de proteção nas posições compradas poucos pontos abaixo da borda inferior do gap.

Retângulos

Retângulo é um padrão de gráfico que contém movimentos de preços entre duas linhas paralelas. Geralmente são horizontais, mas podem, por vezes, inclinar-se para cima ou para baixo (ver Linhas e bandeiras, mais adiante, nesta seção). Os retângulos e triângulos às vezes também atuam como padrões de continuação ou de reversão.

São necessários quatro pontos para traçar um retângulo: o limite superior liga dois topos de alta e a linha inferior conecta dois fundos (Figura 23.3). Essas linhas devem ser traçadas entre as bordas de áreas de congestionamento, e não entre as máximas e mínimas extremas (ver Seção 19).

A linha superior do retângulo identifica resistência, ao passo que a linha inferior identifica suporte. A linha superior mostra onde os touros perderam o gás; a linha inferior mostra onde os ursos ficaram exaustos. O retângulo mostra que os touros e os ursos estão empatados em igualdade de condições. A principal questão aqui é que grupo acabará ganhando a batalha nesse padrão: se os touros ou os ursos.

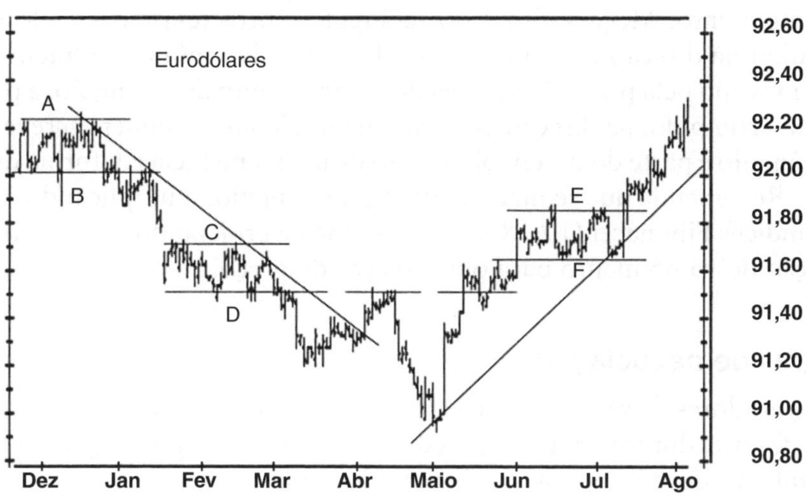

Figura 23.3: Retângulos

O limite superior de cada retângulo é traçado pela ligação de duas ou mais máximas. O limite inferior é obtido pela ligação de duas ou mais mínimas. O retângulo pode atuar como padrão de continuação ou de reversão. Se importante linha de tendência se mantiver intacta, é mais provável que o retângulo represente padrão de continuação.

Depois de romperem o retângulo, os preços geralmente retrocedem e tocam na parede da figura pelo lado de fora (B, D e E). Esses retrocessos oferecem excelente acesso a operações de baixo risco na direção do rompimento, com stop de proteção dentro do retângulo.

Os mesmos níveis de preço tendem a servir como suporte e resistência. Observe como a linha D converteu-se de suporte em resistência e depois novamente em suporte. Na borda direita do gráfico, os preços estão bem acima de sua linha de tendência de alta, e é melhor esperar um recuo antes da compra.

Se os volumes aumentam quando os preços se aproximam do limite superior do retângulo, o rompimento para cima é mais provável. Se os volumes aumentam quando os preços se aproximam do limite inferior do retângulo, o rompimento para baixo é mais provável. O efetivo rompimento de um retângulo geralmente é confirmado pelo aumento do volume – mais alto um terço ou a metade em relação à média dos cinco dias anteriores. Se o volume estiver baixo, é provável que se trate de falso rompimento.

Os retângulos tendem a ser mais largos nas tendências de alta e mais estreitos nas tendências de baixa. Quanto mais comprido for o retângulo, mais significativo será o rompimento. Os rompimentos de retângulos em gráficos semanais são sobremodo importantes, pois marcam vitórias expressivas para os touros ou para os ursos.

Várias são as técnicas para projetar a distância provável a que chegará o rompimento. Meça a altura do retângulo e projete-a a partir do lado rompido na direção do rompimento. Esse é o alvo mínimo. Obtém-se o alvo máximo pela projeção vertical do comprimento do retângulo, a partir do lado rompido, na direção do rompimento. Tony Plummer escreve que o retângulo é parte do desenvolvimento de uma tendência em forma de espiral. Recomenda que se meça a altura do retângulo, multiplicando-a por três índices Fibonacci (1,618, 2,618 e 4,236) e projetando o resultado na direção do rompimento para obter o alvo de preço.

Regras de negociação

Os operadores da sala de negociações podem lucrar operando nas oscilações de curta duração entre as paredes do retângulo, mas para ganhar muito dinheiro deve-se operar na direção do rompimento.

1. Ao operar dentro de um retângulo, compre na fronteira mais baixa e venda a descoberto na fronteira mais alta. Os osciladores podem ajudá-lo a descobrir quando os preços estão prontos para uma reversão dentro do retângulo. O estocástico, o índice de força relativa e o Williams %R (ver Capítulo 4) marcam reversões de preço dentro de retângulos, quando atingem as linhas de referência e mudam de direção.

   Ao comprar no lado inferior do retângulo, coloque o stop de proteção um pouco abaixo do retângulo. Ao vender a descoberto perto do lado superior do retângulo, coloque o stop de proteção um pouco acima desse limite. É preciso ser muito flexível e realizar lucro ao primeiro sinal de reversão. Dentro de um retângulo, é perigoso esperar por alguns pontos extras.

2. Para descobrir o mais provável entre o rompimento de alta e o rompimento de baixa, analise o mercado num referencial de tempo mais longo do que aquele em que está operando. Se quiser aproveitar um rompimento num gráfico diário, identifique a tendência semanal, pois é mais provável que o rompimento ocorra nessa direção (ver Seção 43).
3. Ao comprar num rompimento de alta ou vender a descoberto num rompimento de baixa, coloque seu stop de proteção ligeiramente dentro do retângulo. Talvez ocorra um retrocesso para a parede do retângulo, mas os preços não devem retornar ao interior do retângulo depois de um verdadeiro rompimento.

Linhas e bandeiras

A **linha** é uma espécie de retângulo – uma área de congestionamento alongada. Na teoria Dow, a linha é uma correção contra a tendência primária. É uma zona de congestionamento cuja altura é de aproximadamente 3% do atual valor do mercado das ações. Quando o mercado de ações "traça uma linha", em vez de reagir com maior intensidade contra sua principal tendência, está demonstrando tendência primária especialmente forte.

A **bandeira** é um retângulo cujas fronteiras são paralelas mas inclinadas para cima ou para baixo. Os rompimentos tendem a ir contra a inclinação da bandeira. Se a bandeira se inclina para cima, o rompimento de baixa é mais provável. Se a bandeira se inclina para baixo, o rompimento de alta é mais provável.

Ao ver uma bandeira com inclinação para baixo numa tendência de alta, emita uma ordem de compra acima do pico mais recente da bandeira, para aproveitar o rompimento de alta. A bandeira ascendente numa tendência de alta marca distribuição, caso em que o rompimento de baixa é mais provável. Emita uma ordem para vender a descoberto abaixo da mínima mais recente na bandeira. Reverta o procedimento nas tendências de baixa.

Triângulos

O **triângulo** é uma área de congestionamento cujas fronteiras superior e inferior convergem à direita (Figura 23.4). Pode atuar como padrão de reversão ou, mais frequentemente, como padrão de continuação. Alguns técnicos chamam os triângulos de **coils** (bobinas). O mercado enrola-se em torno de si mesmo e a energia dos investidores torna-se comprimida, pronta para pular do triângulo.

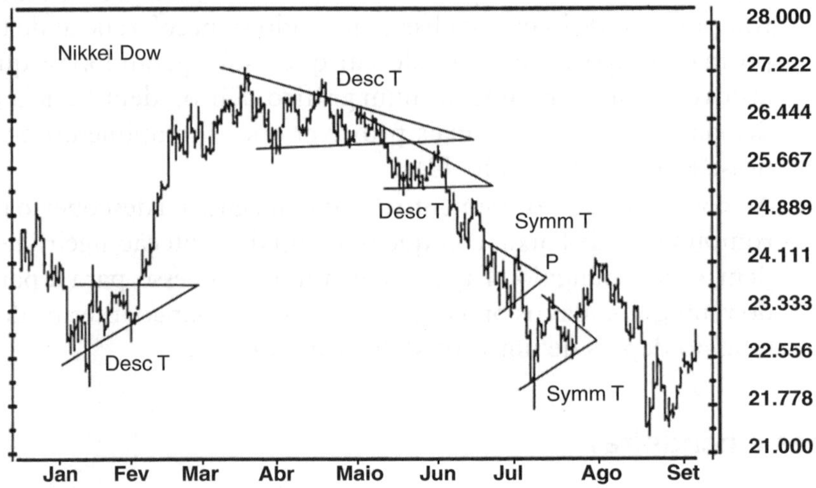

Figura 23.4: Triângulos

Os triângulos são definidos por duas linhas convergentes. A linha superior liga dois ou mais picos e a linha inferior liga dois ou mais fundos.

O triângulo com a fronteira inferior inclinada para cima é denominado triângulo ascendente (marcado como Asc T no gráfico). Sugere que se espere um rompimento de alta. O triângulo descendente (Desc T) tem a fronteira superior inclinada para baixo. Indica que os preços tendem mais a romper para baixo. O triângulo simétrico (Symm T) mostra que a força dos ursos e a força dos touros estão empatadas e que é provável a continuidade da tendência.

Os rompimentos efetivos tendem a ocorrer nos primeiros dois terços do comprimento do triângulo. Às vezes os preços retrocedem ao triângulo depois do rompimento. Esses retrocessos oferecem excelentes pontos de entrada em operações na direção do rompimento.

Um pequeno triângulo cuja altura seja de 10% a 15% da tendência precedente tende a atuar mais como padrão de **continuação.** Muitas tendências de alta e de baixa são pontilhadas por esses triângulos, da mesma maneira como os períodos são salpicados de vírgulas. Grandes triângulos, cujas alturas correspondem a um terço ou mais da tendência precedente, tendem a atuar mais como padrões de **reversão.** Finalmente, alguns triângulos simplesmente se arrastam letárgicos dentro das faixas de negociação.

Os triângulos podem ser divididos em três grandes grupos, dependendo de seus ângulos. A linha superior e a linha inferior dos triângulos **simétricos** convergem nos mesmos ângulos. Se a linha superior for inclinada em 30° em relação à horizontal, a linha inferior também apresentará inclinação de 30°. Os triângulos simétricos refletem um equilíbrio de poder equitativo entre os touros, e os ursos e tendem a atuar mais como padrões de continuação.

O triângulo **ascendente** tem uma fronteira superior relativamente horizontal e uma fronteira inferior inclinada para cima. A fronteira superior horizontal mostra que os touros estão mantendo a força e conseguem erguer os preços até o mesmo nível, enquanto os ursos estão perdendo a capacidade de pressionar os preços mais para baixo. O triângulo ascendente tende a resultar em rompimento de alta.

O triângulo **descendente** tem uma fronteira inferior relativamente horizontal, enquanto sua fronteira superior inclina-se para baixo. Sua fronteira inferior horizontal mostra que os ursos estão mantendo a força e continuam a pressionar os preços para baixo, enquanto os touros estão perdendo a capacidade de levantar os preços. O triângulo descendente tende a resultar em rompimento de baixa.

Os volumes tendem a encolher à medida que os triângulos envelhecem. Se os volumes saltarem num movimento de alta em direção à fronteira superior, o mais provável é a ocorrência de um rompimento de alta. Se os volumes aumentarem enquanto os preços caem em direção à fronteira inferior, o mais provável é um rompimento de baixa. Os rompimentos válidos são acompanhados por um surto de volume – pelo menos 50% acima da média dos últimos cinco dias.

Os rompimentos válidos ocorrem nos primeiros dois terços do triângulo. É melhor não operar em rompimentos no último terço do triângulo. Se os preços estagnarem no percurso para o ápex, é provável que se mantenham na horizontal. O triângulo é como uma luta entre dois boxeadores cansados, que se inclinam o tempo todo um sobre o outro. O primeiro rompimento mostra que um dos lutadores é mais forte. Se os preços ficarem dentro do triângulo em todo o percurso para o ápex, isso mostra que ambos os boxeadores estão exaustos sendo improvável o surgimento de qualquer tendência.

Os gráficos de mercados correlatos geralmente mostram triângulos ao mesmo tempo. Se ouro, prata e platina traçarem triângulos e ouro romper para cima, é provável que platina e prata sigam a mesma tendência. Essa abordagem funciona bem com moedas, sobretudo no caso das que apresentam estreito relacionamento, como o marco alemão e o franco suíço. Também funciona com ações do mesmo grupo – compare a General Motors com a Ford, mas não com a IBM.

Os triângulos fornecem um alvo mínimo para movimentação que se segue a um rompimento. Meça a altura do triângulo em sua base e a projete verticalmente a partir do ponto em que o triângulo foi rompido. Caso se esteja lidando com um pequeno triângulo em meio a uma tendência dinâmica, essa medida mínima tende a ser superada.

Regras de negociação

É melhor não operar em pequenas negociações dentro do triângulo, salvo se o triângulo for muito grande. À medida que o triângulo cresce, as oscilações tornam-se mais estreitas. O potencial de lucro encolhe, enquanto a slippage e as comissões continuam a dar mordidas tão grandes em sua conta quanto antes.

1. Ao operar dentro de um triângulo, use osciladores, como o estocástico (ver Seção 30) e o Elder-ray (Seção 41), que podem ajudá-lo a captar pequenas oscilações.
2. Na tentativa de verificar se um triângulo num gráfico diário tende a levar a um rompimento de alta ou de baixa, examine o gráfico semanal (ver Seção 43). Se a tendência semanal for de alta, o triângulo no gráfico diário tende a romper em alta e vice-versa.
3. Quando quiser comprar num rompimento de alta, emita uma ordem de compra ligeiramente acima da fronteira superior do triângulo. Continue abaixando a ordem à medida que o triângulo se torna mais estreito. Se quiser operar a descoberto num rompimento de baixa, emita uma ordem de venda ligeiramente abaixo da fronteira inferior. Continue aumentando-a à medida que o triângulo se torna mais estreito. Depois de entrar numa operação, coloque um stop de proteção ligeiramente dentro do triângulo. Os preços podem retroceder para a parede, mas não devem retornar muito para dentro do triângulo depois de um rompimento efetivo.
4. Quando o rompimento a partir de um triângulo é seguido de um retrocesso, preste atenção ao volume. O retrocesso com volumes altos ameaça abortar o rompimento, mas o retrocesso com volumes baixos oferece oportunidade para reforçar suas posições.
5. Quando os preços se aproximam do último terço de um triângulo, cancele suas ordens de compra ou venda. Os rompimentos a partir do último terço de um triângulo são muito pouco confiáveis.

Triângulos atípicos

A **flâmula** é um pequeno triângulo cujas linhas são inclinadas na mesma direção. As flâmulas que se inclinam contra a tendência atuam como padrão de continuação. Um velho ditado afirma: "A flâmula tremula a meio mastro" – uma alta tende a afastar-se tanto da flâmula quanto antes. A flâmula que se inclina na direção da tendência indica exaustão – uma tendência que se aproxima da reversão.

O **triângulo em ampliação** ocorre quando os preços estabelecem uma série de máximas mais altas e de mínimas mais baixas. Este padrão mostra que o mercado está ficando histericamente volátil, com os touros e ursos entrando em disparada. A luta entre touros e ursos fica acirrada demais para que a tendência de alta se sustente – o triângulo em ampliação mata a tendência de alta.

O **diamante** inicia-se como um triângulo em ampliação e termina como um triângulo simétrico. É preciso observar com muita atenção para reconhecê-lo. Os diamantes são exemplos fundamentais de padrões do tipo Rorschach para os grafistas. Se você olhar durante muito tempo, acabará encontrando-os, mas sua utilidade para as operações é mínima. Costumava garimpar diamantes, mas a maioria não passava de zircônio.

Topos e fundos duplos

Os topos duplos ocorrem quando os preços sobem até a área da máxima anterior. Os fundos duplos ocorrem quando os preços caem até a área da baixa anterior. O segundo topo ou fundo pode ficar um pouco acima ou abaixo do primeiro. Isso geralmente confunde os analistas iniciantes.

Os operadores sagazes usam indicadores técnicos para identificar topos e fundos duplos. Geralmente são marcados por divergências de altas ou de baixas. Comprar em fundos duplos e vender a descoberto em topos duplos oferece algumas das melhores oportunidades de negociação.

IV

Análise Técnica Computadorizada

24. COMPUTADORES NAS OPERAÇÕES DE MERCADO

Para ser bem-sucedido como operador de mercado, é preciso que seus conhecimentos sobre o mercado sejam mais profundos do que os de seus concorrentes. Você pode analisar o mercado com mais profundidade por meio de computador. Muitos operadores de mercado que competem com você pelas melhores oportunidades já utilizam computador como ferramenta de análise.

Os gráficos manuais podem ajudá-lo a desenvolver uma sensibilidade intuitiva, quase física, sobre os preços. Compre algumas folhas de papel para gráficos e plote várias ações e commodities a cada dia. Depois de completar os gráficos, marque os pontos em que comprará ou venderá e aqueles em que colocará os seus stops.

Depois de agir assim durante algum tempo, você provavelmente quererá analisar mais mercados, usando indicadores técnicos. Essa é a hora de recorrer ao computador e aos softwares de análise técnica.

De carro ou a pé

Um investidor sem computador é como alguém que viaja a pé ou de bicicleta. Suas pernas ficam fortes e aprecia a paisagem com detalhes, mas seu avanço é lento. Quando você viaja a negócios e quer chegar rápido ao destino, o meio de transporte é avião, helicóptero ou carro, dependendo das circunstâncias.

O computador pode ajudá-lo a acompanhar e a analisar mais mercados em profundidade. Pode assumir tarefas rotineiras e liberar sua mente para raciocínios e reflexões. O computador cria condições para que se utilizem mais indicadores e se localizem mais oportunidades no mercado. O computador é poderosa ferramenta para o processamento de mais informações.

A análise técnica computadorizada é mais objetiva do que os gráficos clássicos. Pode-se questionar se realmente determinado traçado configura o padrão cabeça-e-ombros – mas nunca se discute sobre a direção de um indicador. Quando um indicador aponta para cima, a direção decerto é para cima; e, quando um indicador aponta para baixo, não há dúvida de que é para baixo mesmo.

Substituir os gráficos manuais por gráficos computadorizados é como trocar o ábaco pela calculadora eletrônica. O software diz ao computador como processar os dados e como apresentar os resultados. É até possível que, de início, você fique mais vagaroso, enquanto aprende a pressionar as teclas; mas, no final, o aumento da velocidade e da exatidão justifica o esforço.

Três passos para a análise computadorizada

Três são as etapas para tornar-se um investidor computadorizado. Primeiro, seleciona-se o software; em seguida, escolhe-se o computador; e, finalmente, coletam-se os dados para análise. Diferentes programas requerem diferentes computadores, razão por que é importante definir primeiro o software. O software diz ao computador como processar os dados e como apresentar os resultados. Cada programa tem uma lista única de recursos, além de sua própria aparência e características.

Prepare uma lista de tarefas a serem executadas pelo computador e apresente-a a investidores computadorizados. Entre em contato com grupos de investidores, como o Club 3000, nos Estados Unidos, para conhecer as preferências de seus membros. Muitos investidores procuram a Financial Trading Seminars, Inc. em busca de nossa opinião sobre os melhores pacotes. Revistas especializadas para investidores, como *Futures* e *Technical Analysis of Stocks and Commodities*, trazem muitos anúncios de software para análise técnica. Leia esses anúncios e as resenhas sobre aplicativos e solicite demonstrações.

Depois de estreitar suas escolhas a dois ou três programas, telefone para as empresas e solicite a indicação de usuários para a obtenção de referências. Insista em que lhe forneçam os nomes de usuários reais – sua melhor fonte de orientação prática e imparcial. Muitos investidores sentem-se isolados e gostam de contato com outros investidores, quando mostram o equipamento e falam sobre a qualidade da assistência técnica.

A maioria dos programas de análise técnica enquadra-se em um de três grupos: caixas de ferramentas, caixas-pretas e caixas-cinza. As caixas de ferramentas são para investidores sérios, as caixas-pretas são para investidores que acreditam em Papai Noel e as caixas-cinza ficam no meio-termo. Ao considerar um novo pacote, pergunte-se a que grupo você pertence.

Caixas de ferramentas

Quem quer trabalhar com madeira ou metal vai a uma loja de ferragens e compra uma caixa de ferramentas com um conjunto de instrumentos adequados. Também é preciso aprender a usar as ferramentas, para trabalhar com mais inteligência e mais eficiência. A caixa de ferramentas de análise técnica fornece um conjunto de instrumentos eletrônicos para o processamento de dados do mercado.

A caixa de ferramentas desenha gráficos diários e semanais. Oferece muitos indicadores bem conhecidos, como médias móveis, canais, MACD, histograma MACD, estocástico, índice de força relativa e vários outros, permitindo que se estabeleça sintonia fina com todos os indicadores. Por exemplo, possibilita que você se transfira de um estocástico de cinco dias para outro de nove dias, clicando o mouse ou pressionando teclas.

Um pacote de qualidade cria condições para que você inclua seus próprios indicadores no sistema. Assim, você pode desenvolver fórmulas e indicadores sob medida para as suas finalidades. Evite programas que lhe imponham indicadores enlatados.

A boa caixa de ferramentas também possibilita que se comparem dois mercados quaisquer e que se analisem os spreads. Caso você opere com opções, a caixa de ferramentas deve incluir um modelo de avaliação de opções. Os pacotes avançados ainda criam condições para que você teste a rentabilidade de seu sistema de negociações.

Dispõe-se de boas caixas de ferramentas em todos os níveis de preço. Na ponta mais sofisticada, a lista de indicadores do CompuTrac™ enche algumas páginas, incluindo testes de rentabilidade, além de ser altamente automatizada. A maioria dos gráficos deste livro foi desenhada com o CompuTrac. A Financial Trading Seminars, Inc. mantém uma lista de recursos recomendados para investidores computadorizados – pacotes de software de vários preços, serviços de dados, configuração de computadores e assim por diante. Essa lista é atualizada a intervalos de poucos meses e é oferecida aos investidores como serviço público. Você pode receber essas informações entrando em contato com nossa empresa pelo site www.elder.com.

Caixas-pretas

Os aplicativos caixa-preta dizem o que e quando comprar e vender, sem explicar as razões. Entra-se com dados na caixa-preta, as luzes piscam, as engrenagens giram e de repente a engenhoca cospe uma folha de papel, dizendo o que fazer. Milhares de investidores pagam um bom dinheiro por esses sistemas.

A maioria das caixas-pretas é vendida por espertalhões a otários ou a operadores de mercado inseguros. As caixas-pretas sempre são apresentadas com um histórico impressionante, demonstrando seu desempenho lucrativo no passado. Todas as caixas-pretas se autodestroem, porque os mercados estão em constante evolução. Até mesmo os sistemas com otimização embutida não funcionam, pois não sabemos que tipo de otimização será necessário no futuro. Nas operações de mercado, não há substituto para o julgamento maduro. A única maneira de lucrar com caixas-pretas é vendê-las.

Toda caixa-preta acabará fracassando, ainda que vendida por gente honesta. Atividades humanas complexas, como operações de mercado, não são suscetíveis de automatização. As máquinas podem ajudar, mas não substituem os seres humanos.

Operar nos mercados por meio de caixas-pretas significa usar uma fatia da inteligência alheia, da maneira como se manifestou, em algum momento do passado.

Caixas-cinza

Como a caixa-preta, a caixa-cinza gera sinais de operação com base em fórmulas exclusivas. Ao contrário das caixas-pretas, oferece uma visão geral de suas fórmulas e permite até certo ponto a sintonia fina com suas operações. Quanto mais a caixa-cinza se aproximar da caixa de ferramentas, melhor será.

As caixas-cinza bem conhecidas incluem programas como o MESA, considerado o melhor para a identificação dos ciclos de mercado.

Computadores

Diferentes programas de software exigem diferentes máquinas. Essa é a razão por que é melhor escolher o aplicativo antes de comprar o computador. Compre o equipamento mais moderno, de modo a aproveitá-lo durante vários anos. Os usuários sempre exigem mais memória e velocidade – nunca ouvi ninguém reclamar de excesso de qualquer uma dessas características. Compre um modem veloz para extrair dados de bancos de dados. Adquira uma impressora a laser para imprimir gráficos de alta qualidade.

A maioria dos programas permite que se automatizem estudos e que se os imprimam. Apertam-se algumas teclas e deixa-se o computador trabalhar. Daí a algum tempo, encontra-se uma pilha de gráficos e de indicadores na saída da impressora. O trabalho tedioso está feito; agora, é analisar e tomar decisões.

Vale a pena contratar alguém que já use o pacote para ajustar o sistema. Geralmente faço isso quando começo a usar um novo software – economiza muito tempo e energia. Quando se sabe onde clicar e que teclas apertar, pode-se operar a maioria dos programas, sem muitos conhecimentos sobre informática.

Dados de mercado

Cada investidor deve partir de um banco de dados histórico e atualizá-lo todos os dias. Nos velhos tempos, essas duas atividades eram manuais. Agora, dados históricos sobre qualquer mercado custam menos de um dólar por mês e a atualização é barata. Precisa-se de menos de um minuto para atualizar por modem uma dúzia de mercados, usando-se uma linha telefônica regular. Muitos são os bancos de dados confiáveis que oferecem ampla variedade de dados sobre ações, moedas, futuros e opções.

Alguns operadores de mercado coletam dados 24 horas por dia. Para tanto, usam antenas parabólicas, receptores FM e linhas telefônicas dedicadas. Os dados em tempo real são necessários para as operações de day-trading, mas não para a negociação de posições.

Os operadores de posições entram e saem das posições a intervalos de dias ou semanas. Os operadores intradiários, ou day-traders, entram e saem das posições em horas ou minutos, mas em geral no mesmo dia. É preciso tornar-se operador de posições competente antes de atuar como operador intradiário. As operações de posições estão para as operações diárias assim como, nos videogames, o nível 1 está para o nível 9. Você percorre os mesmos labirintos e esquiva-se dos mesmos monstros, mas o ritmo do jogo é tão intenso no nível 9 que suas reações devem ser quase automáticas. Se você parar para pensar, está morto. Aprenda a analisar e a operar nos mercados no nível 1 – seja um operador de posições antes de tentar atuar como operador diário.

Ao comprar dados históricos, vale a pena abranger dois mercados em alta e dois mercados em baixa. Ao começar a analisar um novo mercado, geralmente revejo um conjunto de gráficos abrangendo 20 anos de negociações, para ver se o mercado é historicamente de alta ou de baixa. Compro de quatro a cinco anos de dados semanais e um ano de dados diários.

Ao começar a usar computador, concentre-se em seis ou menos mercados e acrescente outros depois. Por exemplo, você pode acompanhar títulos do Tesouro, Standard & Poor's 500, ouro e iene japonês ou marco alemão. Mude a lista se quiser monitorar mercados de produtos agrícolas e industriais. Escolha uns poucos indicadores técnicos e rode-os diariamente em cada mercado. Depois de aprendê-los bem, acrescente outros. Uso uma bateria de 10 a 12 indicadores a qualquer momento, mais um novo indicador. Observo-o durante alguns meses e comparo seus sinais com os dos demais. Caso se mostre útil, adiciono-o ao pacote padrão.

Três grandes grupos de indicadores

Os indicadores podem ajudá-lo a identificar tendências e seus pontos de inflexão. Também são capazes de fornecer visão mais profunda sobre o equilíbrio de poder entre touros e ursos. Os indicadores são mais objetivos do que os padrões dos gráficos.

O problema dos indicadores é que não raro são contraditórios entre si. Alguns funcionam melhor nos mercados de tendências, enquanto outros são mais eficazes nos mercados horizontais. Alguns são bons na antecipação de pontos de inflexão, ao passo que outros são preferíveis no acompanhamento de tendências.

A maioria dos iniciantes busca um único indicador – a bala de prata para liquidar a confusão dos mercados. Outros misturam muitos indicadores e tentam extrair a média de seus sinais. Em qualquer das hipóteses, o calouro descuidado com um computador é como um adolescente num carro esportivo – um acidente à espera da ocorrência. O investidor sério precisa saber que indicadores trabalham melhor em diferentes circunstâncias. Antes de usar qualquer indicador, é preciso compreender o que ele mede e como funciona. Apenas assim é possível desenvolver confiança nos sinais.

Os profissionais dividem os indicadores em três grupos: rastreadores de tendências, osciladores e mistos. Os rastreadores de tendências funcionam melhor quando os mercados estão em alta ou em baixa, mas oferecem sinais precários e perigosos quando os mercados estão na horizontal. Os osciladores captam pontos de inflexão nos mercados horizontais, mas emitem sinais prematuros e inseguros quando os mercados começam a seguir determinada tendência. Os indicadores mistos proporcionam insights especiais sobre psicologia de massa. O segredo das operações bem-sucedidas é combinar vários indicadores de diferentes grupos, de modo que suas características negativas se anulem mutuamente, enquanto suas características positivas mantêm-se inalteradas. Esse é o propósito do sistema de negociações Triple Screen (ver Seção 43).

Os **rastreadores de tendências** são médias móveis, MACD (moving average convergence-divergence), histograma MACD, sistema direcional, on-balance volume (saldo de volume), acumulação/distribuição e outros. Os rastreadores de tendências são indicadores coincidentes ou indicadores consequentes.

Os **osciladores** ajudam a identificar pontos de inflexão. Aí se incluem indicadores como estocástico, taxa de mudança, taxa de mudança ajustada, índice de força relativa, Elder-ray, índice de força, Williams %R, índice de canal de commodity e outros. Os osciladores são indicadores antecedentes ou coincidentes e geralmente viram na frente dos preços.

Os **mistos** proporcionam insights sobre a intensidade das opiniões a respeito dos mercados em alta ou em baixa. Aí se incluem new high-new low index, put-call ratio, bullish consensus, commitments of traders, advance/decline index, traders' index e assim por diante. Podem ser indicadores antecedentes ou coincidentes.

25. MÉDIAS MÓVEIS

Os veteranos de Wall Street sustentam que as médias móveis foram trazidas para os mercados financeiros pelos artilheiros antiaéreos. Usavam médias móveis para assestar as baterias contra os aviões inimigos durante a Segunda Guerra Mundial e aplicaram o mesmo método aos preços. Dois especialistas pioneiros em médias móveis foram Richard Donchian e J. M. Hurst – que, tanto quanto se saiba, não foram artilheiros. Donchian foi um empregado da Merrill Lynch que desenvolveu métodos de negociação baseados no cruzamento de médias móveis. Hurst foi um engenheiro que aplicou as médias móveis a ações, em seu livro *The Profit Magic of Stock Transaction Timing*, hoje um clássico da literatura especializada.

A média móvel (MM) mostra o valor médio dos dados em determinado período. Uma MM de 5 dias mostra o preço médio dos últimos cinco dias, uma MM de 20 dias mostra o preço médio dos últimos 20 dias e assim por diante. Quando se conectam as médias móveis de cada dia, cria-se uma linha de média móvel.

$$\text{MM simples} = \frac{P_1 + P_2 + \ldots + P_N}{N}$$

em que: P = preço de que se está calculando a média
N = número de dias da média móvel (determinado pelo investidor)

O valor da MM depende de dois fatores: os valores cuja média está sendo calculada e a amplitude do intervalo temporal da MM. Suponha que se queira calcular a média móvel simples em 3 dias de determinada ação. Se a ação fechar em 19, 21 e 20 em três dias consecutivos, a MM simples em três dias dos preços de fechamento é 20 (19 + 21 + 20 dividido por 3). Suponha que no quarto dia a ação feche a 22. Com isso a média móvel em três dias sobe para 21 – o fechamento dos últimos três dias (21 + 20 + 22) dividido por 3.

Três são os principais tipos de médias móveis: simples, exponencial e ponderada. A maioria dos investidores usa média móvel simples, pois é fácil de calcular, tanto que Donchian e Hurst as calculavam nos dias pré-computador. As MM simples, contudo, apresentam uma falha fatal – mudam duas vezes em resposta a cada preço.

Latir duas vezes

A MM simples muda duas vezes em resposta a cada dado. Primeiro, muda quando um novo dado entra em seu período de apuração. Isso é bom – queremos que nossa média móvel reflita as mudanças nos preços. O ruim é que a MM muda novamente quando o dado saiu do seu período de apuração. Quando um preço mais alto é abandonado, a MM simples diminui. Quando um preço mais baixo é abandonado, a MM simples aumenta. Essas mudanças não têm nada a ver com a atual realidade do mercado.

Imagine que uma ação paire entre 80 e 90 e que sua MM simples em 10 dias seja de 85, mas incluindo um dia em que a ação chegou a 105. Quando se extrai esse número elevado do cômputo da média, por ter saído do período móvel de 10 dias, a MM mergulha, parecendo o início de uma tendência de baixa. No entanto, esse mergulho sem sentido não reflete a situação vigente, mas a influência do passado.

Quando um dado antigo é abandonado, a média móvel simples oscila. É como um cão-de-guarda que late duas vezes: uma quando alguém se aproxima da casa e outra quando a mesma pessoa se afasta. Não se sabe quando acreditar no cachorro. Os operadores de mercado usam médias móveis simples por uma questão de inércia. O moderno operador de mercado computadorizado consegue resultados muito melhores usando médias móveis exponenciais.

Psicologia de mercado

Cada preço é um instantâneo do atual consenso da massa em relação ao valor (ver Seção 12). Um preço isolado não diz se a multidão é altista ou baixista – do mesmo modo como uma foto sozinha não indica se alguém é otimista ou pessimista. Se, por outro lado, 10 fotos seguidas da mesma pessoa forem levadas a um laboratório fotográfico para a montagem de uma imagem composta, não será difícil supor as características típicas do indivíduo. Caso se atualize diariamente a imagem composta, será possível monitorar as tendências no humor da pessoa.

A média móvel é uma fotografia composta do mercado – combina preços de vários dias. O mercado consiste em multidões enormes, e a média móvel identifica a direção do movimento da massa.

A mensagem mais importante de uma média móvel é a direção de sua inclinação. Ao aumentar, revela que a multidão está ficando mais otimista – altista. Ao cair, mostra que a multidão está ficando mais pessimista – baixista. Quando a multidão se torna mais altista do que antes, os preços sobem acima da média móvel. Quando a multidão se torna mais baixista do que antes, os preços caem abaixo da média móvel.

Médias móveis exponenciais

A média móvel exponencial (MME) é melhor ferramenta de acompanhamento de tendência do que a média móvel simples. Ela atribui maior peso aos dados mais recentes e reage com mais rapidez às mudanças do que a MM simples. Ao mesmo tempo, a MME não salta em resposta a velhos dados. Esse cão-de-guarda tem melhores orelhas e late apenas quando alguém se aproxima da casa.

$$\text{MME} = P_{\text{hoje}} \cdot K + \text{MME}_{\text{ontem}} \cdot (1 - K)$$

em que: $K = \dfrac{2}{N+1}$

N = número de dias da MME (escolhido pelo investidor)
P_{hoje} = preço de hoje
$\text{MME}_{\text{ontem}}$ = a MME de ontem

Os softwares de análise técnica permitem que se selecione a duração da MME e que se a calcule a um apertar de teclas ou clicar de mouse. Para fazê-lo a mão, siga os seguintes passos:

1. Determine a duração da MME (ver a seguir). Digamos que se queira um período de 10 dias.
2. Calcule o coeficiente K para esse período (ver acima). Por exemplo, para uma MME de 10 dias, K é igual a 2 dividido por 10 + 1, ou 0,18.
3. Calcule a MM simples para os primeiros 10 dias – some os preços de fechamento e divida a soma por 10.
4. No décimo primeiro dia, multiplique o preço de fechamento por K, multiplique a MM do dia anterior por $(1 - K)$ e adicione os dois números. O resultado é a MME de 10 dias.

5. Repita a etapa quatro a cada dia subsequente para obter a MME mais recente (ver planilha na Figura 25.1).

A MME apresenta duas grandes vantagens em relação à MM simples. Primeiro, atribui maior peso ao último dia de negociação. O humor mais recente da multidão é mais importante. Na MME de 10 dias, o último preço de fechamento é responsável por 18% do valor da MME, enquanto na MM simples todos os dias são iguais. Segundo, a MME não abandona os velhos dias de maneira simples e abrupta como a MM. Os velhos dias desaparecem aos poucos, como o humor do passado esvaecendo-se aos poucos na foto composta.

Ouro

Dia	Fechamento	MME-10
1	447,3	
2	456,8	
3	451,0	
4	452,5	
5	453,4	
6	455,5	
7	456,0	
8	454,7	
9	453,5	
10	456,5	453,7
11	459,5	454,8
12	465,2	456,6
13	460,8	457,4
14	460,8	458,0

Figura 25.1: Planilha MME de 10 dias

Comece calculando a média móvel simples. O primeiro valor na coluna 3 é uma MM simples. Calcule, em seguida, a média móvel exponencial em cada dia subsequente, de acordo com a fórmula fornecida no capítulo.

Escolhendo a duração da média móvel

Uma MME relativamente curta é mais sensível às mudanças de preços – permite que se captem as novas tendências com mais rapidez. Também muda de direção com mais frequência e produz mais dentes de serra. Dente de serra é a reversão rápida de um sinal de negociação. Uma MME relativamente longa resulta em menos dentes de serra, mas perde os pontos de inflexão por margem mais ampla.

Quando os computadores se tornaram disponíveis, os operadores de mercado passaram a triturar números a fim de encontrar as "melhores" médias móveis para diferentes mercados. Assim, descobriram as MMs que funcionaram no passado – mas isso não os ajudou em suas operações, pois os mercados continuaram mudando. Os corretores não permitem que operemos no passado.

Vale a pena vincular a duração da MME a um ciclo, quando se consegue descobri-lo. A média móvel deve corresponder à metade da duração do ciclo de mercado (ver Seção 36). Caso você descubra um ciclo de 22 dias, use uma média móvel de 11 dias. Se o ciclo for de 34 dias, use uma média móvel de 17 dias. O problema é que os ciclos sempre mudam sua duração e desaparecem. Alguns investidores usam um software chamado MESA em busca de ciclos válidos, mas o MESA mostra que na maioria das vezes o ruído é maior do que a amplitude dos ciclos.

Finalmente, os investidores podem basear-se numa regra prática simples: quanto mais longa for a tendência que se está tentando captar, mais longa deve ser a média móvel. Precisa-se de uma vara de pescar maior para se pegar peixes maiores. Uma média móvel de 200 dias funciona para os investidores em ações a longo prazo, que querem cavalgar grandes tendências. A maioria dos operadores de mercado pode usar MME entre 10 e 20 dias. A média móvel não deve ser mais curta do que 8 dias, para que não destrua seu propósito como ferramenta de acompanhamento de tendências. Nos últimos anos, tenho usado média móvel exponencial de 13 dias na maioria de minhas negociações.

Regras de negociação

O operador de mercado bem-sucedido não prevê o futuro – monitora o mercado e gerencia suas posições (ver Seção 17). As médias móveis nos ajudam a operar na direção da tendência. A mensagem isolada mais importante da média móvel é a direção de sua inclinação. Ela mostra a direção da inércia do mercado. Quando a MME sobe, é melhor operar no mercado pelo lado comprado; quando cai, vale a pena operar pelo lado vendido (Figura 25.2).

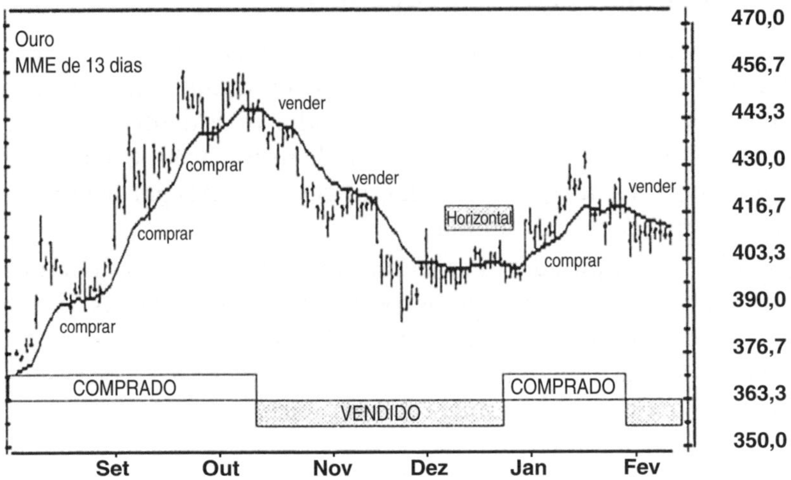

Figura 25.2: Média móvel exponencial de 13 dias

Quando aumenta, a MME mostra que a tendência é de alta e que se deve operar comprado no mercado. O melhor momento para comprar é quando os preços voltam à MME – não quando estão acima dela. Essas operações oferecem melhor relação risco/recompensa.

Quando cai, a MME mostra que a tendência é de baixa e que se deve operar vendido no mercado. É melhor vender quando os preços sobem de volta à MME. Quando a MME se torna horizontal, como ocorreu em dezembro, a mensagem é que o mercado está sem tendência. Pare de usar métodos de acompanhamento de tendências, mas continue a acompanhar este indicador esperando que entre numa tendência.

1. Quando a MME subir, opere no mercado pelo lado comprado. Compre quando os preços caírem para perto ou para um pouco abaixo da média móvel. Como você está comprado, coloque um stop de proteção abaixo da mínima mais recente e movimente o stop para o ponto de equilíbrio assim que os preços fecharem acima da MME.

2. Quando a MME cair, opere no mercado pelo lado vendido. Venda a descoberto quando os preços subirem em direção à MME ou um pouco acima dela e coloque um stop de proteção acima da máxima mais recente. Abaixe o stop para o ponto de equilíbrio assim que os preços fecharem abaixo da MME.

3. Quando a MME ficar horizontal e oscilar só um pouco, identifica-se um mercado sem rumo e sem tendência. Não opere usando métodos de acompanhamento de tendências.

Sistemas mecânicos

Os velhos métodos de negociação mecânicos, usando médias móveis, geralmente tinham quatro etapas: (1) compre quando a MM subir e os preços fecharem acima dela; (2) venda quando os preços fecharem abaixo da MM; (3) venda a descoberto quando a MM cair e os preços fecharem abaixo dela; (4) cubra as posições a descoberto quando os preços fecharem acima da MM. Esse método mecânico funciona em mercados com tendências, mas resultam em dentes de serra quando os mercados se tornam horizontais.

A tentativa de filtrar os dentes de serra com regras mecânicas é promover a própria derrota – os filtros reduzem os lucros, tanto quanto os prejuízos. Um exemplo de filtro é a regra segundo a qual os preços devem fechar no outro lado da MM não uma vez, mas duas, ou devem penetrar a MM por certa margem. Os filtros mecânicos reduzem as perdas, mas também atenuam a melhor característica da média móvel – sua capacidade de captar a tendência cedo.

A abordagem favorita de Donchian, um dos pioneiros em operações com médias móveis, foi utilizar cruzamentos de MMs de 4, 9 e 18 dias. Deflagrava-se o sinal de negociação quando todas as três MMs viravam para a mesma direção. Essa abordagem, como outros métodos de negociação mecânicos, funcionava bem apenas em situações de mercado com tendências nítidas.

O operador de mercado deve aceitar que a MME, como qualquer outra ferramenta de negociação, tem um lado bom e um lado mau. As médias móveis ajudam a identificar e a seguir tendências, mas levam à formação de dentes de serra nas faixas de negociação. Procuraremos uma resposta para esse dilema no Capítulo 9, sobre o sistema de negociação Triple Screen.

Mais sobre médias móveis

As médias móveis servem como zonas de **suporte e resistência**. A média móvel em ascensão tende a atuar como piso sob os preços e a média móvel em declínio tende a funcionar como teto sobre os preços. Eis por que vale a pena comprar perto da MM em ascensão e vender a descoberto perto da MM em declínio.

As médias móveis podem ser aplicadas a **indicadores**, assim como a preços. Alguns investidores usam **média móvel de volume** de cinco dias. Quando o volume cai abaixo da MM de cinco dias, configura-se pouco interesse público pela tendência débil, o que sugere a probabilidade de sua reversão. Quando o volume ultrapassa a MM, constata-se forte interesse público e confirma-se a tendência dos preços.

A maneira adequada de plotar a média móvel simples é **atrelá-la** aos preços a uma distância correspondente à metade da sua duração. Por exemplo, a média móvel simples de 10 dias encaixa-se apropriadamente no meio do período de 10 dias e deve ser plotada sob o quinto ou o sexto dia. Já a média móvel exponencial é ponderada com mais intensidade em direção ao último dia, razão por que uma MME de 10 dias deve ser plotada sob o sétimo ou o oitavo dia. A maioria dos pacotes de software permite que se atrele a média móvel.

As médias móveis podem basear-se não só nos preços de fechamento, mas também na **mediana entre a máxima e a mínima.** Utilizam-se as MMs de preço de fechamento para análises diárias, mas os day-traders preferem calcular as médias móveis pela mediana dos preços.

A média móvel exponencial atribui maior peso ao último dia de negociações, mas a **média móvel ponderada (MMP)** permite que se atribua qualquer peso a qualquer dia, dependendo do que se considera importante. As MMPs são tão complicadas que para os operadores de mercado é preferível usar MMEs.

26. CONVERGÊNCIA-DIVERGÊNCIA DA MÉDIA MÓVEL (MACD) E HISTOGRAMA MACD

As médias móveis identificam tendências ao filtrar as oscilações dos preços diários. Gerald Appel, analista e gestor de recursos de terceiros em Nova York, desenvolveu indicador mais avançado. O Moving Average Convergence-Divergence (MACD) consiste não em uma, mas em três médias móveis exponenciais. Ele aparece nos gráficos como duas linhas, cujos cruzamentos emitem sinais de negociação.

Como construir o MACD

O indicador original MACD compõe-se de duas linhas: uma linha sólida (denominada linha MACD) e uma linha tracejada (denominada linha de sinal). A linha MACD é composta de duas médias móveis exponenciais (MMEs). Ela responde às mudanças nos preços com relativa rapidez. A linha de sinal é composta pela linha MACD, ajustada por outra MME. Ela responde às mudanças nos preços com mais lentidão.

Os sinais de compra e venda são emitidos quando a linha MACD mais rápida cruza acima ou abaixo da linha de sinal mais lenta. O indicador MACD é parte integrante da maioria dos programas de análise técnica. Poucos investidores o calculam a mão – o computador faz o trabalho com mais rapidez e exatidão.

Para construir o MACD:

1. Calcule a MME de 12 dias dos preços de fechamento.
2. Calcule a MME de 26 dias dos preços de fechamento.
3. Subtraia a MME de 26 dias da MME de 12 dias e plote a diferença como linha cheia. Esta é a linha MACD.
4. Calcule a MME de 9 dias da linha rápida e plote o resultado como linha tracejada. Esta é a linha de sinal lenta (ver planilha, Figura 26.1).

Psicologia de mercado

Cada preço reflete o consenso da massa dos participantes do mercado sobre valor. A média móvel representa o consenso médio sobre valor em determinado período – a foto composta do consenso de massa. Uma média

Petróleo bruto

Dia	Fechamento	MME-12	MME-26	MACD	Sinal	Hist MACD
1	20,70	20,39	20,46	–0,07	–0,16	0,09
2	20,55	20,41	20,47	–0,06	–0,14	0,08
3	20,72	20,46	20,49	–0,03	–0,12	0,09
4	21,03	20,55	20,53	0,02	–0,09	0,11
5	21,10	20,63	20,57	0,06	–0,06	0,12
6	21,29	20,73	20,62	0,11	–0,02	0,13
7	21,09	20,79	20,66	0,13	0,01	0,12
8	21,48	20,90	20,72	0,18	0,04	0,14
9	21,23	20,95	20,76	0,19	0,07	0,12

Figura 26.1: Planilha MACD e de histograma MACD

Para obter as linhas MACD e o histograma MACD siga os seguintes passos:

1. Calcule as médias móveis exponenciais dos preços de fechamento de 12 dias e de 26 dias.
2. Subtraia a MME de 26 dias da MME de 12 dias para obter a linha MACD rápida.
3. Calcule a MME de 9 dias da linha MACD rápida para obter a linha de sinal lenta. Plote ambas as linhas para obter o indicador clássico MACD.
4. Subtraia a linha de sinal da linha MACD para obter o histograma MACD.

móvel longa rastreia o consenso de longo prazo e uma média móvel curta rastreia o consenso de curto prazo.

Os cruzamentos das linhas MACD e de sinal identificam mudanças no equilíbrio de poder entre touros e ursos. A linha de sinal lenta reflete o consenso de massa num período mais longo. Quando a linha MACD, mais rápida, se ergue acima da linha de sinal mais lenta, constata-se que os touros dominam o mercado e que é melhor operar comprado. Quando a linha rápida cai abaixo da linha lenta, constata-se que os ursos dominam o mercado e que é melhor operar vendido.

Regras de negociação

Os cruzamentos entre as linhas MACD e de sinal identificam mudanças nas marés do mercado. Operar na direção de um cruzamento significa seguir o fluxo do mercado. Esse sistema gera menos negociações e menos dentes de serra do que os sistemas mecânicos baseados em médias móveis simples.

1. Quando a linha MACD rápida cruzar acima da linha de sinal lenta, emite-se um sinal de compra. Opere comprado e coloque um stop de proteção abaixo da mínima mais recente.
2. Quando a linha rápida cruza abaixo da linha lenta, emite-se um sinal de venda. Opere vendido e coloque um stop de proteção acima da máxima mais recente (Figura 26.2).

Mais sobre MACD

Muitos operadores de mercado tentam **otimizar** a MACD, usando outras médias móveis, além das MMEs de 12, 26 e 9 barras; outra escolha muito comum é 5-34-7. Alguns investidores tentam ligar a MACD aos **ciclos** de mercado. O problema é que na maioria das vezes os mercados não seguem ciclos (ver Seção 36). Quando se usam ciclos, a primeira MME deve ter um quarto da duração do ciclo dominante e a segunda MME, a metade. A terceira MME é um dispositivo de ajustamento cuja duração não precisa estar amarrada ao ciclo. Cuidado para não otimizar demais a MACD. Quando se mexe durante muito tempo na MACD, é possível fazê-la emitir qualquer sinal desejado, com os mesmos dados.

Uma maneira **"curta e grossa"** de plotar a MACD é usada por investidores cujo software não inclui este indicador. Alguns pacotes permitem que se tracem apenas duas MMEs. Nesse caso, podem-se usar cruzamentos entre duas MMEs, como de 11 dias e 26 dias, como substitutos das linhas MACD e de sinal.

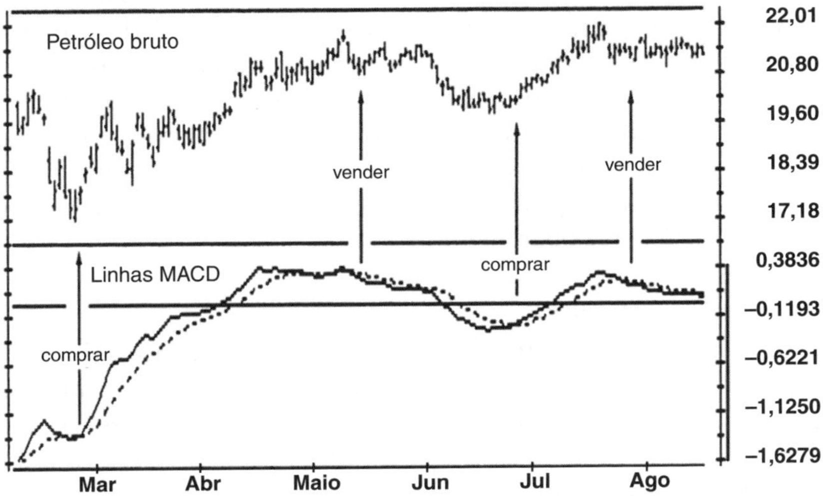

Figura 26.2: Linhas MACD

Quando a linha MACD rápida cruza acima da linha de sinal lenta, emite-se um sinal de compra. Os sinais de compra são disparados quando a linha rápida cruza abaixo da linha lenta. Essas regras ajudam a captar todas as principais tendências e a gerar menos dentes de serra do que os cruzamentos de preços e a média móvel simples.

Histogramas MACD

Os histogramas MACD proporcionam uma visão mais profunda do que o MACD original sobre equilíbrio de poder entre touros e ursos. Mostra não só qual dos dois grupos está no controle, mas também se o grupo dominante está mais forte ou mais fraco. É uma das melhores ferramentas com que contam os analistas técnicos de mercado.

Histograma MACD = linha MACD – linha de sinal

O histograma MACD mede a diferença entre a linha MACD e a linha de sinal (ver planilha eletrônica, Figura 26.1) e plota a diferença como um histograma – uma série de barras verticais. A distância pode parecer insignificante, mas o computador aumenta a escala para preencher a tela.

Se a linha rápida estiver acima da linha lenta, o histograma MACD será positivo e plotado acima da linha zero. Se a linha rápida estiver abaixo da linha lenta, o histograma MACD será negativo e plotado abaixo da linha zero. Quando as duas linhas se tocam, o histograma MACD é igual a zero.

Quando aumenta o spread entre as linhas MACD e de sinal, o histograma MACD fica mais alto ou profundo, dependendo de sua direção. Quando as duas linhas se aproximam, o histograma fica mais curto.

A inclinação do histograma MACD é definida pela relação entre as duas barras vizinhas. Se a última barra for mais alta (como a altura das letras m-M), a inclinação do histograma MACD será para cima. Se a última barra for mais baixa (como a profundidade das letras P-p), a inclinação do histograma MACD será para baixo.

Psicologia de mercado

O histograma MACD mostra a diferença entre o consenso sobre valor a curto prazo e a longo prazo. A linha MACD rápida reflete o consenso do mercado num período mais curto. A linha de sinal lenta reflete o consenso do mercado num período mais longo. O histograma MACD rastreia a diferença entre essas duas linhas.

A inclinação do histograma MACD identifica o grupo dominante no mercado. O histograma MACD em ascensão mostra que os touros estão ficando mais fortes. O histograma MACD em declínio mostra que os ursos estão ficando mais fortes.

Quando a linha MACD rápida sobe com mais rapidez do que a linha de sinal lenta, o histograma MACD sobe. Isso mostra que os touros estão ficando mais fortes do que antes – é uma boa hora para operar comprado. Quando a linha MACD rápida cai com mais rapidez do que a linha lenta, o histograma MACD cai. Isso mostra que os ursos estão ficando mais fortes – é uma boa hora para operar vendido.

Quando a inclinação do histograma MACD se movimenta na mesma direção dos preços, a tendência é segura. Quando a inclinação do histograma MACD se movimenta em direção oposta à dos preços, o vigor da tendência é questionável. É melhor operar na direção da inclinação do histograma MACD, pois ela mostra se os touros ou os ursos dominam o mercado.

A inclinação do histograma MACD é mais importante do que sua posição acima ou abaixo da linha central. Os melhores sinais de venda ocorrem quando o histograma MACD está acima da linha central mas sua inclinação é para baixo, mostrando que os touros ficaram exaustos. Os melhores sinais de compra ocorrem quando o histograma MACD está abaixo da linha central mas sua inclinação é para cima, mostrando que os ursos ficaram exaustos.

Regras de negociação

O histograma MACD emite dois tipos de sinais de negociação. Um é comum e ocorre em toda barra de preço. O outro é raro e acontece apenas algumas vezes por ano em qualquer mercado – mas é extremamente forte.

O sinal comum é dado pela inclinação do histograma MACD (Figura 26.3). Quando a barra em curso é mais alta do que a barra anterior, a inclinação é para cima. Mostra que os touros estão no controle e é tempo de comprar. Quando a barra em curso é mais baixa do que a barra anterior, a inclinação é para baixo. Mostra que os ursos estão no controle e é hora de

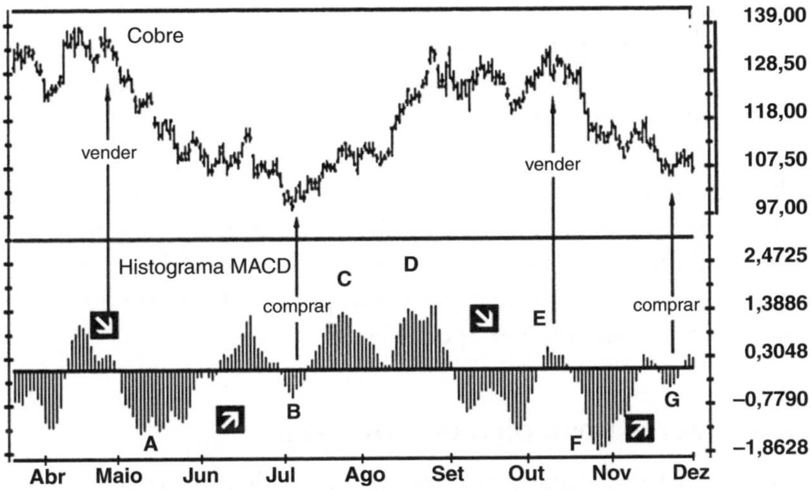

Figura 26.3: Divergências do histograma MACD

O histograma MACD confirma tendências quando alcança novas máximas ou mínimas, junto com os preços. As novas mínimas no histograma MACD, nos pontos A e F, confirmam tendências de baixa. As novas mínimas nos indicadores dizem aos operadores de mercado que a tendência de baixa provavelmente submeterá os fundos A e F a novos testes ou os superará. As novas máximas C e D no histograma MACD confirmam as tendências de alta. Mostram que a tendência de alta provavelmente submeterá os picos C e D a novos testes ou os superará.

As divergências entre o histograma MACD e os preços identificam importantes pontos de inflexão. Esses sinais raramente ocorrem, mas quando aparecem quase sempre permitem que se captem importantes reversões e o início de novas tendências. A divergência de alta A-B sinaliza importante oportunidade de compra. Os preços estão numa nova mínima, mas o indicador está traçando um fundo mais alto. Tal situação revela que os ursos estão exaustos e os touros estão prontos para reconquistar terreno.

A divergência de baixa D-E, identifica importante oportunidade de venda. Na borda direita do gráfico, verifica-se uma divergência de alta, F-G. A melhor hora para comprar é quando o histograma MACD aponta para cima a partir do segundo fundo, G. Uma vez que se esteja operando comprado, coloque um stop de proteção abaixo do fundo de preço G. Movimente o stop para cima à medida que a tendência progride.

operar vendido. Quando os preços avançam num sentido mas o histograma MACD se movimenta em outro sentido, a mensagem é que a multidão dominante está perdendo o entusiasmo e a tendência é mais fraca do que parece.

1. Compre quando o histograma MACD parar de cair e apontar para cima. Coloque um stop de proteção abaixo da última mínima secundária.
2. Venda a descoberto quando o histograma MACD parar de subir e apontar para baixo. Coloque um stop de proteção acima da última mínima secundária.

O histograma MACD aponta para cima e para baixo nos gráficos diários com tanta frequência que não é prático comprar ou vender a cada guinada. As mudanças na inclinação do histograma MACD são muito mais significativas nos gráficos semanais, razão por que faz parte do sistema de negociação Triple Screen (ver Seção 43).

Quando esperar novo pico ou novo vale

O histograma MACD funciona como os faróis de um carro – oferece aos investidores visões rápidas da estrada pela frente. As novas máximas e mínimas nesse indicador geralmente são seguidas por novas máximas ou mínimas nos preços.

Um pico sem precedentes nos últimos três meses no histograma MACD diário mostra que os touros estão muito fortes e que é provável que os preços subam ainda mais. Uma nova mínima sem precedentes no histograma MACD nos últimos três meses mostra que preços mais baixos não serão raros mais adiante.

Quando o histograma MACD alcança nova máxima durante uma alta, a tendência ascendente é vigorosa e é de se esperar que a próxima alta submeta a novo teste o pico anterior ou o supere. Se o histograma MACD cair para nova mínima durante uma tendência de baixa, isso mostra que os ursos estão fortes e que os preços provavelmente submeterão a mínima mais recente a novo teste ou a ultrapassarão.

O sinal mais forte em análise técnica

As divergências entre o histograma MACD e os preços ocorrem apenas umas poucas vezes por ano em qualquer mercado, mas emitem algumas das mais poderosas mensagens em análise técnica. Não acontecem em todos os topos e fundos importantes, mas quando se vê uma, sabe-se que importante reversão está a caminho.

Quando os preços sobem para nova máxima mas o histograma MACD traça um topo mais baixo, cria-se uma divergência de baixa (Figura 26.3). Um topo mais baixo no histograma MACD mostra que os touros estão internamente fracos, embora os preços estejam mais altos. Quando os touros perdem o vigor, os ursos estão prontos para assumir o controle. As divergências de baixa entre o histograma MACD e os preços identificam debilidade nos topos do mercado. Emitem sinais de venda quando quase todos os investidores se sentem empolgados com a probabilidade de rompimento de uma nova máxima!

3. Venda a descoberto quando o histograma MACD se inclinar para baixo a partir de seu topo mais baixo enquanto os preços estão em nova máxima. Coloque um stop de proteção acima da máxima mais recente.

Quando os preços continuam caindo para novas mínimas e o histograma MACD prossegue cada vez mais baixo, confirma-se a tendência de baixa. Se os preços caírem para nova mínima mas o histograma MACD traçar uma mínima mais superficial, cria-se uma divergência de alta. Mostra que os preços estão caindo por inércia, que os ursos estão mais fracos do que parecem e que os touros estão prontos para conquistar o controle. As divergências de alta entre o histograma MACD e os preços identificam força nos fundos do mercado. Emitem sinais de compra quando a maioria dos investidores está temerosa quanto a um rompimento para nova mínima!

4. Compre quando o histograma MACD apontar para cima a partir de seu segundo fundo mais superficial enquanto os preços estão em nova mínima. Coloque um stop protetor abaixo da mínima mais recente.

Se uma divergência de alta entre o histograma MACD e os preços for abortada e os preços caírem para nova mínima, você sairá do mercado pela ordem de stop. Continue a observar o histograma MACD. Se ele traçar um terceiro fundo mais superficial enquanto os preços declinam para nova mínima, você está lidando com uma "tripla divergência de alta" – um sinal extremamente forte de compra. Compre novamente assim que o histograma MACD se inclinar para cima a partir de seu terceiro fundo superficial. O contrário aplica-se às vendas a descoberto nas triplas divergências de baixa.

Mais sobre histograma MACD

O histograma MACD funciona sem nenhuma referência temporal: semanal, diária e intradiária. Os sinais dos histogramas MACD semanais levam a maiores movimentos de preços do que os indicadores diários ou intradiários. O princípio aplica-se a todos os indicadores – os sinais em referências temporais mais longas resultam em movimentos de preços mais intensos.

Quando se usam o MACD e o histograma MACD em gráficos semanais, não se precisa esperar até a sexta-feira para captar os sinais. Importante tendência pode mudar no meio da semana – o mercado não se prende ao calendário. Por causa disso, os estudos semanais devem ser realizados todos os dias.

27. O SISTEMA DIRECIONAL

O sistema direcional é um método de acompanhamento de tendências. Foi desenvolvido por J. Welles Wilder, Jr. em meados da década de 1970 e modificado por vários analistas. O sistema direcional identifica tendências e mostra quando elas estão avançando com rapidez suficiente para que se torne recomendável segui-las. Ele ajuda os investidores a lucrar ao longo de importante tendência.

Como construir o sistema direcional

Define-se movimento direcional como o trecho da faixa máxima-mínima de hoje que está fora da faixa máxima-mínima do dia anterior. O sistema direcional verifica se a faixa de hoje se estende acima ou abaixo da faixa do dia anterior e calcula a média desse dado durante determinado período. Esses cálculos complexos (ver planilha na Figura 27.1) são mais bem executados por computador. O sistema direcional é parte da maioria dos programas de software para análise técnica.

1. **Identifique o "movimento direcional" (DM)** comparando a faixa máxima-mínima de hoje com a faixa máxima-mínima de ontem. O movimento direcional é a maior parte da faixa de hoje que fica fora da faixa de ontem. Há quatro tipos de DM (Figura 27.2). DM é sempre um número positivo (+DM e –DM referem-se simplesmente a movimentos acima ou abaixo da faixa de ontem).
2. **Identifique a "faixa verdadeira" (TR)** do mercado em análise. É sempre um número positivo, o maior de três:
   A. A distância entre a máxima de hoje e a mínima de hoje.
   B. A distância entre a máxima de hoje e o fechamento de ontem.
   C. A distância entre a mínima de hoje e o fechamento de ontem.

Iene japonês

Data	Alta	Baixa	Fechamento	$+DI_{13}$	$-DI_{13}$	DX	ADX
7/1	72,24	71,87	71,92	30	20	20	20
7/2	71,83	71,63	71,69	29	23	12	19
7/3	71,65	71,33	71,36	27	27	0	18
7/5	72,10	71,83	72,06	31	23	15	18
7/8	71,94	71,78	71,90	30	23	13	18
7/9	72,02	71,77	71,79	30	22	15	18
7/10	71,95	71,87	71,90	29	21	16	18
7/11	72,13	71,82	71,85	30	20	20	18
7/12	73,20	71,94	73,11	41	16	44	20
7/15	72,94	72,65	72,80	38	15	43	22
7/16	72,75	72,55	72,58	36	16	38	23
7/17	72,91	72,62	72,71	37	15	42	24
7/18	73,07	72,29	72,42	32	18	28	24
7/19	73,06	72,69	73,06	29	16	29	24
7/22	72,70	72,22	72,36	26	21	11	23
7/23	72,76	72,62	72,69	25	20	11	22
7/24	72,96	72,38	72,48	23	22	2	20
7/25	72,42	71,64	71,76	20	30	20	20
7/26	72,50	71,96	72,37	19	27	17	20
7/29	72,34	72,08	72,25	18	26	18	20
7/30	72,47	72,18	72,26	19	25	14	20
7/31	72,59	72,31	72,51	20	23	7	19
8/1	72,59	72,30	72,41	19	22	7	18
8/2	72,92	72,28	72,58	23	20	7	17
8/5	72,95	72,56	72,80	22	19	7	16
8/6	73,57	72,94	73,50	28	17	24	17
8/7	73,29	73,07	73,21	27	16	26	18
8/8	73,15	72,84	73,06	25	18	16	18
8/9	73,18	72,67	72,81	23	20	7	17
8/12	72,92	72,72	72,88	22	19	7	16

Figura 27.1: Planilha eletrônica do sistema direcional

$+DI_{13}$ e $-DI_{13}$ estão baseados em movimentos direcionais positivos e negativos e nas faixas verdadeiras dos últimos 13 dias. DX é derivado de $+DI_{13}$ e $-DI_{13}$, e ADX resulta do ajustamento de DX. Ver fórmulas no capítulo.

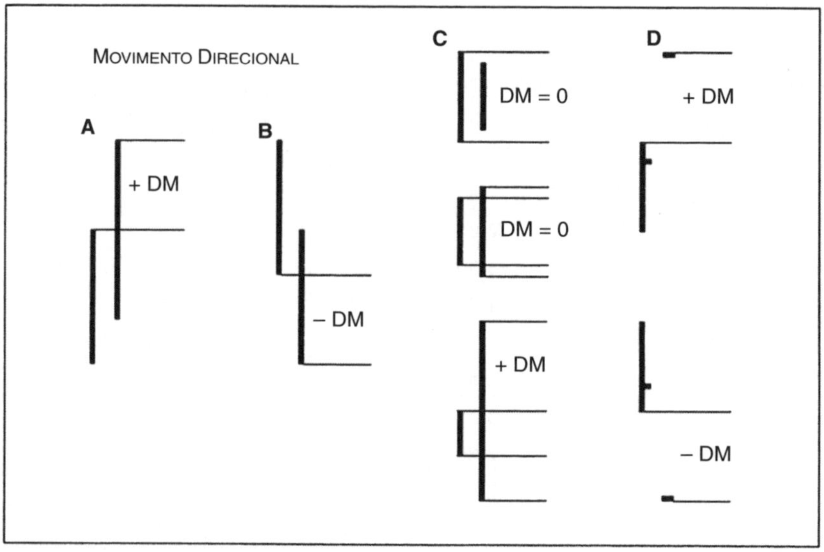

Figura 27.2: Movimento direcional

Movimento direcional é a maior parte da faixa máxima-mínima de hoje que está fora da faixa máxima-mínima de ontem.

A. Se a faixa de hoje se estende acima da faixa de ontem, o movimento direcional é positivo (+DM).
B. Se a faixa de hoje se estende abaixo da faixa de ontem, o movimento direcional é negativo (–DM).
C. Se a faixa de hoje está dentro da faixa de ontem ou se estende acima e abaixo da faixa de ontem em comprimentos iguais, não existe movimento direcional (DM = 0). Se faixa de hoje se estende acima e abaixo da faixa de ontem, DM é positivo ou negativo, dependendo de que pedaço da "faixa que fica fora" é maior.
D. Num dia de limite de alta, +DM é igual à distância entre o fechamento de hoje e a máxima de ontem. Num dia de limite de baixa, –DM é igual à distância entre o fechamento de hoje e a mínima de ontem.

3. **Calcule os indicadores direcionais diários (+DI e – DI).** Eles permitem que se comparem diferentes mercados, expressando seus movimentos direcionais como porcentagem da faixa verdadeira de cada mercado. Cada DI é um número positivo: +DI é igual a zero nos dias em que não há movimento direcional para cima; – DI é igual a zero nos dias em que não há movimento direcional para baixo.

$$+DI = \frac{+DM}{TR} \qquad -DI = \frac{-DM}{TR}$$

4. **Calcule as linhas direcionais ajustadas ($+DI_{13}$ e – DI_{13}).** Ajusta-se +DI e –DI com médias móveis. A maioria dos pacotes de software permite que se escolha qualquer período para ajustamento, como uma média móvel de 13 dias. Adotam-se duas linhas de indicadores: linhas direcionais ajustadas positivas e negativas, $+DI_{13}$ e $-DI_{13}$. Ambos os números são positivos. Geralmente são plotados em cores diferentes ou como linha sólida e linha tracejada.

   A relação entre as linhas positiva e negativa identifica tendências. Quando $+DI_{13}$ está no alto, a tendência é de alta. Quando $-DI_{13}$ está no alto, a tendência é de baixa. Os cruzamentos de $+DI_{13}$ e $-DI_{13}$ emitem sinais de compra e de venda.
5. **Calcule o indicador direcional médio (ADX).** Este componente singular do sistema direcional mostra quando vale a pena seguir uma tendência. ADX mede o spread entre as linhas direcionais $+DI_{13}$ e $-DI_{13}$. É calculado em duas etapas:

   A. Calcule o indicador direcional diário DX.

$$DX = \frac{+DI_{13} - -DI_{13}}{+DI_{13} + -DI_{13}} \cdot 100$$

Por exemplo, $+DI_{13} = 34$; $-DI_{13} = 18$. Então,

$$DX = \frac{34-18}{34+18} \cdot 100 = \frac{16}{52} \cdot 100 = 30{,}77, \text{ que arredondado} = 31.$$

   B. Calcule o indicador direcional médio ADX, ajustando DX com a média móvel, como uma MME de 13 dias.

Quando uma tendência prossegue de maneira vigorosa, o spread entre duas linhas direcionais ajustadas aumenta e ADX sobe. ADX declina quando ocorre a reversão de uma tendência ou quando o mercado entra em faixa de negociação. Vale a pena usar um método de acompanhamento de tendência, quando ADX sobe e não quando ADX declina.

Comportamento da multidão

O sistema direcional rastreia mudanças na disposição de alta e de baixa da massa, medindo a capacidade dos touros e dos ursos de movimentar os preços para fora da faixa máxima-mínima. Se a máxima de hoje estiver acima da máxima de ontem, isso mostra que a multidão do mercado está ficando mais altista. Se a mínima de ontem estiver abaixo da mínima de ontem, isso mostra que a multidão do mercado está ficando mais baixista.

A posição relativa das linhas direcionais identifica tendências. Quando a linha direcional positiva estiver acima da linha direcional negativa, isso mostra que os investidores altistas dominam o mercado. Quando a linha direcional negativa estiver acima da linha direcional positiva, isso mostra que os investidores baixistas estão mais fortes. Vale a pena operar na direção da linha direcional superior.

O indicador direcional médio ADX sobe quando o spread entre as linhas direcionais aumenta. Isso mostra que os líderes do mercado estão ficando mais fortes, que os perdedores estão ficando mais fracos, sendo provável que a tendência continue. Quando o ADX sobe, vale a pena operar na direção da linha direcional superior, usando um método de acompanhamento de tendência.

ADX declina quando o spread entre $+DI_{13}$ e $-DI_{13}$ fica mais estreito. Isso mostra que o grupo dominante no mercado está perdendo força, enquanto os azarões estão ganhando. Assim, o mercado está em tumulto, e é melhor não usar métodos de acompanhamento de tendência.

Regras de negociação

1. Opere no lado comprado apenas quando $+DI_{13}$ estiver acima de $-DI_{13}$. Opere no lado vendido apenas quando $-DI_{13}$ estiver acima de $+DI_{13}$. A melhor hora de atuar comprado é quando $+DI_{13}$ e ADX estiverem acima de $-DI_{13}$ e ADX subir. Isso mostra que a tendência de alta está ficando mais forte. Opere comprado e coloque um stop de proteção abaixo da mínima secundária mais recente. A melhor hora de operar vendido é quando $-DI_{13}$ e ADX estiverem acima de $+DI_{13}$ e ADX subir. Isso mostra que os ursos estão ficando mais fortes. Opere vendido e coloque um stop de proteção acima da máxima secundária mais recente.
2. Quando ADX cai, isso mostra que o mercado está ficando menos direcional. Geralmente, há muitos dentes de serra, da mesma maneira como as águas ficam turbulentas nas mudanças de maré. Quando ADX aponta para baixo, é melhor não usar métodos de acompanhamento de tendências.
3. Quando ADX cai abaixo de ambas as linhas direcionais, identifica-se um mercado horizontal e sonolento. Não use um sistema de acompanhamento de tendências, mas comece a preparar-se, pois importantes tendências emergem dessas calmarias.

4. O melhor sinal isolado dos sistemas direcionais ocorre depois que ADX cai abaixo de ambas as linhas direcionais. Quanto mais tempo ficar nessa situação, mais forte será a base para o próximo movimento. Quando ADX sobe de algum ponto abaixo de ambas as linhas direcionais, isso mostra que o mercado está despertando da calmaria. Quando ADX sobe quatro passos (ou seja, de 9 para 13), a partir de seu ponto mais abaixo de ambas as linhas direcionais, "soa a campainha" de uma nova tendência. Mostra que está nascendo um novo mercado em alta ou um novo mercado em baixa (Figura 27.3). Compre se $+DI_{13}$ estiver no topo e coloque um stop abaixo da mais recente mínima secundária. Venda a descoberto se

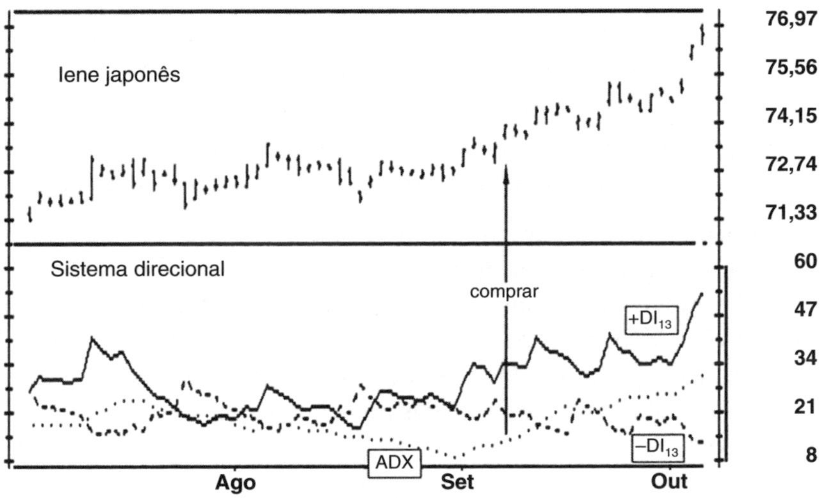

Figura 27.3: Sinais do sistema direcional

As linhas direcionais identificam tendências. Quando +DI está no topo, a tendência é de alta, e vale a pena operar no mercado no lado comprado. Quando −DI está no topo, isso mostra que a tendência é de baixa e vale a pena operar no mercado no lado vendido. A melhor hora de usar métodos de acompanhamento de tendências é quando ADX está subindo e se situa acima da linha direcional mais baixa. Esses são dois sinais de tendências dinâmicas.

O sistema direcional emite seus melhores sinais depois que ADX passa várias semanas abaixo de ambas as linhas direcionais. Isso acontece em mercados tranquilos e monótonos. Depois que ADX "acorda" e sobe quatro passos (por exemplo, de 10 para 14), esse é um sinal forte para operar na direção da linha direcional mais alta. Ela geralmente emite esse sinal no começo de importantes movimentos de mercado. Nesse gráfico, ADX sobe de 9 para 13 em setembro, um pouco antes de um acentuado movimento de alta do iene japonês. Como +DI estava no alto, quando o sinal ocorreu, a mensagem era para operar comprado.

$-DI_{13}$ estiver no topo e coloque um stop acima da mais recente máxima secundária.

Por exemplo, se ADX subir de 8 para 12, enquanto ambas as linhas estiverem acima de 12 e $+DI_{13}$ estiver no topo, isso indica o começo de uma nova tendência de alta. Se ADX subir de 9 para 13 enquanto ambas as linhas estiverem acima de 13 e $-DI_{13}$ estiver no topo, isso mostra o início de uma nova tendência de baixa.

O sistema direcional é sem igual na capacidade de revelar o começo provável de nova tendência. Ele dispara o alarme uma ou duas vezes por ano, em qualquer mercado. Sinaliza quando está nascendo um filhote de touro ou de urso. Nesses momentos, o risco monetário é geralmente baixo, em face da baixa volatilidade, enquanto a tendência ainda for incipiente.

5. Quando ADX se ergue acima de ambas as linhas direcionais, identifica-se um mercado superaquecido. Quando ADX embica para baixo a partir das duas linhas direcionais, sabe-se que a tendência tropeçou. A hora é boa para realizar lucro. Caso se esteja operando com vários contratos, sem dúvida convém realizar lucros parciais.

Os indicadores de mercado emitem sinais "duros" e "suaves". Por exemplo, a violação de uma mínima de preço e a mudança de direção numa média móvel são sinais duros. A virada do ADX é um sinal suave. Quando se vê o ADX virar para baixo, é preciso ser muitíssimo cuidadoso em assumir novas posições. Deve-se começar realizando lucro, reduzindo posições e esforçando-se para sair das posições antigas, em vez de assumir novas posições.

28. MOMENTUM, TAXA DE MUDANÇA E TAXA DE MUDANÇA AJUSTADA

Quando a ambição ou o medo se apossa da massa de investidores, a multidão avança. Os osciladores medem a velocidade da onda daí resultante e seu ímpeto.

Os indicadores técnicos dividem-se em três grupos principais. Os indicadores de acompanhamento de tendências ajudam a identificar tendências. Os osciladores ajudam a descobrir pontos de inflexão. Os indicadores mistos, como o new high-new low index, monitoram as mudanças gerais na psicologia de massa.

Os osciladores identificam os extremos emocionais das multidões do mercado. Permitem que se encontrem níveis insustentáveis de otimismo e pessimismo. Os profissionais tendem a confrontar esses extremos. Apostam contra eles e pelo retorno à normalidade. Quando o mercado sobe e as multidões se empinam sobre as patas traseiras, relinchando de ganância, os profissionais vendem a descoberto. Compram quando o mercado cai e a multidão grita de medo. Os osciladores ajudam-nos a identificar o momento oportuno para essas operações.

Overbought (sobrecomprado) e oversold (sobrevendido)

Martin Pring compara os indicadores e osciladores de acompanhamento de tendências às pegadas de um homem que está passeando com seu cachorro preso à trela. O rastro do cachorro vira para a direita e para a esquerda até onde chega a trela – como um oscilador. Quando o cachorro chega ao fim da trela, é provável que vire para o outro lado.

Pode-se seguir o rastro do homem para descobrir a tendência do par. Quando o cachorro se afasta das pegadas deixadas pelo homem, não tarda a mudar de sentido quando chega ao fim da trela. Em geral, mas nem sempre. Se o cachorro vir um gato ou um coelho, é provável que se empolgue a ponto de afastar o homem de seu percurso original. Os investidores devem basear-se em sua capacidade de julgamento ao explorar os sinais dos osciladores.

Um oscilador torna-se overbought quando chega a um nível muito alto, associado com topos no passado. Overbought significa muito alto, pronto para virar para baixo. Um oscilador torna-se oversold quando alcança um nível muito baixo, associado com fundos no passado. Oversold significa baixo demais, pronto para virar para cima.

Os níveis de overbought e oversold são marcados por linhas de referência horizontais nos gráficos. A maneira adequada de traçar essas linhas é localizá-las de modo que um oscilador passe apenas cerca de 5% de seu tempo além de cada linha. Trace as linhas de overbought e oversold de modo que cruzem apenas os picos mais altos e os vales mais baixos de um oscilador nos últimos seis meses. Reajuste essas linhas a cada três meses.

Quando um oscilador sobe ou desce abaixo de sua linha de referência, isso ajuda o investidor a identificar um topo ou um fundo. Os osciladores funcionam muito bem nas faixas de negociação, mas emitem sinais prematuros e perigosos quando irrompe nova tendência. No início de uma tendência vigorosa, os osciladores começam a atuar como o cachorro que arrasta o dono para fora de seu percurso.

Os osciladores podem manter-se overbought durante semanas seguidas, quando se inicia nova tendência de alta vigorosa, emitindo sinais de venda prematuros. Também podem manter-se oversold durante semanas, em forte tendência de baixa, emitindo sinais de compra prematuros. Saber quando usar os osciladores e quando confiar nos indicadores de acompanhamento de tendências é o timbre do analista maduro (ver Seção 43).

Tipos de divergências

Os osciladores, assim como outros indicadores, emitem seus melhores sinais quando divergem dos preços. As divergências de alta ocorrem quando os preços caem até novas mínimas, enquanto os osciladores se recusam a declinar até novas mínimas. Mostram que os ursos estão perdendo poder, que os preços estão caindo por inércia e que os touros estão prontos para assumir o controle. As divergências de alta geralmente marcam o fim de tendências de baixa.

As divergências de baixa ocorrem nas tendências de alta – identificam topos de mercado. Emergem quando os preços atingem novas máximas, enquanto os osciladores se recusam a alcançar novos picos. As divergências de baixa mostram que os touros estão ficando sem gás, que os preços estão subindo por inércia e que os ursos estão prontos para assumir o controle.

Três são os tipos de divergências de alta e de baixa (Figura 28.1). As divergências classe A identificam importantes pontos de inflexão – as melhores oportunidades de negociação. As divergências classe B são menos fortes e as divergências classe C são as de menor importância. As divergências válidas são visíveis com nitidez – parecem saltar dos gráficos. Quando se precisa de uma régua para identificar divergências, presuma que não há divergência.

As divergências de baixa **classe A** ocorrem quando os preços atingem nova máxima mas os osciladores alcançam máxima mais baixa do que na alta anterior. As divergências de baixa classe A geralmente levam a rupturas bruscas. As divergências de alta classe A ocorrem quando os preços caem até nova mínima mas os osciladores traçam fundos mais altos do que durante a queda anterior. Geralmente precedem fortes altas.

As divergências de baixa **classe B** ocorrem quando os preços formam um topo duplo mas os osciladores traçam um segundo topo mais baixo. As divergências de alta classe B ocorrem quando os preços formam um fundo duplo mas os osciladores traçam um segundo fundo mais alto.

As divergências de baixa **classe C** acontecem quando os preços sobem para uma nova máxima mas os indicadores param no mesmo nível alcançado na alta anterior. Isso mostra que os touros não estão ficando nem mais fortes nem mais fracos. As divergências de alta classe C ocorrem quando os preços caem até uma nova mínima mas os indicadores traçam um fundo duplo.

As divergências classe A geralmente identificam boas operações. As divergências classe B e classe C quase sempre resultam em dentes de serra. É melhor ignorá-las, a não ser que sejam confirmadas com intensidade por outros indicadores.

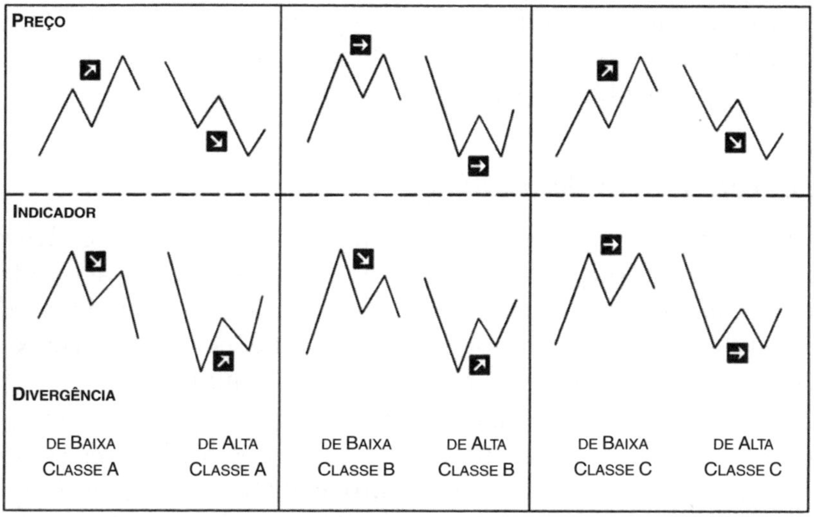

Figura 28.1: Tipos de divergências

As divergências entre preços e indicadores emitem alguns dos sinais mais poderosos em análise técnica. As divergências são definidas pelas diferenças em altura ou profundidade entre preços e indicadores.

Divergências de baixa classe A — os preços atingem um novo pico, enquanto os indicadores chegam a um pico mais baixo. Esse é o mais forte sinal de venda.

Divergências de alta classe A — os preços caem para uma nova mínima, enquanto os indicadores param numa mínima mais superficial do que antes. Esse é o mais forte sinal de compra.

Divergências de baixa classe B — os preços traçam um topo duplo, enquanto os indicadores alcançam um novo pico. Esse é o segundo mais forte sinal de venda.

Divergências de alta classe B — os preços traçam um fundo duplo, enquanto os indicadores traçam um segundo fundo mais alto. Este é o segundo mais forte sinal de compra.

Divergências de baixa classe C — os preços atingem novo pico, enquanto os indicadores traçam um topo duplo. Essa é a mais fraca divergência de baixa.

Divergências de alta classe C — os preços caem para uma nova mínima, enquanto os indicadores traçam um fundo duplo. Esse é a mais fraca divergência de alta.

As **divergências triplas de alta ou de baixa** consistem em três fundos de preços e em três fundos de osciladores ou em três topos de preços e em três topos de osciladores. São ainda mais fortes do que as divergências regulares. Para que se configure uma divergência tripla, é preciso que primeiro se abortem as divergências regulares de alta ou de baixa. Essa é outra boa razão para que se adotem práticas rigorosas de gestão do dinheiro! Quando se perde apenas um pouco num dente de serra, não se sofre – e se terá dinheiro e força psicológica para voltar às negociações.

Momentum e taxa de mudança

O momentum e a taxa de mudança medem a aceleração das tendências – seu aumento ou redução de velocidade. Esses indicadores antecedentes mostram quando uma tendência acelera, desacelera ou mantém a velocidade. Geralmente alcançam o pico antes de a tendência atingir a máxima e chegam ao fundo antes de os preços atingirem a mínima.

Enquanto os osciladores continuarem atingindo novas máximas, é seguro manter as posições compradas. Enquanto os osciladores continuarem atingindo novas mínimas, é seguro manter as posições vendidas. Quando os osciladores alcançam novas máximas, isso mostra que a tendência de alta está ganhando velocidade e deve prosseguir. Quando os osciladores traçam picos mais baixos, isso mostra que a tendência de alta parou de acelerar, como um foguete que ficou sem combustível. Quando a tendência se mantém apenas por causa da inércia, é preciso preparar-se para a reversão. O mesmo raciocínio aplica-se às mínimas dos osciladores nas tendências de baixa.

O momentum e a taxa de mudança comparam os preços de fechamento de hoje com os preços de determinado período de tempo no passado. O momentum subtrai dos preços de hoje os preços do passado; a taxa de mudança divide os preços de hoje pelos preços do passado.

$$M = P_{\text{hoje}} - P_{\text{hoje}-n} \qquad \text{RoC} = \frac{P_{\text{hoje}}}{P_{\text{hoje}-n}}$$

em que: M = momentum
RoC = taxa de mudança
P_{hoje} = preço de fechamento de hoje
$P_{\text{hoje}-n}$ = preço de fechamento de n dias atrás (escolhido pelo investidor)

Por exemplo, um **momentum** de preço de fechamento de sete dias é igual ao preço de fechamento de hoje menos o preço de fechamento de sete dias atrás. O momentum é positivo se o preço de hoje for mais alto, negativo se o preço de hoje for mais baixo e zero se o preço de hoje for igual ao de sete dias atrás. A inclinação da linha que liga os valores do momentum em cada dia mostra se esse indicador está subindo ou descendo.

Uma **taxa de mudança** (RoC) de sete dias divide o preço mais recente pelo preço de fechamento de sete dias atrás. Se os dois preços forem iguais, RoC é igual a 1. Se o preço de hoje for mais alto, RoC será maior do que 1, e, se o preço de hoje for mais baixo, RoC será menor do que 1. A inclinação da linha que liga os valores de cada dia mostra se a taxa de mudança está subindo ou descendo (ver planilha na Figura 28.2).

O operador de mercado deve escolher a amplitude do intervalo temporal para cálculo do momentum ou da RoC. Como regra prática, vale a pena manter o intervalo do oscilador bem estreito. Use intervalos amplos para indicadores de acompanhamento de tendências, cujo objetivo é captar tendências. Use intervalos estreitos para os osciladores, a fim de identificar mudanças de curto prazo nos mercados.

O momentum e a RoC apresentam uma falha comum em comparação com as médias móveis – pulam duas vezes em resposta a cada dado. Reagem a cada novo preço e pulam novamente quando o mesmo dado irrompe do intervalo do oscilador. A taxa de mudança ajustada cuida desse problema.

Psicologia de multidão

Cada preço reflete o consenso de todos os participantes do mercado sobre o valor no instante da transação. O momentum e a RoC comparam os preços de hoje (consenso sobre o valor hoje) com um preço anterior (consenso sobre o valor em data anterior). Medem as mudanças no otimismo ou no pessimismo da massa.

Para descobrir se a velocidade do crescimento de uma criança é satisfatória, pode-se medir sua altura a cada mês e compará-la com a de seis meses atrás. Constata-se, então, se a criança está crescendo normalmente; se está crescendo muito devagar, a ponto de ser preciso levá-la ao médico; ou se está crescendo com tanta rapidez que talvez até seja possível inscrevê-la no time de basquete, para conseguir uma bolsa de estudos na universidade. O momentum e a taxa de mudança dizem se a tendência está acelerando, desacelerando ou avançando na mesma velocidade.

Quando o momentum ou a RoC sobem para novo pico, isso mostra que o otimismo da multidão do mercado está aumentando, e é provável que os preços atinjam máximas mais altas. Quando o momentum ou a RoC descem para novas mínimas, isso mostra que o pessimismo da multidão do mercado está ficando mais intenso, sendo provável que os preços alcancem mínimas mais baixas.

Óleo bruto

Data	Fechamento	Mtm:7	RoC:7	MME-13	S-RoC 13/21
6/6	20,51	–0,84	96,07	21,04	100,51
6/7	20,45	–0,71	96,64	20,95	99,68
6/10	20,09	–1,36	93,66	20,83	98,61
6/11	20,20	–1,06	95,01	20,74	98,14
6/12	20,31	–0,94	95,58	20,68	97,96
6/13	20,01	–1,11	94,74	20,58	97,65
6/14	20,00	–0,64	96,90	20,50	97,25
6/17	20,13	–0,38	98,15	20,45	96,94
6/18	20,10	–0,35	98,29	20,40	96,56
6/19	19,91	–0,18	99,10	20,33	96,07
6/20	20,17	–0,03	99,85	20,30	95,94
6/21	20,21	–0,10	99,51	20,29	96,04
6/24	20,00	–0,01	99,95	20,25	95,90
6/25	20,10	0,10	100,50	20,23	95,72
6/26	20,09	–0,04	99,80	20,21	95,49
6/27	20,46	0,36	101,79	20,24	95,66
6/28	20,53	0,62	103,11	20,29	95,67
7/01	20,65	0,48	102,38	20,34	95,88
7/02	20,70	0,49	102,42	20,39	96,10
7/03	20,55	0,55	102,75	20,41	96,27
7/05	20,72	0,62	103,08	20,46	96,84
7/08	21,03	0,94	104,68	20,54	97,64
7/09	21,10	0,64	103,13	20,62	98,41
7/10	21,29	0,76	103,70	20,71	99,45
7/11	21,09	0,44	102,13	20,77	100,14
7/12	21,48	0,78	103,77	20,87	100,93
7/15	21,23	0,68	103,31	20,92	101,65
7/16	21,37	0,65	103,14	20,99	102,37
7/17	21,81	0,78	103,71	21,10	103,21
7/18	21,66	0,56	102,65	21,18	103,85

Figura 28.2: Planilha do momentum, da taxa de mudança e da taxa de mudança ajustada

O momentum (Mtm:7) é o preço de fechamento de hoje menos o preço de fechamento de sete dias atrás.

A taxa de mudança (RoC:7) é o preço de fechamento de hoje dividido pelo preço de fechamento de sete dias atrás.

Nessas fórmulas, podem-se usar os preços de fechamento do dia ou os preços médios (máxima mais mínima, dividido por dois). O mesmo se aplica à maioria dos indicadores descritos neste livro. Nada impede que se usem intervalos temporais mais amplos ou mais estreitos do que sete dias.

Para criar taxas de mudança ajustadas (S-RoC 13/21), calcule a média móvel exponencial de 13 dias dos preços de fechamento e aplique-lhe uma taxa de mudança de 21 dias.

Quando os preços sobem, mas o momentum ou a RoC desce, isso é um aviso de que o topo está próximo – é hora de pensar em realizar lucro nas posições compradas ou estreitar os stops. Se os preços alcançarem nova máxima, mas o momentum ou a RoC atingir um topo mais baixo, a divergência de baixa emite um forte sinal. O contrário é verdadeiro nas tendências de baixa.

Há ocasiões em que o momentum e a RoC atuam não como indicadores antecedentes, mas como indicadores coincidentes. Pense no que acontece com um foguete ao atingir algum obstáculo em sua trajetória de subida. A velocidade e o momentum param de aumentar e caem juntos quando o foguete se choca com o obstáculo. Isso acontece nos mercados quando a multidão é atingida por alguma má notícia expressiva. Este obstáculo na subida puxa a RoC e os preços para baixo.

Regras de negociação

Os indicadores antecedentes são como as luzes do freio do carro que segue à sua frente na rodovia. Quando acendem, você não sabe se o motorista tocou de leve ou pisou fundo no pedal. É preciso ser muito cuidadoso quando se opera com base em indicadores antecedentes (Figura 28.3).

1. Quando a tendência é de alta, compre sempre que a RoC cair abaixo de sua linha central e se inclinar para cima. Isso mostra que a tendência de alta desacelerou – como um trem que diminui a velocidade para pegar passageiros. Quando a tendência é de baixa, venda a descoberto sempre que a RoC subir acima de sua linha central e se inclinar para baixo.
2. Se você mantiver posições compradas e os preços começarem a cair, veja se a RoC alcançou um pico recorde antes de recuar. Um novo pico na RoC demonstra forte energia altista, capaz de provavelmente erguer o mercado até a máxima anterior ou mesmo superá-la. Assim, é relativamente seguro manter posições compradas. Por outro lado, uma série de picos declinantes na RoC é sinal de fraqueza – é melhor vender imediatamente. Reverta a abordagem nas tendências de baixa.
3. A ruptura numa linha de tendência de momentum ou de RoC geralmente precede a ruptura numa linha de tendência de preço em um ou dois dias. Ao ver um indicador antecedente romper uma linha de tendência, prepare-se para uma ruptura na tendência de preço.

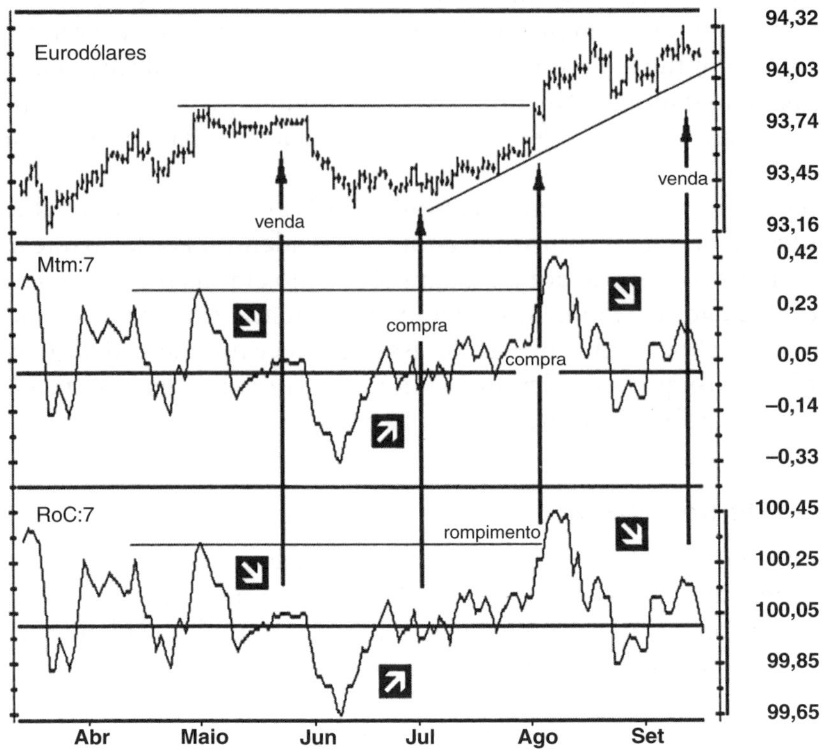

Figura 28.3: Momentum (Mtm:7) e taxa de mudança (RoC:7) de 7 dias

Quando o momentum ou a RoC sobe, isso mostra que a alta está acelerando. Quando desce, isso mostra que a queda está acelerando. Os picos e fundos desses indicadores mostram quando a tendência atingiu sua velocidade máxima. Quando o momentum ou a RoC vira, é hora de começar a contagem regressiva para a reversão. Esses indicadores emitem seus melhores sinais quando divergem dos preços (conforme assinalado por setas no gráfico).

O momentum e a RoC podem ser analisados por meio de métodos gráficos clássicos, que geralmente emitem sinais de negociação antecedentes. Observe como a RoC e o momentum romperam a resistência em agosto, vários dias antes do rompimento de preços. Na borda direita do gráfico, uma divergência de baixa mostra que a tendência de alta perdeu o gás. É hora de realizar lucro nas posições compradas e operar vendido, com um stop de proteção poucos pontos acima do topo de setembro.

Taxa de mudança ajustada

Esse oscilador, desenvolvido por Fred G. Schutzman, evita a principal falha da RoC. Reage a cada dado apenas uma vez, e não duas. A taxa de mudança ajustada (S-RoC) compara os valores de uma média móvel exponencial (MME) em vez dos preços em dois pontos no tempo. Emite menos sinais de negociação e a qualidade desses sinais é melhor.

Para determinar a S-RoC é preciso primeiro calcular a média móvel exponencial dos preços de fechamento (ver Seção 25). O passo seguinte é aplicar a taxa de mudança à MME. A S-RoC não é muito sensível à duração de sua MME ou partes da RoC. Pode-se calcular uma MME de 13 dias dos preços de fechamento e então aplicar-lhe uma taxa de mudança de 21 dias (ver planilha, Figura 28.2).

Alguns operadores de mercado primeiro calculam a taxa de mudança dos preços e em seguida ajustam-na com uma média móvel. Esse método produz um indicador muito mais irregular, menos útil do que a S-RoC.

Comportamento das multidões

A média móvel exponencial reflete o consenso médio de todos os participantes do mercado sobre valor, durante o período de seu intervalo temporal. É como uma fotografia composta que mostra os principais aspectos da multidão do mercado, em vez de seus humores efêmeros.

A S-RoC compara cada leitura da MME com uma leitura anterior, em determinado período de tempo. Coteja o consenso médio da massa hoje com o consenso médio da massa no passado. A S-RoC monitora as principais mudanças na disposição altista ou baixista da multidão do mercado.

Regras de negociação

As mudanças na direção da S-RoC geralmente identificam importantes guinadas do mercado. Viradas da S-RoC para cima marcam fundos significativos, enquanto suas viradas para baixo registram importantes topos (Figura 28.4). As divergências entre S-RoC e preços emitem sinais de compra e venda especialmente intensos.

1. Compre quando S-RoC inflectir para cima, a partir de algum ponto abaixo de sua linha central.
2. Venda quando S-RoC parar de subir e inflectir para baixo. Venda a descoberto quando S-RoC inflectir para baixo a partir de algum ponto acima de sua linha central.
3. Se os preços alcançarem nova máxima, mas S-RoC traçar um pico mais baixo, isso mostra que a multidão do mercado está menos entusiasmada, embora os preços estejam mais altos. Uma divergência de baixa entre S-RoC e preço emite forte sinal para vender a descoberto.

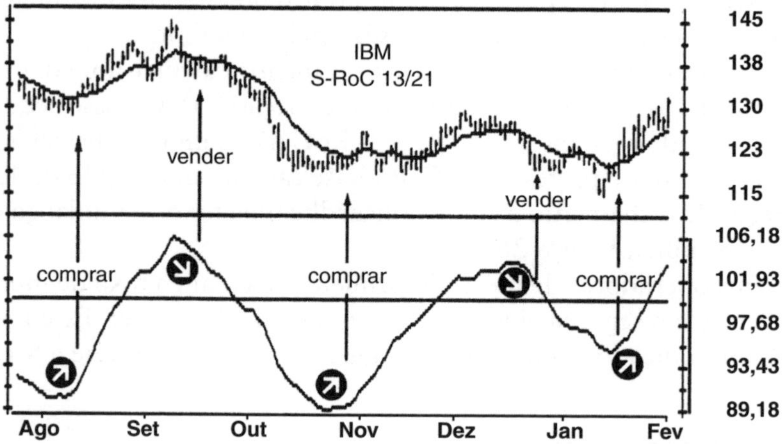

Figura 28.4: Taxa de mudança ajustada (S-RoC 13/21)

Para criar esse indicador, calcule a média móvel exponencial de 13 dias dos preços de fechamento e aplique-lhe a taxa de mudança de 21 dias. A S-RoC geralmente flui em ondas suaves, cujas cristas e fundos identificam muitos pontos de inflexão importantes. Esse indicador funciona especialmente bem no mercado de ações, com grupos de ações assim como com ações isoladas.

4. Se os preços caírem para uma nova mínima, mas S-RoC traçar um fundo mais alto, isso mostra que a multidão do mercado está menos temerosa, ainda que os preços estejam mais baixos. Revela que a pressão descendente diminuiu, embora o mercado tenha caído mais fundo do que antes. Uma divergência de alta emite um forte sinal para cobrir as posições a descoberto e comprar.

29. WILLIAMS %R

Williams %R (Wm%R) é um oscilador simples, mas eficaz, descrito por Larry Williams, em 1973. Mede a capacidade dos touros e dos ursos de fechar os preços a cada dia perto da borda da faixa recente. O Wm%R confirma as tendências e adverte quanto à iminência de reversões.

$$\text{Wm\%R} = 100 \cdot \frac{H_r - C}{H_r - L_r}$$

em que: r = intervalo temporal selecionado pelo investidor, como 7 dias

H_r = a máxima mais alta do período selecionado (ou seja, máxima de 7 dias)

L_r = a mínima mais baixa do período selecionado (ou seja, mínima de 7 dias)
C = o fechamento mais recente

O Wm%R mede a situação de cada preço de fechamento em relação à faixa máxima-mínima recente. Expressa a distância entre a máxima mais alta e a mínima mais baixa em seu intervalo temporal como 100% e a distância entre o preço de fechamento mais recente e o topo do intervalo temporal como porcentagem da faixa máxima-mínima no respectivo intervalo temporal (ver planilha, Figura 29.1). O Williams %R relaciona-se estreitamente com o estocástico (ver Seção 30).

Ouro

Data	Máxima	Mínima	Fechamento	Wm%R:7
8/14	362,2	358,2	361,2	
8/15	363,5	360,2	360,4	
8/16	361,6	360,3	361,3	
8/19	366,5	360,4	362,0	
8/20	362,0	355,3	359,3	
8/21	360,4	358,2	360,1	
8/22	359,9	357,4	357,5	80,36
8/23	357,2	355,3	356,7	87,50
8/26	358,6	357,1	358,5	71,43
8/27	358,8	356,9	357,8	77,68
8/28	359,5	356,1	357,3	70,15
8/29	356,4	353,7	354,1	94,03
8/30	351,5	348,5	351,4	74,56
9/03	352,0	349,4	351,6	71,82
9/04	352,3	351,6	351,8	70,00
9/05	350,7	349,8	350,3	83,64
9/06	352,5	349,8	352,3	65,45
9/09	355,9	353,4	354,3	26,58

Figura 29.1: Planilha Williams %R

Wm%R expressa a distância entre o último preço de fechamento e o topo da faixa máxima-mínima de sete dias, como porcentagem dessa faixa. Wm%R:7 é calculado aqui usando-se um intervalo temporal de sete dias. Pode-se escolher um intervalo mais longo ou mais curto, dependendo da tendência que se está tentando analisar.

O Wm%R foi concebido para flutuar entre 0 e 100%. É igual a 0 (plotado no topo do gráfico) quando os touros alcançam o pico de seu poder e fecham os preços no topo da faixa máxima-mínima. Alcança 100% quando os ursos estão no pico de seu poder e fecham os preços no fundo da faixa máxima-mínima recente.

Uma regra prática que se aplica a todos os osciladores – quando em dúvida, torne-os mais curtos. Isso é o oposto do que se aplica aos indicadores de acompanhamento de tendências -- quando em dúvida, torne-os mais longos. Os osciladores com intervalos estreitos ajudam a captar reversões de curto prazo. Caso você trabalhe com ciclos, torne Wm%R igual à metade da duração do ciclo. Um intervalo de sete dias encaixa-se bem em Wm%R. Este funciona melhor em gráficos semanais – adote um intervalo de sete semanas.

As linhas de referência horizontais para Wm%R são traçadas em níveis de 10% e 90%. Quando Wm%R fecha acima de sua linha de referência superior, isso mostra que os touros estão fortes mas o mercado está overbought. Quando Wm%R fecha abaixo de sua linha de referência inferior, isso mostra que os ursos estão fortes mas o mercado está oversold.

Psicologia de multidão

Cada preço é o consenso momentâneo sobre valor entre todos os participantes do mercado. A máxima da faixa máxima-mínima recente mostra até que altura os touros conseguem levantar os preços – reflete seu poder máximo. A mínima da faixa máxima-mínima reflete o poder máximo dos ursos durante o mesmo período. O preço de fechamento é o consenso mais importante do dia, pois disso depende a liquidação das contas de negociação.

Wm%R compara cada preço de fechamento com a faixa máxima-mínima recente. Mostra se os touros conseguem fechar o mercado perto do topo da faixa recente. Ou se os ursos conseguem fechar o mercado no fundo da faixa. Wm%R mede o equilíbrio de poder entre touros e ursos na hora do fechamento – a hora crucial de contagem de dinheiro no mercado.

Durante o dia, os touros podem empurrar os preços mais para o alto ou os ursos podem puxar os preços mais para baixo. O Wm%R mostra que grupo é capaz de fechar o mercado a seu favor. Se os touros não conseguem fechar o mercado perto do topo durante uma alta, eles estão mais fracos do que parece. Essa é uma oportunidade para operar a descoberto. Se os ursos não conseguem fechar o mercado perto da mínima durante uma queda, eles estão mais fracos do que parece. Esta é uma boa oportunidade de compra.

Regras de negociação

O Wm%R emite três tipos de sinais de negociação. São, por ordem de importância, divergências de alta ou de baixa, failure swings e leituras overbought-oversold (Figura 29.2).

Divergências

Raramente ocorrem divergências entre preços e Wm%R. Elas identificam as melhores oportunidades de negociação. Quando Wm%R sobe acima de sua linha de referência superior, cai e depois não consegue alcançar a mes-

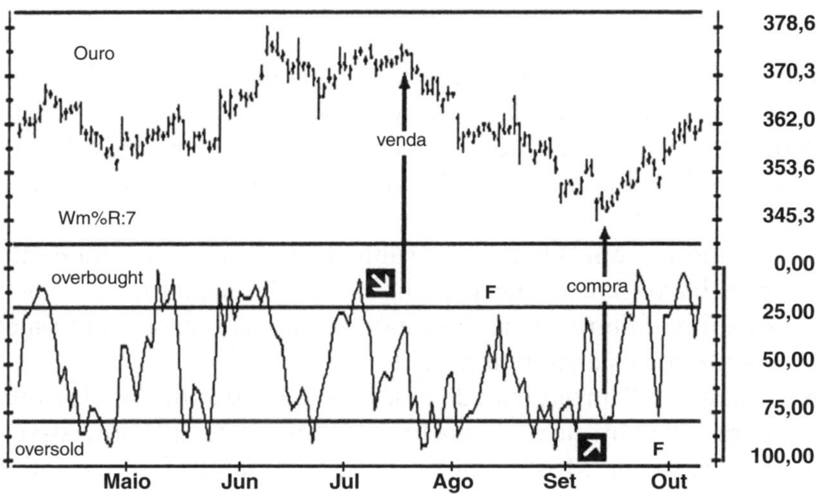

Figura 29.2: William %R (Wm%R:7)

Quando o Wm%R sobe acima de sua linha de referência superior, isso mostra que o mercado está overbought. Quando cai abaixo de sua linha de referência inferior, isso mostra que o mercado está oversold. Os melhores sinais de compra e venda são emitidos pelas divergências (marcadas por setas). Uma divergência de baixa classe B em julho emitiu sinal de venda. Uma divergência de alta classe A em setembro emitiu forte sinal de compra.

As failure swings (marcadas pela letra F) ocorrem quando Wm%R reverte sem alcançar sua linha de referência. Isso acontece durante reações contra tendências muito fortes — as failure swings confirmam essas tendências. Uma failure swing durante uma tendência de baixa em agosto emitiu forte sinal de venda. Outra failure swing durante uma tendência de alta em setembro emitiu forte sinal de compra.

Na borda direita do gráfico, os preços estão em alta. Se Wm%R cair abaixo de sua linha de referência mais baixa, aproveite a situação como oportunidade de compra. Não venda a descoberto a não ser que surja uma divergência de baixa.

ma linha na alta seguinte, isso cria uma divergência de baixa. Mostra que os touros estão perdendo poder e que a queda do mercado é provável. As divergências de alta ocorrem quando Wm%R cai abaixo de sua linha de referência inferior, sobe e depois não mais declina para baixo daquela linha quando os preços caem de novo. Isso mostra que os ursos estão perdendo poder e que uma alta está em formação.

1. Ao identificar uma divergência de alta, opere comprado e coloque um stop de proteção abaixo da mínima recente.
2. Ao identificar uma divergência de baixa, opere vendido e coloque um stop de proteção acima da máxima recente.

Failure Swings

As multidões tendem a oscilar de um extremo a outro. O Wm%R raramente reverte no meio de sua faixa. As failure swings ocorrem quando o Wm%R não sobe acima de sua linha de referência superior durante uma alta ou não desce abaixo de sua linha de referência inferior durante uma queda.

3. Quando o Wm%R para de subir no meio de uma alta e inflecte para baixo sem alcançar sua linha de referência superior, ele produz uma failure swing. Isso mostra que os touros estão especialmente fracos e emite um sinal de venda.
4. Quando o Wm%R para de descer no meio de uma queda e inflecte para cima sem alcançar sua linha de referência inferior, isso é uma failure swing. Mostra que os ursos estão muito fracos e emite um sinal de compra.

Overbought e Oversold

Quando os preços se aproximam da borda superior de sua faixa, o Wm%R alcança o topo e torna-se overbought. Quando os preços se aproximam do fundo de sua faixa recente, Wm%R cai e torna-se oversold. Nem os touros nem os ursos são todo-poderosos. Raramente conseguem fechar os preços perto do extremo de sua faixa recente durante muitos dias em seguida.

5. Quando Wm%R sobe acima de sua linha de referência superior, isso marca um topo de mercado potencial e emite um sinal de venda.
6. Quando Wm%R cai abaixo de sua linha de referência inferior, isso marca um fundo de mercado potencial e emite um sinal de compra.

Esses sinais overbought e oversold tendem a funcionar bem nas faixas de negociação horizontais. Tornam-se prematuros e perigosos quando o mercado entra em tendência. Wm%R pode ficar perto do topo durante uma semana ou mais, durante uma forte alta: suas leituras overbought talvez identifiquem força, em vez de oportunidade de operar a descoberto. Do mesmo modo, numa tendência de baixa forte, Wm%R pode ficar oversold durante semanas, identificando fraqueza em vez de oportunidade de compra.

As leituras overbought e oversold de Wm%R devem orientar as operações apenas depois que se identifica uma tendência importante. Use indicadores de acompanhamento de tendências de longo prazo para esse propósito (ver Seção 43). Se um gráfico semanal mostrar um mercado em alta, extraia apenas os sinais de compra do Wm%R diário e não opere a descoberto ao detectar um sinal de venda. Se o gráfico semanal indicar um mercado em baixa, venda a descoberto sempre que o Wm%R diário emitir sinal de venda, mas não opere comprado quando ele se tornar oversold.

30. ESTOCÁSTICO

O estocástico é um oscilador popularizado por George Lane. Hoje, já é parte de muitos programas de software, sendo amplamente utilizado pelos investidores computadorizados. O estocástico monitora a relação de cada preço de fechamento com a faixa máxima-mínima recente.

O estocástico é mais complexo do que o Williams%R. Inclui vários passos para filtrar o ruído do mercado e excluir os maus sinais. O estocástico consiste em duas linhas: uma linha rápida, denominada %K, e uma linha lenta, denominada %D.

1. O primeiro passo no cálculo do estocástico é obter o "estocástico bruto", ou %K.

$$\%K = \frac{C_{\text{hoje}} - L_n}{H_n - L_n} \cdot 100$$

em que: C_{hoje} = fechamento de hoje
L_n = o ponto mais baixo para o número selecionado de dias
H_n = o ponto mais alto para o número selecionado de dias
N = o número de dias para o estocástico, selecionado pelo investidor

O padrão de intervalo temporal para o estocástico é de cinco dias, embora alguns investidores usem períodos mais longos. O intervalo menor ajuda a detectar mais pontos de inflexão; porém, o intervalo maior ajuda a identificar pontos de inflexão mais importantes.

2. O segundo passo é obter %D, mediante o ajustamento de %K – geralmente durante um período de três dias, o que pode ser feito de várias maneiras, tais como:

$$\%D = \frac{\text{Soma de 3 dias de } (C_{\text{hoje}} - L_n)}{\text{Soma de 3 dias de } (H_n - L_n)} \cdot 100$$

Há duas maneiras de plotar o estocástico – rápida e lenta. O **estocástico rápido** consiste em duas linhas – %K e %D – plotadas no mesmo gráfico. É muito sensível às viradas do mercado, mas resulta em muitos dentes de serra. Muitos investidores preferem o **estocástico lento.** A %D do estocástico rápido transforma-se na %K do estocástico lento. O estocástico lento funciona melhor na filtragem do ruído do mercado e produz menos dentes de serra. Um estocástico lento de cinco barras (ajustado durante um período de três dias) é escolha muito comum entre os investidores (ver planilha, Figura 30.1).

O estocástico foi concebido para flutuar entre 0 e 100. As linhas de referência são traçadas em níveis de 20% e 80% para marcar áreas de overbought e oversold. O estocástico lento raramente alcança os mesmos extremos que o Williams %R bruto.

Psicologia de multidão

Cada preço é o consenso de todos os participantes do mercado sobre valor no momento da transação. Os preços de fechamento diário são importantes, pois a liquidação das contas de investimento depende deles. A máxima de qualquer período marca o poder máximo dos touros durante esse intervalo. A mínima do período mostra o poder máximo dos ursos no mesmo interregno.

O estocástico mede a capacidade dos touros ou dos ursos de fechar o mercado próximo à borda superior ou inferior da faixa recente. Quando os preços sobem, os mercados tendem a fechar perto da máxima. Se os touros conseguem erguer os preços durante o dia mas não podem fechá-los perto do topo, o estocástico vira para baixo. Mostra que os touros estão mais fracos do que parecem e emite um sinal de venda.

Os fechamentos diários tendem a ocorrer perto das mínimas durante as tendências de baixa. Quando uma barra fecha perto de sua máxima, isso

Franco suíço

Data	Máxima	Mínima	Fechamento	%K:5	%D:5	%D lenta
9/16	68,07	67,24	67,83			
9/17	68,22	67,79	67,97			
9/18	67,61	66,81	67,36			
9/19	67,52	67,02	67,25			
9/20	67,57	66,87	67,50	48,94		
9/23	68,21	67,89	68,04	87,23		
9/24	68,53	67,48	67,64	48,26	60,57	
9/25	67,87	67,57	67,71	50,60	60,54	
9/26	67,97	67,48	67,58	42,77	47,22	56,11
9/27	68,30	67,37	68,23	74,14	53,79	53,85
9/30	68,49	68,25	68,37	86,21	64,57	55,20

Figura 30.1: Planilha do estocástico

- A %K do estocástico rápido é semelhante ao Williams %R.
- A %D do estocástico rápido é obtida pelo ajustamento da %K num período de três dias.
- A %D do estocástico rápido torna-se a %K do estocástico lento e é ajustada mais uma vez para se obter a %D do estocástico lento.

A maioria dos investidores usa computador para construir o estocástico. A escolha da duração do intervalo temporal do estocástico depende da tendência que se está tentando identificar. Um estocástico muito curto (em torno de 5 dias) ajuda a captar reversões de curto prazo. O estocástico mais longo (14 a 21 dias) ajuda a identificar viradas mais significativas no mercado.

mostra que os ursos conseguem pressionar os preços para baixo apenas durante o dia, mas não logram mantê-los em baixa. A virada do estocástico para cima mostra que os ursos estão mais fracos do que parecem e acende um sinal de compra.

Regras de negociação

O estocástico mostra quando os touros ou os ursos ficam mais fortes ou mais fracos. Essa informação ajuda concluir se os touros ou os ursos têm mais chances de ganhar a luta em curso no mercado. Convém operar com os vencedores e contra os perdedores.

O estocástico emite três tipos de sinais de negociação, listados aqui por ordem de importância: divergências, o nível das linhas do estocástico e sua direção (Figura 30.2).

Divergências

Os sinais mais poderosos de compra e de venda do estocástico resultam de divergências entre este indicador e os preços.

1. As divergências de alta ocorrem quando os preços caem até uma nova mínima mas o estocástico traça um fundo mais alto do que o do declínio anterior. Mostra que os ursos estão perdendo força e que os preços estão caindo por inércia. A inflexão do estocástico para cima, a partir do segundo fundo, emite um forte sinal de com-

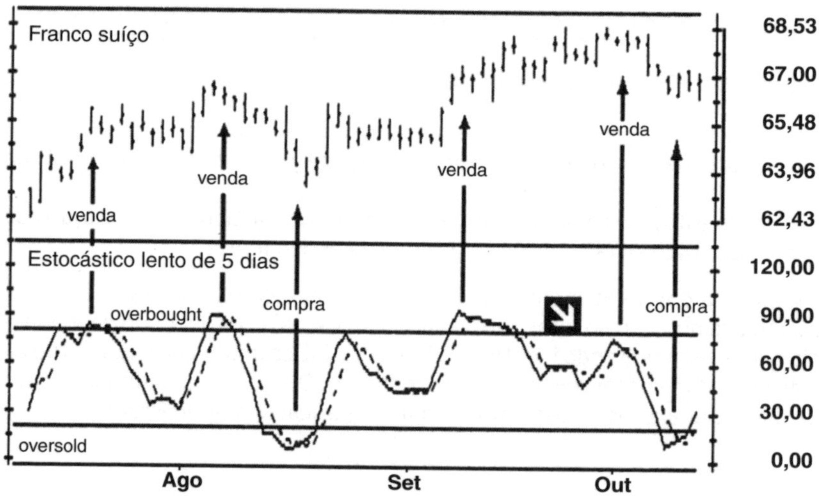

Figura 30.2: Estocástico lento de cinco dias

As linhas do estocástico ajudam a identificar áreas de topos e fundos quando se movimentam acima ou abaixo de suas linhas de referência. Esses sinais funcionam bem nas faixas de negociação, mas são prematuros quando começa nova tendência (ver o início de setembro). O estocástico emite seus melhores sinais quando diverge dos preços. Há uma divergência de baixa classe A no início de outubro, anterior ao acentuado rompimento de preços.

Ao operar comprado ou vendido com base no estocástico, coloque um stop de proteção imediatamente abaixo da mínima secundária mais recente ou da máxima secundária mais recente. Constata-se um sinal de compra na borda direita do gráfico — é hora de cobrir as posições vendidas e comprar.

pra: opere comprado e coloque um stop de proteção abaixo da mínima mais recente do mercado. Os melhores sinais de compra ocorrem quando o primeiro fundo está abaixo da linha de referência mais baixa e o segundo está acima dela.

2. As divergências de baixa ocorrem quando os preços sobem até uma nova máxima, mas o estocástico traça um topo mais baixo do que o da alta anterior. Mostra que os touros estão ficando mais fracos e que os preços estão subindo por inércia. A inflexão do estocástico para baixo, a partir do segundo topo, emite um sinal de venda: opere vendido e coloque um stop de proteção acima do pico de preço mais recente. O melhor sinal de venda ocorre quando o primeiro topo está acima da linha de referência mais alta e o segundo está abaixo dela.

Overbought e oversold

Quando o estocástico sobe acima de sua linha de referência mais alta, isso mostra que o mercado está overbought. Overbought significa muito alto, pronto para virar para baixo. Quando o estocástico cai abaixo de sua linha de referência mais baixa, isso mostra que o mercado está oversold. Oversold significa muito baixo, pronto para virar para cima.

Esses sinais funcionam bem nas faixas de negociação, mas não quando o mercado desenvolve uma tendência. Nas tendências de alta, o estocástico rapidamente se torna overbought e continua emitindo sinais de venda enquanto o mercado sobe. Nas tendências de baixa, o estocástico rapidamente se torna oversold e continua emitindo sinais de compra prematuros. Convém combinar o estocástico com um indicador de acompanhamento de tendência de longo prazo (ver Seção 43). O sistema de negociação Triple Screen permite que os investidores recebam os sinais de compra do estocástico diário apenas quando a tendência semanal for de alta. Quando a tendência semanal for de baixa, os investidores recebem apenas os sinais de venda do estocástico diário.

3. Ao identificar uma tendência de alta num gráfico semanal, espere que as linhas do estocástico diário caiam abaixo da linha de referência mais baixa. Em seguida, sem esperar pelo cruzamento ou pela inflexão para cima, emita uma ordem de compra acima da máxima da última barra de preço. Ao operar comprado, coloque um stop de proteção abaixo da mínima do dia da negociação ou do dia anterior, a que for mais baixa.

A forma do fundo do estocástico geralmente indica se a alta tende a ser forte ou fraca. O fundo estreito e raso mostra que os ursos estão fracos e que a alta provavelmente será forte. O fundo largo e profundo mostra que os ursos estão fortes e que a alta provavelmente será fraca. É melhor aceitar apenas sinais de compra fortes.

4. Ao identificar uma tendência de baixa num gráfico semanal, espere que as linhas do estocástico diário subam acima da linha de referência superior. Então, sem esperar que se cruzem ou que se inclinem para baixo, emita uma ordem de venda a descoberto abaixo da mínima da barra de preço mais recente. No momento em que as linhas do estocástico se cruzarem, o mercado geralmente já está em queda livre. Ao operar vendido, coloque um stop de proteção acima da máxima do dia de negociação ou do dia anterior, o que for mais alto.

A forma do topo do estocástico geralmente indica se a queda tende a ser mais acentuada ou mais vagarosa. Um topo estreito no estocástico mostra que os touros estão fracos e que o declínio acentuado é provável. Já o topo alto e largo mostra que os touros estão fortes – e que é mais seguro deixar de lado o sinal de venda.

5. Não compre quando o estocástico estiver overbought e não venda a descoberto quando estiver oversold. Essa regra filtra a maioria das más operações de mercado.

Direção da linha

Quando as duas linhas do estocástico estiverem inclinadas na mesma direção, confirma-se a tendência de curto prazo. Quando os preços sobem e ambas as linhas do estocástico também sobem, é provável que a tendência de alta prossiga. Quando os preços descem e ambas as linhas do estocástico caem, é provável que a tendência de baixa de curto prazo continue.

Mais sobre o estocástico

O estocástico pode ser usado em qualquer referência temporal, inclusive semanal, diária ou intradiária. O estocástico **semanal** geralmente muda de direção uma semana antes do histograma MACD semanal. Ao virar, o estocástico semanal avisa que o histograma MACD de acompanhamento de tendência também deverá virar na semana seguinte. É um sinal para estreitar os stops nas posições existentes ou para começar a realizar lucro.

A escolha da **duração do intervalo temporal do estocástico** é importante. Os osciladores de curto prazo são mais sensíveis. Os osciladores de longo prazo viram apenas em importantes topos e fundos. Quando se usa o estocástico como oscilador isolado, deve-se preferir um intervalo temporal mais longo. Quando se usa o estocástico como parte de um sistema de negociação, combinado com indicadores de acompanhamento de tendências, o estocástico mais curto é preferível.

Maneira engenhosa de usar o estocástico, popularizada por Jacob Bernstein, é denominada **estocástico pop.** O estocástico que cruza acima de sua linha de referência superior indica força. Pode-se comprar para aproveitar uma alta rápida e vender assim que o estocástico inflectir para baixo. Esse sinal pode ajudá-lo a captar os últimos respingos da onda de alta.

O estocástico é uma das ferramentas favoritas dos projetistas de sistemas de negociação automáticos. Esses alquimistas de nossos tempos tentam usar o estocástico de maneira puramente **mecânica**, comprando e vendendo no cruzamento das duas linhas do estocástico. E descartam o estocástico quando não produz resultados mágicos. No entanto, operar nos cruzamentos das linhas do estocástico não é lucrativo, por mais que se as otimizem, pois o estocástico funciona de maneira diferente, dependendo de o mercado estar em tendência ou em faixa de negociação.

31. ÍNDICE DE FORÇA RELATIVA

O índice de força relativa (Relative Strength Index – RSI) é um oscilador desenvolvido por J. Welles Wilder, Jr., não incluído na maioria dos pacotes de software. O RSI mede a força de qualquer veículo de negociação, por meio do monitoramento das mudanças nos preços de fechamento. É um indicador antecedente ou coincidente, jamais um indicador consequente.

$$\text{RSI} = 100 - \frac{100}{1 + \text{RS}}$$

$$\text{RS} = \frac{\begin{array}{c}\text{Média das variações dos fechamentos em ALTA}\\ \text{para determinado número de dias}\end{array}}{\begin{array}{c}\text{Média das variações dos fechamentos em BAIXA}\\ \text{para o mesmo número de dias}\end{array}}$$

O padrão de picos e vales do RSI não varia em reposta à duração de seu intervalo temporal. Os sinais de negociação tornam-se mais visíveis com RSIs mais curtos, como de 7 ou 9 dias. A maioria dos investidores usa computadores para calcular e plotar o RSI. Siga os seguintes passos para calcular um RSI de 7 dias para qualquer mercado:

1. Obtenha os preços de fechamento dos últimos 7 dias.
2. Identifique todos os dias em que o mercado fechou mais alto do que na véspera e some os valores dos aumentos. Divida a soma por 7 para obter a média das variações dos fechamentos em ALTA.
3. Identifique todos os dias em que o mercado fechou mais baixo do que na véspera e some os valores das reduções. Divida a soma por 7 para obter a média das variações dos fechamentos em BAIXA.
4. Divida a média das variações dos fechamentos em ALTA pela média das variações dos fechamentos em BAIXA para obter a força relativa (relative strenght – RS). Insira RS na fórmula anterior, para chegar ao RSI.
5. Repita o processo diariamente (ver planilha – Figura 31.1).

Quando se calcula o RSI a mão, podem-se usar atalhos. Dispondo de dados referentes a 7 dias, substitua os passos 2 e 3 em todos os dias seguintes:

2. Multiplique a média na véspera dos fechamentos em alta por 6, some a variação do fechamento em alta hoje, se houver, e divida o total por 7. Essa é a sua nova média das variações dos fechamentos em alta.
3. Multiplique a média na véspera dos fechamentos em baixa por 6, some a variação do fechamento em baixa hoje, se houver, e divida o total por 7. Essa é a sua nova média das variações dos fechamentos em baixa. Em seguida, passe para o passo quatro (anteriormente).

O RSI flutua entre 0 e 100. Quando o RSI alcança o pico e vira para baixo, identifica-se um topo. Quando o RSI cai e depois vira para cima, identifica-se um fundo. Essas viradas ocorrem em diferentes níveis, em diferentes mercados ou até no mesmo mercado, durante períodos altistas ou baixistas.

Os níveis overbought e oversold variam de mercado para mercado e de ano para ano. Não existem níveis mágicos marcando todos os topos e fundos. Os sinais de oversold e overbought são como leituras de quente e frio num termômetro. A mesma temperatura tem diferentes significados no verão ou no inverno.

As linhas de referência horizontais devem cortar os picos mais altos e os vales mais baixos do RSI. Geralmente são traçadas em 30 e 70. Alguns investidores usam os níveis 40 e 80 nos mercados em alta ou 20 e 60 nos

Franco suíço

Data	Fechamento	MédAlta: 7	MédBaixa:7	RSI:7
10/39	77,34			
10/30	78,02			
10/31	77,71			
11/1	78,45			
11/2	79,15			
11/5	79,91			
11/6	79,63			
11/7	79,99	0,4629	0,0843	84,60
11/8	79,96	0,3967	0,0765	83,83
11/9	79,94	0,3401	0,0685	83,24
11/12	79,96	0,2943	0,0587	83,38
11/13	79,76	0,2523	0,0789	76,18
11/14	80,09	0,2634	0,0676	79,58
11/15	79,72	0,2258	0,1108	67,08
11/16	80,10	0,2478	0,0950	72,29

Figura 31.1: Planilha do índice de força relativa de sete dias

Comece calculando a média das variações dos fechamentos em ALTA e a média das variações dos fechamentos em BAIXA para os últimos 7 dias. Insira os resultados na fórmula do RSI e então comece a usar os atalhos de corte, conforme exposto no texto.

mercados em baixa. Use a regra do 5%: trace cada linha num nível além do qual o RSI passou menos de 5% de seu tempo nos últimos 4 a 6 meses. Ajuste as linhas de referência uma vez a cada três meses.

Psicologia de massa

Cada preço representa o consenso de todos os participantes sobre valor no momento da transação. O preço de fechamento reflete o consenso mais importante do dia, pois a liquidação das contas dos investidores depende disso. Quando o mercado fecha em alta, os touros ganham dinheiro e os ursos perdem dinheiro. Quando o mercado fecha em baixa, os ursos ganham dinheiro e os touros perdem dinheiro.

A maioria dos investidores em qualquer mercado presta mais atenção aos preços de fechamento do que a qualquer outro preço. Nos mercados futuros, o dinheiro é transferido das contas dos perdedores para as contas dos vencedores ao final de cada dia de negociação. O RSI mostra se os touros ou os ursos estão mais fortes na hora do fechamento – a hora crucial de contagem do dinheiro no mercado.

Regras de negociação

O RSI emite três tipos de sinal: são, pela ordem de importância, divergências, padrões de gráficos e nível de RSI.

Divergências de alta e de baixa

As divergências entre RSI e preços emitem os mais fortes sinais de compra e venda. Tendem a ocorrer em importantes topos e fundos. Mostram quando a tendência está fraca e sujeita a reversões (Figura 31.2).

1. As divergências de alta emitem sinais de compra. Ocorrem quando os preços caem até uma nova mínima mas o RSI forma um fundo mais superficial do que o da queda anterior. Compre assim que o RSI virar para cima a partir do segundo fundo e coloque um stop de proteção abaixo da mínima secundária mais recente. Os sinais de compra são especialmente fortes se o primeiro fundo do RSI estiver abaixo de sua linha de referência inferior e o segundo fundo estiver acima dessa linha.
2. As divergências de baixa emitem sinais de venda. Ocorrem quando os preços sobem para novo pico mas o RSI forma um topo mais baixo do que durante a alta anterior. Venda a descoberto assim que o RSI inflectir para baixo a partir de seu segundo topo e coloque um stop de proteção acima da máxima secundária mais recente. Os sinais de venda são especialmente fortes se o primeiro topo do RSI estiver acima de sua linha de referência superior e o segundo topo estiver abaixo dela.

Padrões de gráficos

Os métodos clássicos de análise técnica funcionam melhor com o índice de força relativa do que com outros indicadores. As linhas de tendência, os níveis de suporte e resistência e os padrões cabeça-e-ombros trabalham bem com o RSI. Este geralmente completa esses padrões uns poucos dias antes dos preços, fornecendo dicas de mudanças prováveis nas tendências. Por

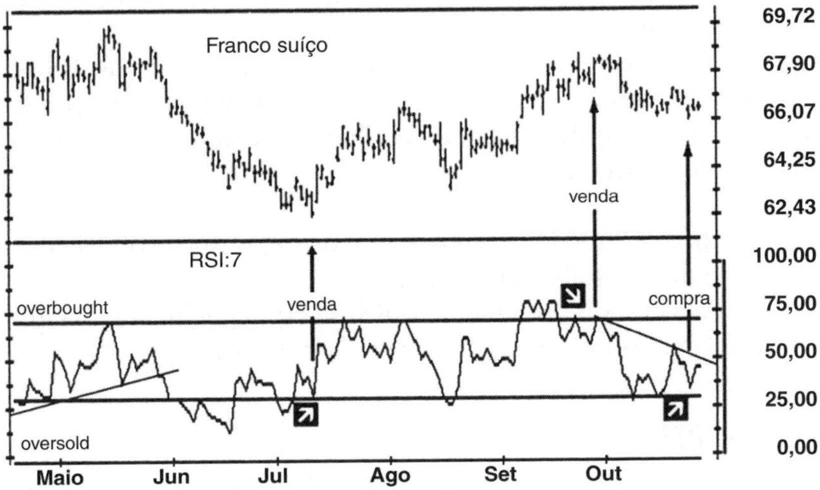

Figura 31.2: Índice de força relativa de 7 dias

O RSI emite seus melhores sinais de negociação quando diverge dos preços. As divergências mais fortes são aquelas em que os preços sobem até nova máxima ou caem até nova mínima, ao mesmo tempo em que o RSI não cruza sua linha de referência.

O RSI tende a romper suas linhas de tendência à frente dos preços. Além dos já marcados, você pode encontrar vários outros exemplos neste gráfico em que o rompimento das linhas de tendência do RSI identifica pontos de inflexão no franco suíço. Na borda direita do gráfico, assim que o RSI irrompe acima de sua linha de tendência, confirma-se uma divergência de alta e emite-se forte sinal de compra.

exemplo, as linhas de tendências do RSI geralmente são rompidas um ou dois dias antes das linhas de tendências dos preços.

3. Quando o RSI romper a linha de tendência de baixa, emita uma ordem de compra acima da linha de tendência dos preços, para aproveitar o rompimento de alta.
4. Quando o RSI romper a linha de tendência de alta, emita uma ordem de venda a descoberto abaixo da linha de tendência dos preços, para aproveitar o rompimento de baixa.

Níveis de RSI

Quando o RSI se ergue acima de sua linha de referência superior, isso mostra que os touros estão fortes mas o mercado está overbought e entrando na zona de venda. Quando o RSI cai abaixo de sua linha de referência inferior, isso mostra que os ursos estão fortes mas que o mercado está oversold e entrando na zona de compra.

Convém comprar com base nos sinais de overbought do RSI diário apenas quando a tendência semanal for de alta. Convém vender a descoberto usando os sinais de venda do RSI diário apenas quando a tendência semanal for de baixa (ver Seção 43).

5. Compre quando o RSI cair abaixo de sua linha de referência inferior e depois subir acima dela.
6. Venda a descoberto quando o RSI se erguer acima de sua linha de referência superior e então cruzá-la para baixo.

Mais sobre RSI

Alguns operadores de mercado tentam descobrir significado mais profundo nos padrões RSI. Certos analistas descreveram formações denominadas **reversões positivas e negativas** que, segundo eles, previam a extensão de qualquer movimento de preço, usando os padrões RSI. Até agora, não se tem notícia de sucesso notório no uso desses padrões, a não ser as informações de seus próprios promotores.

V

Os Elementos Essenciais Negligenciados

32. VOLUME

O volume representa as atividades dos operadores de mercado. Cada unidade de volume no mercado reflete a ação de duas pessoas: um operador de mercado vende determinada ação e outro compra a mesma ação, ou um compra um contrato e outro vende o mesmo contrato. O volume diário é o número de ações ou contratos negociados no dia.

Os operadores de mercado geralmente plotam o volume como um histograma – barras verticais cuja altura reflete o volume de cada dia (Figura 32.1). Quase sempre elas são traçadas sob os preços. As mudanças no volume mostram como os touros e os ursos reagem às variações nos preços e fornecem pistas quanto à probabilidade de continuidade ou reversão das tendências.

Alguns operadores de mercado ignoram o volume. Acham que os preços já refletem todas as informações disponíveis no mercado. Segundo eles, "ganha-se no preço, não no volume". Os profissionais, por outro lado, sabem que a análise do volume pode ajudá-los a compreender os mercados com mais profundidade e operar melhor.

Três são as maneiras de medir o volume:

1. O número efetivo de ações ou contratos negociados. Por exemplo, a Bolsa de Valores de Nova York reporta o volume dessa maneira. Essa é a forma mais objetiva de medir o volume.
2. O número de negociações realizadas. Por exemplo, a Bolsa de Valores de Londres reporta o volume dessa maneira. Esse método é menos objetivo, pois não distingue entre uma negociação de 100 ações e outra de 5.000 ações.

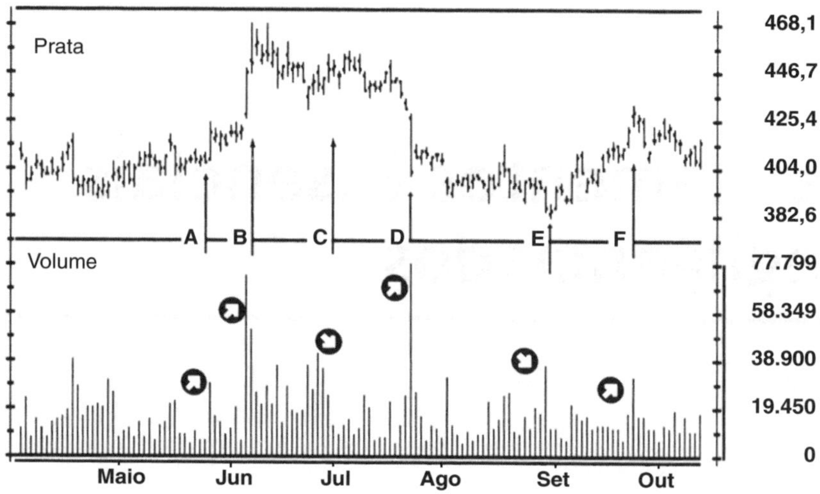

Figura 32.1: Volume

Para interpretar o volume devem-se ligar suas mudanças às variações nos preços.

A. Um aumento de volume durante uma tendência de alta sugere preços mais altos pela frente. Compre ou aumente as posições vendidas.
B. Os preços saltam quando o volume atinge mais do dobro da média. É sinal de potencial movimento de estouro dos preços, ou seja, alta abrupta seguida de queda repentina. Estreite os stops nas posições compradas.
C. Os preços sobem até o nível do pico anterior, mas o volume é muito inferior. Essa divergência de baixa sinaliza um topo. Venda as posições compradas e opere vendido.
D. Os preços despencam em volume de pânico. Esses fundos geralmente são testados de novo. Estreite os stops nas posições a descoberto.
E. A prata cai para uma nova mínima, mas o volume é inferior ao do ponto D — típico reteste de um fundo de clímax. Cubra as posições a descoberto e opere comprado.
F. Nova máxima no preço é acompanhada de aumento no volume, à semelhança do que ocorreu no ponto A. Mantenha as posições compradas.

3. O volume de ticks é o número de mudanças de preços durante certo período de tempo, como dez minutos ou uma hora. É assim denominado porque a maioria das mudanças é igual a 1 tick. A maioria das bolsas de futuros nos Estados Unidos não reporta o volume intradiário, e os operadores intradiários, ou day-traders, usam o volume de ticks como substituto.

O volume reflete as atividades dos vendedores e compradores. Quando se comparam os volumes de dois mercados, verifica-se qual deles é mais ativo ou líquido. Quanto maior a liquidez, menor tende a ser a slippage.

Psicologia de multidão

O volume reflete o grau de envolvimento financeiro e emocional, assim como a dor dos participantes do mercado. As negociações começam com o comprometimento financeiro de duas pessoas. A decisão de comprar ou vender pode ser racional, mas o ato de comprar ou vender cria um comprometimento financeiro na maioria das pessoas. Os compradores e vendedores anseiam por estarem certos. Gritam nas salas de negociações, rezam ou usam talismãs. O volume reflete o grau de envolvimento emocional entre os operadores de mercado.

Cada tick transfere dinheiro dos perdedores para os vencedores. Quando os preços sobem, os comprados ganham dinheiro e os vendidos perdem dinheiro. Os vencedores sentem-se felizes e animados, enquanto os perdedores sentem-se tristes e deprimidos. A cada movimento de preço, metade dos operadores de mercado perde. Quando os preços sobem, os ursos sentem dor; quando os preços caem, os touros é que sofrem. Quanto maior é o aumento de volume, mais intensa é a dor no mercado.

Os operadores de mercado reagem às perdas como sapos em água quente. Quando se joga um sapo em água fervente, ele salta em resposta à dor repentina, mas, quando se mergulha o sapo em água fria e se a aquece aos poucos, é possível fervê-lo vivo. Se uma súbita mudança de preço atinge os operadores de mercado, eles pulam com a dor e liquidam as posições perdedoras. Os mesmos perdedores podem ser muito pacientes se as perdas aumentarem aos poucos.

Pode-se perder muito dinheiro num mercado sonolento, como o de milho, em que o movimento de um cent custa apenas US$50. Se o milho for contra você apenas alguns cents por dia, é fácil suportar a dor. Mas se você insistir, os tostões podem somar milhares de dólares. Movimentos bruscos, por outro lado, fazem com que os perdedores cortem suas perdas em pânico. Depois de enxotar os pequenos especuladores, o mercado está pronto para a reversão. As tendências podem ser duradouras sob volume moderado, mas estão sujeitas a reversões bruscas sob surtos de volume.

Quem compra de um operador de mercado que vende sua posição comprada perdedora? Pode ser um vendedor a descoberto, realizando lucros e cobrindo posições vendidas. Também pode ser um caçador de pechinchas, que entra no mercado porque os preços estão "baixos demais". Esse "explorador de fundos" (bottom-picker) assume a posição de um perdedor que deu o fora do mercado – e ganha com o repique ou transforma-se em novo perdedor.

Quem vende para um investidor que compra para cobrir sua posição a descoberto perdedora? Pode ser um investidor tarimbado que realiza lucros em sua posição comprada. Também pode ser um "explorador de topos" (top-picker) que vende a descoberto por achar que os preços estão "muito altos". Assume a posição de um perdedor que cobriu suas posições a descoberto, e apenas o futuro dirá se está certo ou errado.

Quando os vendidos abandonam suas posições durante uma alta, compram para cobrir e empurram o mercado para cima. Os preços sobem, expurgam ainda outros vendidos e a alta alimenta-se a si própria. Quando os comprados abandonam suas posições durante uma baixa, vendem e empurram o mercado para baixo. Os preços declinam, expurgam ainda outros comprados e a queda alimenta-se a si mesma. Os perdedores que abandonam suas posições impulsionam as tendências. As tendências que avançam com volume firme tendem a continuar. O volume firme mostra que novos perdedores estão substituindo os que saíram do mercado. As tendências precisam de novas levas de perdedores, da mesma maneira como os construtores das antigas pirâmides necessitavam de novas chusmas de escravos.

O volume declinante mostra que a entrada de perdedores está sendo insuficiente e que a tendência está próxima da reversão. Isso ocorre depois que muitos perdedores se dão conta do quanto estão errados. Os velhos perdedores continuam abandonando suas posições, mas cada vez menos perdedores entram no mercado. É sinal de que a tendência está no fim.

Um surto de volume extremamente alto também emite o sinal de que a tendência está nas últimas. Mostra que massas de perdedores estão saindo do mercado. Você provavelmente se lembra de alguma ocasião em que manteve uma posição perdedora durante mais tempo do que devia. Depois que a dor fica intolerável e você dá o fora, a tendência vira e o mercado movimenta-se na direção que você esperava mas sem você! Essa situação se repete com frequência porque a maioria dos amadores reage ao estresse da mesma maneira e se afastam mais ou menos ao mesmo tempo. Os profissionais não insistem enquanto o mercado os açoita. Fecham as posições perdedoras com rapidez e assumem outras ou esperam nas laterais, prontos para entrar em campo.

O volume geralmente mantém-se baixo nas faixas de negociações, porque a dor é relativamente baixa. As pessoas sentem-se confortáveis com pequenas mudanças nos preços e o mercado sem tendência parece arrastar-se para sempre. Os rompimentos geralmente são marcados por aumentos dramáticos no volume, pois os perdedores correm para as saídas. Os rompimentos com baixo volume mostram pouco comprometimento emocional com a nova tendência. Indica que os preços tendem a retornar à faixa de negociação.

O aumento de volume durante uma alta mostra que mais compradores e vendedores a descoberto estão inundando o mercado. Os compradores estão ansiosos para comprar, mesmo que tenham de pagar caro, e os vendidos estão ansiosos para vender-lhes. O volume crescente mostra que os perdedores que saem do mercado estão sendo substituídos por novas levas de perdedores.

Quando o volume encolhe durante uma alta, isso mostra que os touros estão ficando menos ansiosos, enquanto os ursos não mais estão correndo para cobrir. Os ursos inteligentes já se foram há muito tempo, seguidos pelos ursos fracos, que não suportam a dor. O volume em queda mostra que a tendência de alta está ficando sem combustível e está pronta para a reversão.

Quando o volume seca durante um declínio, isso mostra que os ursos estão menos ansiosos para vender a descoberto, enquanto os touros não mais estão disparando para as saídas. Os touros inteligentes já venderam há muito tempo e os fracos já foram enxotados. O volume em queda mostra que os touros remanescentes têm maior resistência à dor. Também é possível que tenham bolsos mais profundos ou que hajam comprado mais tarde na baixa, ou ambas. O volume em queda identifica uma área em que a tendência de baixa tende a reverter.

Esse raciocínio aplica-se às referências temporais longas e curtas. Como regra prática, observe o seguinte: se o volume de hoje é mais alto do que o volume de ontem, a tendência de hoje tende a prosseguir.

Regras de negociação

Os termos "alto volume" e "baixo volume" são relativos. O que é baixo para a IBM é alto para a Apple Computer, enquanto o que é baixo para ouro é alto para platina e assim por diante. Como regra prática, "alto volume" em qualquer mercado é pelo menos 25% acima da média das últimas duas semanas e "baixo volume" é pelo menos 25% abaixo da média do mesmo período.

1. O alto volume confirma tendências. Se os preços sobem para um novo pico e o volume alcança nova máxima, é provável que os preços testem outra vez ou superem o novo pico.
2. Se o mercado cair para nova mínima e o volume alcançar nova máxima, é provável que o novo fundo seja submetido a novo teste ou superado. O "fundo mais baixo" é quase sempre testado mais uma vez com baixo volume, oferecendo excelente oportunidade de compra.
3. Se o volume encolhe enquanto a tendência prossegue, a tendência está pronta para reversão. Quando o mercado sobe para novo pico com volume mais baixo do que o do pico anterior, busque oportunidades de operar a descoberto. Essa técnica não funciona tão bem nos fundos do mercado, pois o declínio pode prosseguir com volu-

me baixo. Um ditado em Wall Street ensina: "Precisa-se de compras para erguer as ações, mas elas podem cair pelo próprio peso."

4. Observe o volume durante as reações contra a tendência. Quando uma tendência de alta é perfurada por um declínio, o volume geralmente é impulsionado por uma onda de realização de lucros. Quando a queda continua mas o volume encolhe, isso mostra que os touros não mais estão correndo ou que a pressão de venda se esvaziou. A retração do volume mostra que a reação está chegando ao fim e que a tendência de alta em breve será retomada. Tal situação proporciona boa oportunidade de compra. As grandes tendências de baixa geralmente são perfuradas por altas que começam com alto volume. Depois do expurgo dos ursos fracos, o volume encolhe e emite um sinal de venda a descoberto.

Mais sobre volume

Pode-se usar uma **média móvel** para definir a tendência de volume. A inclinação da média móvel exponencial de cinco dias do volume pode definir a tendência. Também é possível traçar **linhas de tendência** de volume e observar seu rompimento (ver Seção 21). Os rompimentos de volume confirmam os rompimentos de preço.

Os indicadores baseados em volume fornecem sinais de tempo mais oportunos do que o volume sozinho. O traders' index, o herrick payoff index, o índice de força e outros incluem dados sobre volume (ver Capítulos 6 e 8).

33. INDICADORES BASEADOS EM VOLUME

Os operadores de mercado podem usar vários indicadores técnicos que os ajudam a analisar o volume. Alguns investidores acompanham a média móvel de cinco dias do volume. Sua inclinação identifica a tendência do volume (ver Seções 25 e 32). Outros usam o on-balance volume e acumulação/distribuição.

On-balance volume

O on-balance volume (OBV) é um indicador concebido por Joseph Granville e descrito em seu livro *New Strategy of Daily Stock Market Timing*. Granville usou o OBV como indicador antecedente do mercado de ações, mas outros analistas o aplicaram aos mercados futuros. O OBV é um total móvel do volume. Sobe ou desce todos os dias, dependendo de os preços fecharem em nível mais alto ou mais baixo do que na véspera. Quando uma ação fecha a preço mais alto, isso mostra que os touros ganharam a batalha do dia; seu volume naquele dia é adicionado ao OBV. Quando a ação fecha a preço mais baixo, isso mostra que os ursos ganharam o dia; seu volume naquele dia é subtraído do OBV. Se os preços fecharem sem variação, o OBV fica inalterado.

O on-balance volume geralmente sobe ou desce antes dos preços – atua como indicador antecedente. Conforme observa Granville, "O volume é o vapor que toca a maria-fumaça".

Psicologia de multidão

Os preços representam consenso sobre valor, enquanto o volume reflete as emoções dos atores do mercado. Mostra a intensidade dos comprometimentos financeiros e emocionais dos investidores, assim como a dor entre os perdedores (ver Seção 32). O OBV é um total móvel de volume. Acompanha as mudanças no envolvimento dos investidores no mercado e a intensidade de sua dor.

Uma nova máxima no OBV mostra que os touros estão com força, que os ursos estão feridos e que os preços tendem a subir. Uma nova mínima no OBV mostra que os ursos estão com força, que os touros estão feridos e que os preços tendem a cair. Quando o padrão do OBV se desvia do padrão dos preços, isso mostra que as emoções da massa estão desatreladas do consenso da massa. É mais provável que a multidão siga o coração do que o cérebro. Essa é a razão por que as mudanças no volume geralmente precedem as mudanças no preço.

Sinais de negociação

Os padrões de topos e fundos do OBV são mais importantes do que os níveis absolutos desse indicador. Esses níveis dependem de quando se começa a calcular o on-balance volume. Quando o OBV sobe e desce com os preços, a tendência se confirma. Se tanto os preços quanto o OBV alcançam novas máximas, é provável que a tendência de alta prossiga. Se tanto os preços quanto o OBV caem até novas mínimas, é provável que a tendência de baixa prossiga. É mais seguro operar na direção de uma tendência confirmada pelo OBV (Figura 33.1).

1. Quando o OBV atinge nova máxima, isso confirma o poder dos touros, indica que os preços tendem a subir ainda mais e emite um sinal de compra. Quando o OBV cai até nova mínima, isso confirma o poder dos ursos, sugere preços mais baixos pela frente e emite sinal de venda a descoberto.

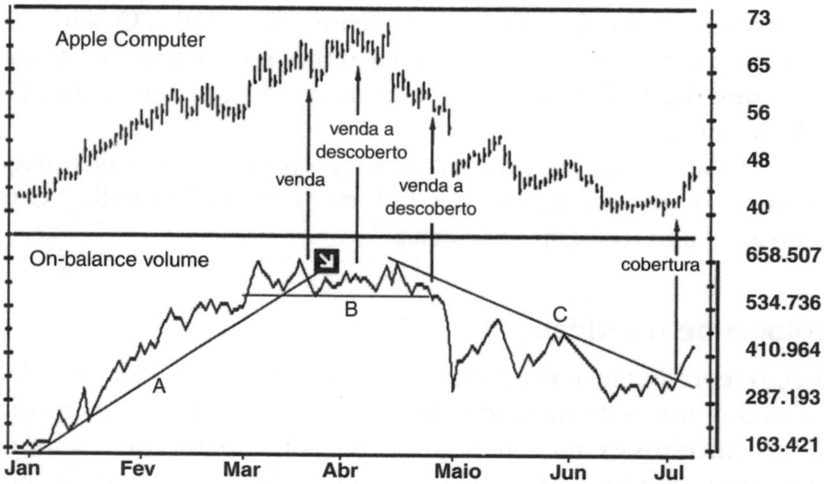

Figura 33.1: On-balance volume

Quando o OBV avança atrelado a um veículo de negociação, confirma-se sua tendência. A tendência de alta A do OBV corrobora a alta das ações. Seu rompimento em março emite um sinal de venda. Há dois sinais de venda a descoberto no topo. O primeiro, em princípios de abril, é dado pela divergência de baixa entre o OBV e o preço. Duas semanas depois, o OBV rompe o suporte B, emitindo outro sinal de venda a descoberto. A linha de tendência de baixa C do OBV confirma o declínio da Apple Computer – mantenha as posições a descoberto. Um rompimento de alta em julho emite um sinal para que se cubram as posições vendidas.

2. O OBV emite seus sinais de compra e venda mais fortes ao divergir dos preços. Se os preços sobem, cedem e depois alcançam uma nova máxima mas o OBV chega a uma nova máxima mais baixa, cria-se uma divergência de baixa e emite-se forte sinal de venda. Se os preços caem, recuperam-se e depois recuam para nova mínima mas o OBV desce para um fundo mais superficial, configura-se uma divergência de baixa e emite-se um forte sinal de compra. As divergências em prazos mais longos são mais importantes do que as divergências em prazos mais curtos. As divergências que se desenvolvem no curso de várias semanas emitem sinais mais fortes do que aquelas que duram apenas poucos dias.
3. Quando os preços estão em faixa de negociação e o OBV irrompe para nova máxima, emite-se um sinal de compra. Quando os preços estão em faixa de negociação e o OBV despenca para nova mínima, emite-se um sinal de venda a descoberto.

Mais sobre OBV

Uma das razões para o sucesso de Granville em seu apogeu (ver Seção 6) foi ter combinado o OBV com dois outros indicadores – o **net field trend indicator** e o **indicador clímax.** Granville calculou o OBV para cada ação do Dow Jones Industrial Average e avaliou seu padrão OBV como ascendente, descendente ou neutro. Ele denominou esse resultado de net field trend da ação: podia ser +1, –1 ou 0. O indicador clímax era a soma dos net field trends de todas as 30 ações do Dow.

Quando o mercado de ações subia e o indicador clímax alcançava nova máxima, confirmava-se a força e emitia-se um sinal de compra. Se o mercado de ações subia mas o indicador clímax formava um topo mais baixo, emitia-se um sinal de venda.

Pode-se ver o Dow Jones Industrial Average como um grupo de 30 cavalos puxando a carrruagem do mercado. O indicador clímax mostra quantos cavalos puxam ladeira acima, quantos puxam ladeira abaixo e quantos não estão fazendo força. Se 24 dos 30 cavalos puxam para cima, 1 para baixo e cinco estão descansando, a carruagem do mercado provavelmente subirá a ladeira. Se 9 cavalos puxam para cima, 7 puxam para baixo e 14 estão descansando, a carruagem do mercado tenderá a descer a ladeira.

O OBV, o net field trend e o clímax podem ser programados com facilidade num computador. Conviria aplicá-los a um banco de dados que inclua todas as ações do índice S&P 500. Daí talvez resultem bons sinais para operar com futuros ou opções de S&P 500.

Acumulação/distribuição

Esse indicador foi desenvolvido por Larry Williams e descrito em seu livro de 1972, *How I Made a Million Dollars.* Embora concebido como indicador antecedente de ações, vários analistas o aplicaram nos mercados futuros. A característica singular de acumulação/distribuição (A/D) é acompanhar a relação entre preços de abertura e de fechamento, junto com o volume.

Se os preços fecham mais alto do que abriram, os touros ganharam o dia e o A/D é positivo. Se os preços fecham mais baixo do que abriram, os ursos ganharam e o A/D é negativo. Se os preços fecham no mesmo ponto em que abriram, ninguém ganhou e A/D é zero. Como total móvel de cada dia, A/D cria um indicador cumulativo acumulação/distribuição.

O A/D credita aos touros ou aos ursos apenas uma fração do volume de cada dia. Essa fração depende da faixa máxima-mínima do dia e da distância entre os preços de abertura e de fechamento. Quanto maior for o spread entre os preços de abertura e de fechamento em relação à faixa diária, maior será a mudança no indicador acumulação/distribuição.

$$A/D = \frac{\text{Fechamento} - \text{Abertura}}{\text{Máxima} - \text{Mínima}} \cdot \text{Volume}$$

Por exemplo, se a distância entre a máxima e a mínima de hoje é de 5 pontos mas a distância entre os preços de abertura e de fechamento é de 2 pontos, apenas 2/5 do volume de hoje será creditado ao campo vencedor. O padrão de máximas e mínimas do A/D é mais importante do que seu nível absoluto, que depende da data de início.

Quando o mercado sobe, a maioria das pessoas se concentra nas novas máximas. Mas, se os preços de abertura forem superiores aos de fechamento, o A/D, que acompanha sua relação, cai, advertindo que a tendência de alta é mais fraca do que parece. Se o A/D se inclinar para cima, enquanto os preços caem, isso mostra que os touros estão ganhando força.

Comportamento de multidão

Os preços de abertura e de fechamento estão entre os preços mais importantes do dia. O preço de abertura reflete todas as pressões que se acumularam enquanto o mercado esteve fechado. As aberturas geralmente são dominadas por amadores que leem os jornais à noite e operam de manhã.

Os operadores de mercado profissionais são ativos durante todo o dia. Geralmente operam contra os amadores. À medida que avança o dia, as ondas de compra e venda de amadores e de instituições lentas gradualmente perdem a força. Em geral, os profissionais dominam o mercado no fechamento. Os preços de fechamento são sobremodo importantes, pois deles depende a liquidação das contas de negociação.

O A/D monitora os desfechos das batalhas diárias entre amadores e profissionais. Inclina-se para cima quando os preços fecham mais altos do que abriram – quando os profissionais são mais altistas do que os amadores. Inclina-se para baixo quando os preços fecham mais baixos do que abriram – quando os profissionais são mais baixistas do que os amadores. Convém apostar com os profissionais e contra os amadores.

Regras de negociação

Quando o mercado abre baixo e fecha alto, ele avança da fraqueza para a força. A/D, então, sobe e mostra que os profissionais do mercado estão mais altistas do que os amadores. Isso significa que o mercado tende a subir mais no dia seguinte. Quando A/D cai, sabe-se que os profissionais do mercado estão mais baixistas do que os amadores. Quando o mercado avança da força para a fraqueza, é provável que chegue a uma mínima mais baixa no dia seguinte. Os melhores sinais de negociação são dados por divergências entre A/D e preços.

1. Se os preços subirem para uma nova máxima mas A/D alcançar um pico mais baixo, o sinal é para vender a descoberto. Essa divergência de baixa mostra que os profissionais de mercado estão vendendo na alta (Figura 33.2).
2. Uma divergência de baixa ocorre quando os preços caem para uma nova mínima mas A/D para em mínima mais alta do que no declínio anterior. Isso mostra que os profissionais de mercado estão usando o declínio para comprar e que a alta está próxima.

Mais sobre acumulação e distribuição

Ao operar comprado ou vendido, seguindo uma divergência entre A/D e preço, lembre-se de que até os profissionais de mercado podem errar. Use stops e proteja-se seguindo a regra do **Cão dos Baskervilles** (ver Seção 23).

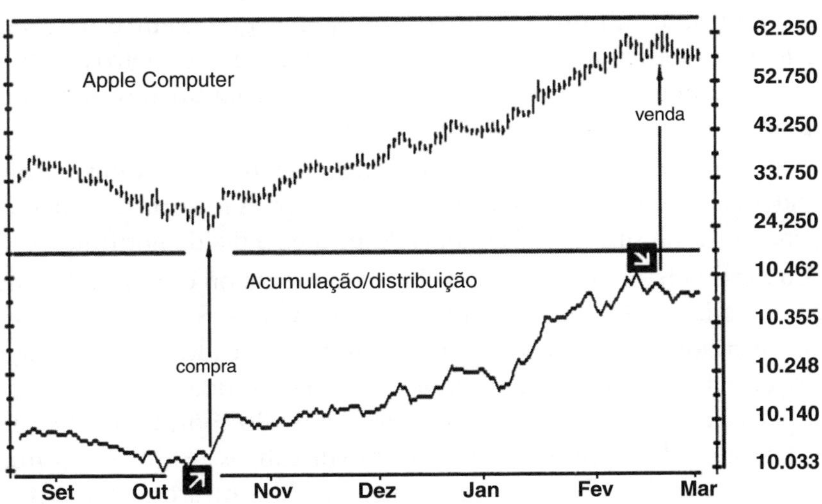

Figura 33.2: Acumulação/distribuição

A acumulação/distribuição emite seus sinais mais fortes quando diverge dos preços. Uma divergência de alta emite um sinal de compra no fundo de outubro. Quatro meses depois e US$30 mais alta, uma divergência de baixa emite um sinal de venda. Realize os lucros nas posições compradas e opere a descoberto.

O **acumulador de volume**, concebido por Marc Chaikin, é um indicador muito semelhante ao A/D. O acumulador de volume usa o preço médio do dia, em vez do preço de abertura. É especialmente útil para os analistas que não têm acesso aos preços de abertura. Seus sinais e regras de negociação são semelhantes aos do acumulação/distribuição.

Há importantes paralelos entre o A/D e os **gráficos candelabros** japoneses. Ambos se concentram nas diferenças entre preços de abertura e fechamento. O A/D vai além dos candelabros, ao levar em conta o volume.

34. CONTRATOS EM ABERTO

A expressão contratos em aberto (open interest) designa o número de contratos mantidos pelos compradores ou pelos vendedores a descoberto em determinado mercado ou em certo dia. Mostra a quantidade de contratos existentes. É igual ao total das posições compradas ou ao total das posições vendidas.

Nos mercados de ações, negociam-se os títulos enquanto as empresas existirem como unidades independentes. Nos mercados de futuros e opções, por outro lado, lida-se com contratos para entrega futura, que expiram em determinado momento.

O comprador de futuros e opções que quer aceitar a entrega e o vendedor que quer efetuar a entrega precisam esperar até o primeiro dia de notificação. Este período de espera garante que as quantidades de contratos comprados e vendidos sejam sempre iguais.

Em todo caso, muito poucos operadores de mercado em futuros e opções pretendem executar a entrega ou aceitar a entrega. A maioria dos operadores de mercado fecha suas posições antes do primeiro dia de notificação.

A quantidade de contratos em aberto aumenta ou diminui, dependendo da entrada e saída de investidores no mercado. Sobe apenas quando novo comprador e novo vendedor entram no mercado. A negociação entre eles cria novo contrato. Por exemplo, se a quantidade de contratos em aberto de ouro, em abril, na COMEX for de 8.500 contratos, sabe-se que, no fechamento do dia, 8.500 contratos são de touros e 8.500 contratos são de vendedores a descoberto. Se a quantidade de contratos em aberto subir para 8.600, isso significa que o líquido de 100 novos contratos foi comprado e vendido a descoberto.

A quantidade de contratos em aberto cai quando um investidor que está comprado negocia com alguém que está vendido. Quando ambos fecham suas posições, a quantidade de contratos em aberto diminui em um, porque um contrato desaparece. Se um novo touro comprar de um velho touro que esteja saído de sua posição comprada, os contratos em aberto continuam inalterados. O mesmo ocorre quando um novo urso vende a um velho urso que precise comprar, por estar fechando sua posição a descoberto.

Comprador	Vendedor	Contratos em aberto
Novo comprador	Novo vendedor	Aumentam
Novo comprador	Antigo comprador vende	Inalterados
Antigo vendedor compra para cobrir	Novo vendedor	Inalterados
Antigo vendedor compra para cobrir	Antigo comprador vende	Diminuem

A maioria das bolsas de futuros e opções divulga os dados sobre os contratos em aberto um dia depois dos preços. Algumas bolsas fornecem números de telefones para informações preliminares sobre contratos em aberto.

Os analistas técnicos geralmente plotam os contratos em aberto como uma linha abaixo das barras de preços (Figura 34.1). Alguns serviços de gráficos também plotam as médias de contratos em aberto referentes aos últimos anos. As informações sobre contratos em aberto transmitem importantes mensagens quando se desviam dos padrões sazonais. A quantidade de contratos em aberto varia entre as estações do ano em muitos mercados, por causa do hedging maciço resultante de interesses comerciais em diferentes estágios dos ciclos de produção.

A quantidade de contratos em aberto em futuros de câmbio tende a cair quatro vezes por ano, nas épocas de rolagem dos contratos. Se os contratos em aberto não diminuírem durante as rolagens, isso mostra forte comprometimento entre os operadores em relação à tendência vigente, o que provavelmente a acelerará.

Psicologia de massa

Bastam um touro e um urso para criar um contrato de futuros ou opções. O touro compra o contrato se estiver convencido de que os preços subirão. O urso vende a descoberto o contrato se estiver convencido de que os preços cairão. Quando os dois negociam, a quantidade de contratos em aberto aumenta em uma unidade. Uma única negociação entre um touro e um urso dificilmente movimentará os mercados. Mas quando milhares de operadores efetuam suas transações, a massa impulsiona ou reverte tendências de mercado.

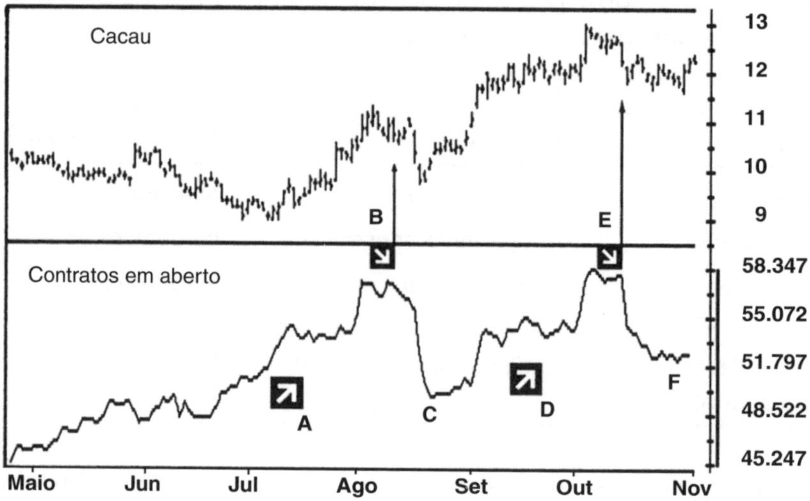

Figura 34.1: Contratos em aberto

A quantidade de contratos em aberto reflete o número de todas as posições vendidas ou compradas em qualquer mercado de futuros ou opções e depende da intensidade do conflito entre touros e ursos.

O aumento de contratos em aberto mostra que o conflito entre touros e ursos está ficando mais intenso e confirma a tendência em curso. Durante as tendências de alta, esse crescimento mostra que é seguro reforçar as posições compradas (A e D). A estabilidade de contratos em aberto revela que poucos perdedores estão entrando no mercado. Isso significa que a tendência madura está chegando ao fim e que é hora de realizar lucros e estreitar os stops (B e E). A redução de contratos em aberto sugere que os perdedores estão saindo do mercado e que os vencedores estão gerando caixa – e que a tendência está quase no final. O fogo se extingue quando se retira o combustível. A queda acentuada de contratos em aberto durante uma tendência sinaliza que a reversão está próxima (C e F).

Na borda direita do gráfico, os preços do cacau estabilizaram-se, depois de caírem em outubro, e os contratos em aberto também estão constantes. Isso mostra que a queda nos preços do cacau afastou os touros fracos e que a tendência de alta será retomada a qualquer momento. É hora de operar comprado, com stop de proteção abaixo das mínimas recentes.

A quantidade de contratos em aberto reflete a intensidade do conflito entre touros e ursos, ou seja, a disposição dos comprados de manter posições compradas e a disposição dos vendidos de manter posições vendidas. Quando os touros e os ursos não esperam que o mercado se movimente a seu favor, eles fecham suas posições e a quantidade de contratos em aberto diminui.

Sempre há duas pessoas em lados opostos em todas as negociações. Uma delas machuca-se quando os preços mudam. Se os preços sobem, os ursos saem contundidos. Se os preços caem, os touros saem contundidos. Enquanto ainda tiverem esperança, os perdedores mantêm suas posições, e a quantidade de contratos em aberto fica inalterada.

O aumento na quantidade de contratos em aberto mostra que a multidão de touros confiantes está em confronto com a multidão de ursos igualmente confiantes. A situação aponta para o desacordo crescente entre os dois campos. Um grupo decerto perderá, mas enquanto os possíveis perdedores continuarem entrando no mercado, a tendência perdurará. Essas ideias foram expressas com muita clareza por L. Dee Belveal em seu livro clássico *Charting Commodity Market Price Behavior.*

Os touros e ursos continuarão aumentando suas posições enquanto discordarem radicalmente quanto ao futuro dos preços. Precisa-se de convicção e desacordo para manter a tendência. O aumento da quantidade de contratos em aberto mostra que a quantidade de perdedores está crescendo e que a tendência vigente deve persistir. Se a quantidade de contratos em aberto aumentar durante uma tendência de alta, isso mostra que os comprados estão comprando, enquanto os ursos estão operando a descoberto, pois acreditam que o mercado está muito alto. É provável que corram para cobrir suas posições quando se sentirem pressionados pela tendência de alta – situação em que suas compras impulsionarão ainda mais os preços.

Se a quantidade de contratos em aberto aumentar durante uma tendência de baixa, isso mostra que os vendidos estão vendendo agressivamente, enquanto os "exploradores de fundos" estão comprando. Esses caçadores de pechinchas provavelmente cairão fora, quando os preços em queda começarem a machucá-los, e essas vendas pressionarão os preços ainda mais para baixo. O aumento na quantidade de contratos em aberto acende uma luz verde para a tendência em curso.

Quando os touros se convencem de que os preços vão subir e decidem comprar mas os ursos ficam com medo de vender a descoberto, esses touros poderão comprar apenas de outros touros que compraram antes e agora querem sair. Essas negociações não criam novos contratos e a quantidade de contratos em aberto continua inalterada. Quando a quantidade de contratos em aberto se mantém constante durante uma alta, isso mostra que a leva de perdedores parou de crescer.

Quando os ursos se convencem de que os preços vão baixar, passam a vender a descoberto. Se os touros tiverem medo de comprar dos ursos, estes poderão vender apenas para outros ursos que operaram a descoberto mais cedo e agora querem cobrir suas posições e sair do mercado. Essas negociações não criam novos contratos e a quantidade de contratos em aberto mantém-se a mesma. Quando a quantidade de contratos em aberto fica constante durante uma queda, isso mostra que o grupo de exploradores de fundos não está crescendo. Sempre que a quantidade de contratos em aberto fica na horizontal, acende-se uma luz amarela – advertência de que a tendência está envelhecendo e que as melhores oportunidades de ganho já ficaram para trás.

A redução da quantidade de contratos em aberto mostra que os perdedores estão dando o fora, enquanto os vencedores estão realizando lucros. Quando diminui o grau de discordância entre os dois, a tendência está madura para a reversão. A quantidade de contratos em aberto cai quando os perdedores perdem a esperança e saem do mercado sem serem substituídos por novos perdedores. Quando um touro decide sair de sua posição comprada e um urso resolve cobrir sua posição vendida, as duas partes podem negociar entre si. Ao fazê-lo, o contrato desaparece e a quantidade de contratos em aberto fica reduzida em um contrato. A queda na quantidade de contratos em aberto mostra que os vencedores estão gerando caixa e que os perdedores estão perdendo a esperança. Isso acende uma luz vermelha – é sinal do fim da tendência.

Regras de negociação

Uma mudança de 10% na quantidade de contratos em aberto demanda séria atenção. Já uma mudança de 25% envia mensagens ainda mais importantes. O significado do aumento, da redução ou da constância de contratos em aberto depende da situação dos preços, ou seja, se estão subindo, descendo ou estáveis, no momento da mudança de contratos em aberto.

1. Quando a quantidade de contratos em aberto aumenta durante uma alta, isso confirma a tendência de alta e emite o sinal de que é seguro reforçar as posições compradas. Mostra que mais vendedores a descoberto estão entrando no mercado. Ao saírem, a cobertura de suas posições provavelmente acentuará a alta.
2. Quando a quantidade de contratos em aberto aumenta e os preços caem, isso mostra que os exploradores de fundos estão ativos no mercado. É seguro vender a descoberto, pois esses caçadores de pechinchas provavelmente puxarão os preços para baixo, ao jogarem a toalha.
3. Quando a quantidade de contratos em aberto aumenta enquanto os preços estão em faixa de negociação, o sinal é de baixa. É mais provável que os hedgers comerciais, em vez dos especuladores, vendam a descoberto. Um forte aumento na quantidade de contratos em aberto, enquanto os preços se mantêm na horizontal, mostra que hedgers tarimbados provavelmente estão operando a descoberto no mercado.

4. Quando a quantidade de contratos em aberto sofre uma queda abrupta, enquanto os preços estão em faixa de negociação, isso identifica a cobertura de posições por grandes interesses comerciais e emite um sinal de compra. Ao começarem a cobrir suas posições vendidas, os operadores comerciais estão revelando sua crença na alta do mercado.
5. Quando a quantidade de contratos em aberto diminui durante uma alta, isso mostra que os vencedores e os perdedores estão ficando tímidos e medrosos. Os comprados estão realizando lucro e os vendidos estão cobrindo posições. Os mercados descontam o futuro e uma tendência aceita pela maioria está pronta para a reversão. Se a quantidade de contratos em aberto cair durante uma alta, venda e prepare-se para vender a descoberto.
6. Quando a quantidade de contratos em aberto diminui durante uma baixa, isso mostra que os vendidos estão cobrindo posições e que os compradores estão apurando as perdas e saindo do mercado. Nesse caso, cubra as posições vendidas e prepare-se para comprar.
7. Quando a quantidade de contratos em aberto se estabiliza durante uma alta, trata-se de uma advertência de que a tendência de alta está ficando velha e que os melhores ganhos já foram auferidos. É sinal para estreitar os stops nas posições compradas e evitar novas compras. Quando a quantidade de contratos em aberto se estabiliza durante uma queda, é um aviso de que a tendência de baixa está madura e é melhor estreitar os stops nas posições vendidas. A estabilização da quantidade de contratos em aberto numa faixa de negociação não contribui com nenhuma nova informação.

Mais sobre contratos em aberto

Quanto maior for a quantidade de contratos em aberto, mais ativo estará o mercado e menor será o risco de *slippage* ao entrar e sair de posições. Nos mercados futuros, convém operar nos meses de entrega com maior quantidade de contratos em aberto.

Acompanhar os **relatórios de posições** (Commitment of Traders) pode ajudá-lo a descobrir as novas compras ou vendas por pequenos ou grandes especuladores ou por hedgers (ver Capítulo 7).

Muito poucos indicadores técnicos usam contratos em aberto. O **Herrick Payoff Index** é o indicador mais bem conhecido que os utiliza.

35. HERRICK PAYOFF INDEX

O Herrick Payoff Index (HPI) é um indicador desenvolvido por John Herrick, analista técnico de mercado da Califórnia. Ele o ensinou pessoalmente a alguns colegas, mas o indicador tornou-se mais popular depois que foi incluído no software CompuTrac, em princípios da década de 1980.

O Herrick Payoff Index ajuda a detectar acumulação e distribuição. A maioria dos indicadores mede apenas preços, alguns medem volume, mas o HPI monitora contratos em aberto, assim como preços e volume. O HPI confirma tendências válidas e ajuda a captar suas reversões.

Como construir o HPI

O Herrick Payoff Index pode ser calculado usando-se vários tipos de dados diários. Pode-se usar um único contrato, com seu próprio preço, volume e contratos em aberto. É mais prático combinar volume e contratos em aberto de todos os contratos e aplicar esses dados aos preços do mês de entrega mais ativo.

O HPI usa os preços máximos e mínimos, volumes e contratos em aberto diários. Necessita de dados para pelo menos três semanas antes de começar a produzir números significativos. Sua fórmula complexa torna o uso do computador quase imprescindível (ver planilha, Figura 35.1).

$$HPI = K_y + (K' - K_y)$$

em que: K_y = HPI de ontem.
K' = $[(M - M_y) \bullet C \bullet V] \bullet [1 \pm \{(I \bullet 2)/G\}]$

e M = preço médio – ou seja, (máxima + mínima)/2
M_y = preço médio de ontem
C = valor de um movimento de 1 cent (ou use a mesma constante para todos os contratos)
V = volume
I = valor absoluto de hoje menos contratos em aberto de ontem
G = contratos em aberto de hoje ou de ontem, o que for menor

O sinal "+" ou "–" é determinado da seguinte maneira: se $M > M_y$, o sinal é "+"; se $M < M_y$, o sinal é "–".

Data	Máxima	Mínima	Fechamento	Vol.	OI	Média	HPI
12/27	106,80	104,58	104,65	4552	30343	105,69	
12/28	105,19	104,11	105,13	3208	30195	104,65	
12/29	105,50	104,57	105,43	1770	29987	105,04	–29,0
1/02	105,17	103,60	104,97	4146	30249	104,38	–28,8
1/03	108,17	105,61	108,02	9940	30028	106,89	–0,6
1/04	109,09	105,96	106,51	10036	28944	107,52	6,3
1/05	107,97	107,03	107,55	4262	29015	107,50	5,5
1/08	109,46	108,01	109,15	8030	30125	108,74	15,6
1/09	110,00	108,00	108,05	6107	30162	109,00	15,7
1/10	108,00	105,86	106,16	5841	29814	106,93	2,3
1/11	107,41	106,52	107,17	3033	29996	106,96	2,2
1/12	105,77	103,71	104,20	9053	30850	1074,74	–17,1

Figura 35.1: Planilha do Herrick Payoff Index

O HPI mede mudanças nos preços, volume e contratos em aberto. Baseia-se na média, e não nos preços de fechamento — o consenso sobre valor para o dia. A complexidade do HPI torna o uso de computador quase imprescindível.

Aplica-se o HPI apenas a dados diários, e não a dados semanais ou intradiários. Não existe essa coisa de contratos em aberto semanais. O volume semanal pode ser obtido pela adição dos volumes diários de cinco dias, mas não se podem somar contratos em aberto.

Psicologia de multidão

O Herrick Payoff Index mede preços médios em vez de preços de fechamento. Os preços médios diários representam o consenso médio sobre valor no dia.

O volume representa o grau de comprometimento financeiro em dado mercado. Quando o volume aumenta, o valor absoluto de HPI para o dia também aumenta.

As mudanças diárias em contratos em aberto representam o fluxo de entrada e saída de fundos no mercado. O aumento de contratos em aberto é altista nas tendências de alta e baixista nas tendências de baixa. A estabilidade de contratos em aberto é basicamente neutra.

Regras de negociação

O Herrick Payoff Index emite vários tipos de sinais de negociação, apresentados aqui na ordem de importância. As divergências entre HPI e preços identificam algumas das melhores oportunidades de negociação (Figura 35.2). Quando o HPI rompe sua linha de tendência, emite-se um sinal de advertência preliminar de que é provável o rompimento da linha de tendência de preço. Quando o HPI cruza sua linha central, confirma-se nova tendência de preço.

1. Quando os preços caem para uma nova mínima mas o HPI produz um fundo mais alto do que na queda anterior, cria-se uma divergência de alta e emite-se um sinal de compra. Quando HPI inflecte para cima a partir de seu segundo fundo, compre e coloque um stop de proteção abaixo da mínima mais recente.

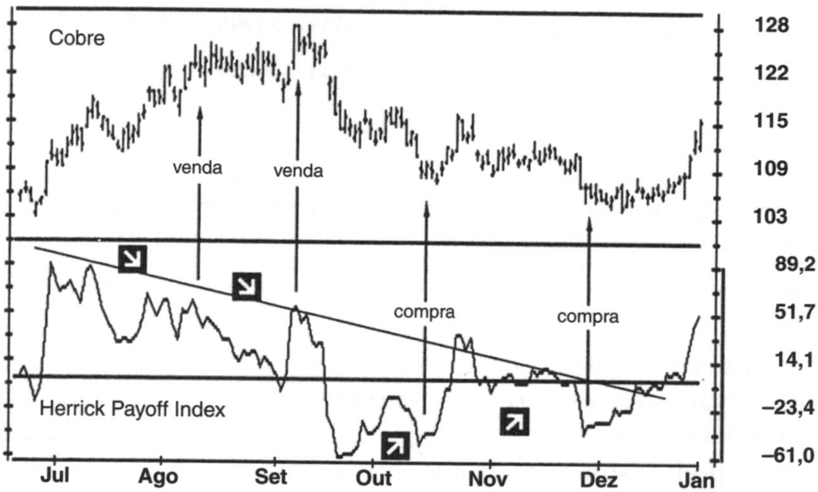

Figura 35.2: Herrick Payoff Index

O HPI acompanha os fluxos de dinheiro que entram e saem do mercado, medindo as mudanças nos preços, volumes e contratos em aberto. O HPI emite seus melhores sinais quando seus padrões divergem dos padrões dos preços. O HPI identificou topos de mercado em agosto e setembro, traçando picos mais baixos, enquanto os preços subiam para novas máximas. O HPI formou fundos de mercado em outubro e novembro, quando parou de cair e recuperou-se em níveis mais superficiais, enquanto o cobre resvalava para novas mínimas.

A divergência de alta em novembro foi seguida pelo rompimento de uma linha de tendência de baixa do HPI e por uma alta acima da linha central do HPI. Essa combinação emitiu um sinal especialmente forte para comprar cobre. Os melhores sinais desenvolvem-se lentamente e dão aos operadores muito tempo para embarcar na nova tendência.

2. Uma divergência de baixa ocorre quando os preços sobem para uma nova máxima mas o HPI produz um fundo mais baixo. Acende-se o sinal para venda a descoberto quando o HPI inflecte para baixo a partir de seu segundo topo. Coloque um stop de proteção acima da máxima mais recente.

Importantes divergências desenvolvem-se no curso de várias semanas. Uma divergência que leva dois meses para desenvolver-se é mais poderosa que outra na qual se passam duas semanas entre os topos e os fundos. Preste atenção às diferenças na altura dos topos e fundos adjacentes do HPI. Se o primeiro topo ou fundo estiver distante da linha central e o segundo topo ou fundo estiver perto dessa linha, tal divergência provavelmente resultará em importantes movimentos.

As divergências de alta ou de baixa do HPI geralmente levam muito tempo em formação. Depois de ter identificado um possível ponto de inflexão, com base em divergência do HPI, apoie-se nos osciladores de curto prazo para a determinação de referências temporais mais exatas. Quando uma divergência entre HPI e preço não for adiante e os stops entrarem em ação, redobre a atenção – é possível que você consiga oportunidade de negociação ainda melhor se uma divergência comum se transformar em divergência tripla de alta ou de baixa. As divergências triplas de alta consistem em três fundos mais baixos nos preços e em três fundos mais altos no HPI. As divergências triplas de baixa consistem em três topos mais altos nos preços e em três topos mais baixos no HPI. Ocorrem em alguns dos mais importantes pontos de inflexão nos mercados.

3. O HPI presta-se bem a métodos clássicos de análise gráfica, especialmente linhas de tendência. Quando as linhas de tendência dos preços e do HPI apontam na mesma direção, confirmam-se as tendências. O HPI geralmente rompe sua linha de tendência antes de os preços romperem as suas. Quando o HPI rompe abaixo de sua tendência de alta, emite-se um sinal de venda. Quando rompe acima de uma tendência de baixa, emite-se um sinal de compra. Convém, então, realizar lucro ou estreitar os stops.
4. A posição do HPI acima ou abaixo de sua linha central mostra se os touros ou os ursos estão no domínio do mercado. Quando o HPI está acima de sua linha central, isso mostra que os touros estão no controle – é melhor operar comprado. Quando o HPI está abaixo de sua linha central, é melhor operar a descoberto. Os touros podem comprar ou reforçar suas posições compradas quando o HPI se ergue acima da linha central. Quando o HPI cai abaixo de sua linha central, confirma-se a tendência de baixa.

36. TEMPO

A maioria das pessoas leva a vida como se pretendesse viver para sempre – sem revisão do passado, sem planejamento para o futuro e com um mínimo de aprendizado com os erros. Freud mostrou que a mente inconsciente não tem noção de tempo. Nossos desejos profundos mantêm-se em boa parte inalterados durante a vida.

Quando as pessoas se juntam às multidões, seu comportamento torna-se ainda mais primitivo e impulsivo do que quando estão sozinhas. As multidões não prestam atenção ao tempo, embora sejam afetadas por sua passagem. Os indivíduos são governados pelo calendário e pelo relógio, mas as multidões não têm noção de tempo. As multidões exteriorizam suas emoções, como se tivessem todo o tempo do mundo.

A maioria dos investidores concentra-se apenas nas mudanças nos preços e presta pouca atenção ao tempo. Este é apenas mais um sinal de estar preso à mentalidade de massa.

A consciência do tempo é um sinal de civilização. As pessoas sensatas têm consciência do tempo, ao passo que alguém que age impulsivamente ignora o tempo. Os analistas de mercado que prestam atenção ao tempo estão conscientes de uma dimensão oculta para as multidões.

Ciclos

Os ciclos de preço de longo prazo são fatos da vida econômica. Por exemplo, o mercado de ações dos Estados Unidos tende a operar em ciclos de quatro anos. Isso ocorre porque o partido no governo inflaciona a economia ao concorrer nas eleições presidenciais a cada quadriênio. O partido que ganha as eleições deflaciona a economia quando os eleitores não mais podem vingar-se nas urnas. Inundar a economia com liquidez ergue o mercado de ações, enquanto drenar a liquidez da economia pressiona os preços para baixo. Essa é a razão por que os dois anos anteriores à eleição presidencial tendem a ser de alta, enquanto os primeiros 12 a 18 meses após as eleições tendem a ser de baixa.

Os grandes ciclos em commodities agrícolas decorrem de fatores de produção básicos, associados à psicologia de massa dos produtores. Por exemplo, quando os preços dos rebanhos sobem, os pecuaristas criam mais animais. Quando esses animais chegam ao mercado, os preços caem e os produtores reduzem a produção. Quando a oferta é absorvida, a escassez empurra os preços para cima, os pecuaristas voltam ao trabalho e o ciclo de alta e baixa se repete. Este ciclo é mais curto em porcos do que em bois, pois aqueles chegam à fase de corte mais rápido do que estes.

Os ciclos de longo prazo podem ajudar os operadores a identificar as marés do mercado. No entanto, a maioria dos operadores mete-se em problemas ao tentar usar os ciclos de curto prazo como referencial temporal de precisão e como base para a previsão de pontos de inflexão secundários.

Os picos e vales de preço nos gráficos quase sempre parecem suceder-se de maneira ordeira. Os investidores municiam-se de lápis e réguas, medem a distância entre os picos vizinhos, projetam-nos em direção ao futuro para prever o próximo topo. Em seguida, medem as distâncias entre os fundos recentes e os extrapolam para o futuro para prever a próxima baixa.

Os ciclos põem pão e manteiga nas mesas de vários especialistas, que vendem serviços de previsão de máximas e mínimas. Poucos deles percebem que as formações que parecem ciclos em seus gráficos nada mais são do que filigranas de sua imaginação. Quando se analisam dados de preços por meio de programas com rigor matemático, como o MESA (Maximum Entropy Spectral Analysis), vê-se que aproximadamente 80% do que parece ciclo são simplesmente ruídos do mercado. A mente humana precisa encontrar ordem no caos – e para a maioria das pessoas a ilusão de ordem é melhor do que a desordem.

Quando se olha para qualquer rio do alto, o curso d'água parece seguir ciclos, virando para a direita e para a esquerda. Todo rio serpenteia em seus vales, porque a água flui com mais rapidez no meio do que perto das margens, criando turbulências que forçam os rios a fazer curvas.

Procurar ciclos de mercado com réguas e lápis é como procurar água com varinhas mágicas. Os lucros decorrentes de sucessos ocasionais são mais do que absorvidos pelos muitos prejuízos resultantes de métodos impróprios. Quando se fala com seriedade em ciclos, precisa-se de métodos matemáticos para descobri-los, como o MESA e a análise Fourier.

A análise Fourier busca ciclos em amostras de dados muito grandes, enquanto o MESA adota abordagem diferente, ao buscar evidências em movimentos cíclicos ordeiros, em intervalos temporais relativamente curtos (Figura 36.1). Ao contrário de outros pacotes, que sempre emitem sinais de negociação, o MESA adverte os investidores que não se detectam ciclos válidos em 80% do tempo. Seu propósito é reconhecer os ciclos à medida que emergem do ruído do mercado e dizer quando os ciclos começam a desaparecer.

Estações de indicadores

Os agricultores semeiam na primavera, colhem no fim do verão e se preparam para o inverno durante o outono. Há tempo para plantar e tempo para colher; tempo para apostar em tendências quentes e tempo para resguardar-se das intempéries. O conceito de estações pode ser aplicado aos mer-

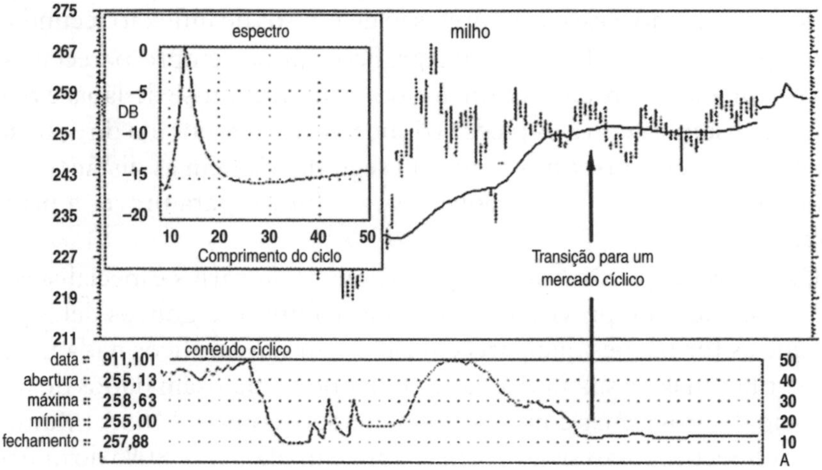

Figura 36.1: Ciclos de preços — Maximum Entropy Spectral Analysis (MESA)

O MESA (método e pacote de software) mostra que os ciclos tendem a mudar e a desaparecer. A janela estreita na parte inferior do gráfico rastreia o conteúdo cíclico. Quando está perto da borda superior, mostra que o mercado está caótico e, quando está próximo da borda inferior, mostra que o mercado está cíclico. Uma seta vertical marca a transição do caótico para o cíclico.

A janela quadrada no canto superior esquerdo do gráfico mostra conteúdo cíclico para qualquer data selecionada pelo analista. Agora, mostra que um ciclo de 13 dias está se erguendo acima do ruído do mercado. A linha serrilhada na borda direita do gráfico projeta o ciclo atual vários dias no futuro.

cados financeiros. Um investidor pode usar a abordagem do agricultor. Deve comprar na primavera, vender no verão, operar vendido no outono e cobrir suas operações no inverno.

Martin Pring desenvolveu o modelo de estação para preços, mas este conceito funciona ainda melhor com indicadores técnicos. As estações de indicadores mostram onde você se encontra no ciclo do mercado. Esse conceito simples, mas eficaz, ajuda-o a comprar quando os preços estão baixos e a vender quando os preços estão altos. Diz quando é provável que o sinal de um indicador seja forte ou fraco. Ajuda-o a manter-se à parte da multidão do mercado.

A estação de qualquer indicador é definida por dois fatores: sua inclinação e sua posição acima ou abaixo da linha central. Por exemplo, podemos aplicar o conceito de estações de indicadores ao histograma MACD (ver Seção 26). Definimos a inclinação do indicador MACD como a relação entre duas barras vizinhas. Quando o histograma MACD se ergue a partir de algum ponto abaixo da linha central, é primavera; quando sobe acima da linha central, é verão; quando cai a partir de algum ponto acima da linha central, é outono; e quando cai abaixo da linha central, é inverno. A primavera é a melhor estação para operar comprado e o outono é a melhor estação para vender a descoberto (Figura 36.2).

Inclinação do indicador	Posição em referência à linha central	Estação	Ação
Subindo	Abaixo	Primavera	Opere comprado
Subindo	Acima	Verão	Comece a vender
Caindo	Acima	Outono	Opere vendido
Caindo	Abaixo	Inverno	Comece a cobrir

Quando o histograma MACD estiver abaixo de sua linha central mas sua inclinação for ascendente, é primavera no mercado. A temperatura continua amena, mas está subindo. A maioria dos operadores de mercado receia que as temperaturas voltem a cair e tem medo de comprar. Emocionalmente, é difícil comprar, porque as lembranças da tendência de baixa ainda estão frescas. Com efeito, a primavera é o melhor tempo para comprar, com o maior potencial de lucro. O risco é baixo porque pode-se colocar um stop de proteção um pouco abaixo do mercado.

Quando o MACD sobe acima da linha central, é verão no mercado – e a maioria dos investidores reconhece a tendência de alta. É emocionalmente fácil comprar no verão porque os touros são muito numerosos. Com efeito, no verão, o potencial de lucro é mais baixo e os riscos são mais altos do que na primavera, porque os stops devem estar mais afastados do mercado.

Quando o histograma MACD está acima da linha central mas sua inclinação inflecte para baixo, é outono no mercado. Poucos investidores reconhecem a mudança e continuam comprando, na expectativa de que as temperaturas continuem altas. Emocionalmente, é difícil vender a descoberto no outono – exige que você se mantenha à parte da multidão, que continua altista. Mas, na verdade, o outono é a melhor época para vender a descoberto. O potencial de lucro é mais alto, enquanto os riscos podem ser limitados pela colocação de um stop acima das máximas recentes ou por meio de opções.

Quando o histograma MACD cai abaixo de sua linha central, é inverno no mercado. A essa altura, a maioria dos investidores reconhece a tendência de baixa. É emocionalmente fácil vender a descoberto no inverno,

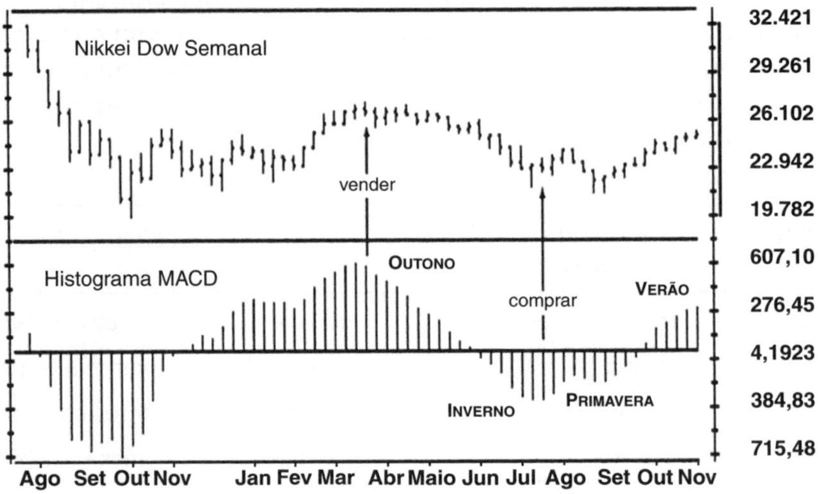

Figura 36.2: Estações de indicadores

O conceito de estações pode ser aplicado a quase todos os indicadores, embora este exemplo focalize o histograma MACD semanal. Ele o ajuda a operar atrelado no mercado.

Outono – o indicador está acima da linha central, mas caindo. Esta é a melhor estação para estabelecer posições vendidas.

Inverno – o indicador cai abaixo de sua linha central. Aproveite essa fraqueza para realizar lucro nas posições vendidas.

Primavera – o indicador inflecte para cima, a partir de algum ponto abaixo de sua linha central. Esta é a melhor época para estabelecer posições compradas. Observe a presença de uma "frente fria" na primavera, quando os preços caem para uma nova baixa e o histograma MACD vira para baixo temporariamente. Não venda a descoberto quando o histograma MACD inflectir para baixo, de algum ponto abaixo de sua linha central. Não compre quando ele inflectir para cima, a partir de algum ponto acima de sua linha central. A presença de uma divergência de alta, quando os preços caem para uma nova baixa, enquanto o indicador produz um fundo mais superficial, emite poderoso sinal de compra.

Verão – o indicador ergue-se acima de sua linha central. Quando a temperatura aumentar, aproveite esse momento de força para realizar lucro nas posições compradas.

juntando-se aos muitos ursos roncadores. Na verdade, o índice risco/recompensa avança rapidamente contra os ursos. As recompensas potenciais estão ficando menores e os riscos são altos, pois é preciso colocar stops relativamente longe dos preços.

Do mesmo modo como o agricultor presta atenção às veleidades do tempo, o investidor deve manter-se atento aos caprichos do mercado. O outono na fazenda pode ser interrompido por um verão indiano, assim como o mercado pode encenar forte alta no outono. Uma geada súbita pode atingir os campos na primavera, do mesmo modo como o mercado pode despencar no início de um movimento de alta. O investidor precisa usar sua capacidade de julgamento e aplicar vários indicadores e técnicas para evitar cair numa montanha-russa (ver Seção 43).

O conceito de estações de indicadores foca a atenção do investidor na passagem do tempo no mercado. Ajuda-o a preparar-se para a próxima estação, em vez de pular em resposta às iniciativas de outras pessoas.

Retrocesso (retracement)

Muitos investidores observam os retrocessos de preços. Por exemplo, se o mercado sobe 120 pontos, os investidores tentam reforçar suas posições compradas quando o mercado retrocede 50% do movimento anterior e cai 60 pontos.

Muitos operadores de sala de negociações buscam sinais de reversão da tendência depois de um retrocesso de 61,8% do movimento anterior. Esse número baseia-se nas séries de números de Fibonacci.

Essa ideia de medir retrocessos também pode ser aplicada ao tempo. Vale a pena medir a duração de cada alta e declínio. Por exemplo, as altas nos mercados altistas geralmente são interrompidas por declínios que duram cerca de metade do tempo da alta anterior. Quando se descobre que as altas tendem a durar 5 dias e os declínios 5 dias, esse conhecimento estimula a buscar oportunidades de compra a partir de quatro dias depois do início da queda.

O fator de cinco

Os analistas geralmente se sentem confusos quando analisam os gráficos de diferentes referências temporais e veem que o mercado avança em várias direções de uma vez. A tendência pode ser de alta nos gráficos diários mas de baixa nos semanais, e vice-versa. Qual dessas tendências seguir? A situação fica ainda mais complexa quando se examinam os gráficos intradiários. A maioria dos investidores escolhe uma referência temporal e fecha os olhos para as demais – até serem atingidos por um movimento repentino fora de "sua" referência temporal.

O fator 5 liga todas as referências temporais. Quando se começa com gráficos mensais e depois se muda para os semanais, percebe-se que o mês compõe-se de 4,5 semanas. Quando se passa para os gráficos diários, vê-se que a semana tem 5 dias de negociações. À medida que se estreita a referência temporal e parte-se para os gráficos horários, percebe-se que o dia de negociação dura de 5 a 6 horas. Os day-traders podem avançar ainda mais e analisar gráficos de 10 minutos, seguidos de gráficos de 2 minutos. Todos estão relacionados pelo fator 5.

A maneira adequada de analisar qualquer mercado é estudá-lo em pelo menos duas referências temporais, relacionadas entre si pelo fator 5. Quando se analisa o mercado em duas referências temporais, a mais curta deve ser 5 vezes mais breve do que a mais longa. Quando se analisam gráficos diários, devem-se primeiro analisar gráficos semanais; e quando se pretende negociar durante o dia, usando gráficos de 10 minutos, é preciso primeiro analisar gráficos horários. Este é um dos princípios básicos do sistema de negociação Triple Screen (Seção 43).

VI

Indicadores do Mercado de Ações

37. NEW HIGH-NEW LOW INDEX (ÍNDICE NOVA MÁXIMA-NOVA MÍNIMA)

Os investidores em ações e em futuros costumavam viver como duas tribos separadas. Operavam em diferentes mercados e usavam diferentes ferramentas analíticas. O muro entre eles começou a desmoronar depois que se criaram os futuros de índices de ações, em 1982. Ambas as tribos apressaram-se em explorar a novidade.

Os operadores astutos do mercado de ações usam o estocástico, as médias móveis e outras ferramentas dos analistas de futuros e opções. Os investidores astutos dos mercados de futuros e opções podem determinar as melhores épocas para operar com índices de ações usando indicadores do mercado de ações. Aí se incluem o new high-new low index (NH-NL), provavelmente o melhor indicador antecedente do mercado de ações, o traders' index (TRIN) e vários outros.

Como construir o NH-NL

O índice new high-new low (NH-NL), ou nova máxima-nova mínima, monitora os números referentes às líderes do mercado. Mede a quantidade de ações que alcançaram novas máximas ou novas mínimas no ano, em determinada data. As ações na lista de novas máximas são as líderes em força e as ações na lista de novas mínimas são as líderes em fraqueza. O NH-NL confirma tendências quando sobe ou desce atrelado aos preços. Identifica topos e fundos no mercado de ações quando diverge dos preços.

Esse indicador mede as diferenças diárias entre novas máximas e novas mínimas. Além disso, é fácil de calcular a mão, com base em informações extraídas das seções especializadas da maioria dos jornais.

NH-NL = novas máximas – novas mínimas.

As novas máximas e as novas mínimas são reportadas pela maioria dos serviços de dados dos Estados Unidos. Certifique-se de que seu fornecedor de dados calcula as novas máximas e as novas mínimas durante um período de 52 semanas. Alguns usam velhos "métodos calendário" e calculam as novas máximas e mínimas sempre a partir de janeiro, e não nos 12 meses anteriores.

Plote o índice new high-new low como histograma, com uma linha de referência horizontal no nível zero. Nos dias em que houver maior quantidade de novas máximas do que de novas mínimas, o NH-NL é positivo e plotado acima da linha central. Nos dias em que houver maior quantidade de novas mínimas do que de novas máximas, o NH-NL é negativo e plotado abaixo da linha central. Se as quantidades de novas máximas e de novas mínimas forem iguais, o NH-NL é zero.

Psicologia de multidões

As ações aparecem na lista de novas máximas quando atingem seu ponto mais forte em todo o ano. Isso mostra que uma manada de touros está atrás da ação. As ações aparecem na lista de novas mínimas quando atingem seu ponto mais fraco em todo o ano. Isso mostra que uma manada de ursos agressivos está descartando suas ações.

O índice new high-new low monitora as ações mais fortes e mais fracas na bolsa e compara seus números. Mede o equilíbrio de poder entre as líderes em força e as líderes em fraqueza. Essa é a razão por que o NH-NL é um indicador antecedente do mercado de ações. Os índices amplos, como o S&P 500, tendem a seguir a tendência do NH-NL (Figura 37.1).

Você pode visualizar as 2.000 ações da Bolsa de Valores de Nova York como um regimento de 2.000 homens. Se cada ação for um soldado, as novas máximas e as novas mínimas são os oficiais. As novas máximas são os oficiais que lideram o ataque colina acima e as novas mínimas são os oficiais que estão desertando e debandando colina abaixo. Não há maus soldados nem maus oficiais, afirmam os especialistas militares. O índice new high-new low mostra se mais oficiais lideram o ataque colina acima ou a derrocada colina abaixo.

Quando NH-NL se ergue acima de sua linha central, isso mostra que a liderança altista está mais forte. Quando NH-NL cai abaixo de sua linha

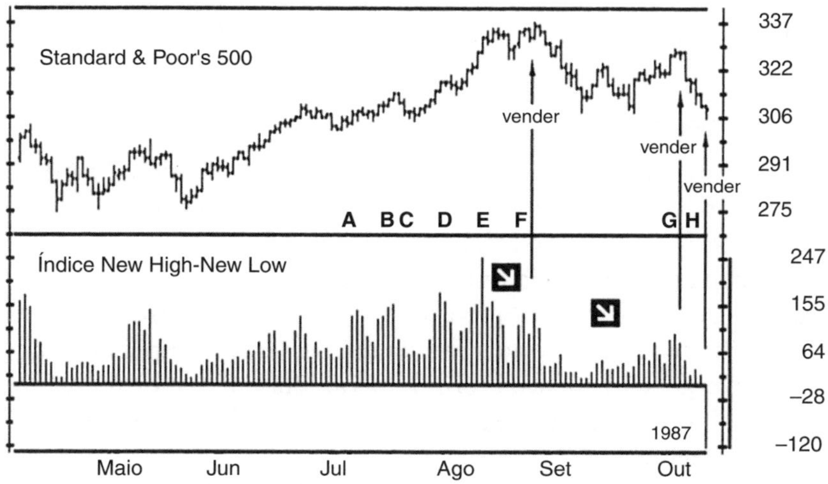

Figura 37.1: Índice new high-new low

As ações que alcançam novas máximas no ano são as líderes em força e as ações que alcançam novas baixas no ano são as líderes em fraqueza. O NH-NL mede a direção e a intensidade da liderança do mercado, comparando o número de novas máximas e de novas mínimas.

No verão de 1987, o sentimento altista da massa tornou-se muito forte, à medida que o mercado em alta urrava em seu pico final. Enquanto cada nova máxima no mercado de ações era confirmada por novo pico no índice new high-new low (A, B, C, D e E), foi seguro manter ações. O pico de agosto no mercado de ações foi acompanhado por uma divergência de baixa (E-F) no índice NH-NL, emitindo um sinal de venda.

Quando o mercado de ações caiu em setembro, muitos operadores de mercado converteram-se em caçadores de pechinchas. Cinco anos de preços em ascensão os treinara a aproveitar as quedas para compras. O NH-NL, enquanto isso, apontava para grave fraqueza. Formou um pico em apenas 100 (G), indicando fraqueza. O NH-NL tornou-se negativo em outubro (H) e emitiu repetidos sinais de venda, antecipando-se ao crash histórico.

central, isso mostra que a liderança baixista está mais forte. Se o mercado sobe para nova máxima, isso mostra que a liderança altista está crescendo e que a tendência de alta tende a continuar. Se o mercado sobe, mas NH-NL encolhe, isso mostra que a tendência de alta está enfrentando problemas. Um regimento cujos oficiais estejam desertando tende a dar meia-volta e debandar.

Uma nova mínima no NH-NL mostra que a tendência de baixa deve prosseguir. Se os oficiais correrem mais rápido do que os soldados, é provável que o regimento seja massacrado. Se as ações caírem, mas o NH-NL virar para cima, essa situação revela que os oficiais já não estão correndo.

Quando os oficiais recuperarem o moral, todo o regimento tenderá a acompanhá-los na subida da colina (Figuras 37.2 e 37.3).

Regras de negociação

Os investidores precisam prestar atenção a três aspectos do NH-NL, listados a seguir, pela ordem de importância: divergências entre os picos e os fundos do NH-NL e os preços, a tendência do NH-NL e o nível do NH-NL, acima ou abaixo da linha central.

Quando se confirma um pico de preços por uma nova máxima em NH-NL, a alta tende a continuar, ainda que seja interrompida por um declínio. As divergências entre o NH-NL e as amplas médias de mercado fornecem os melhores sinais de negociação. A tendência que perde os líderes tende a reverter-se.

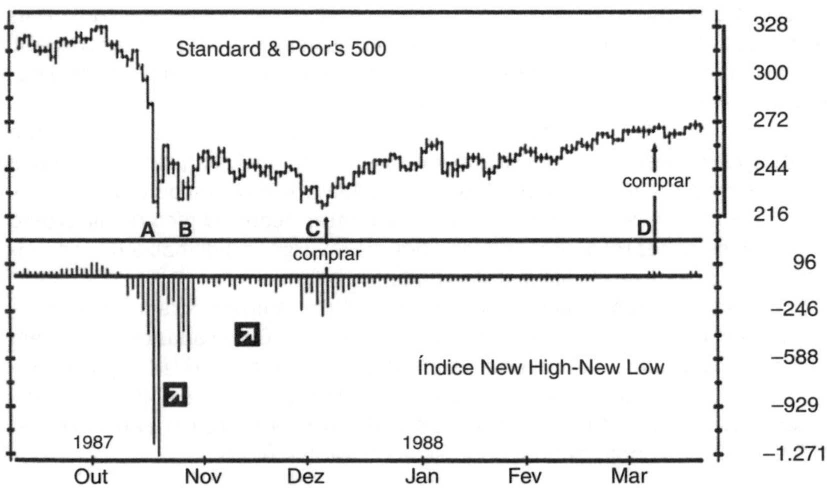

Figura 37.2: Índice new high-new low

O mercado de ações despencou em outubro de 1987 e o número de novas mínimas explodiu, atingindo quase 1.300 (A). O mercado de ações quicou ("salto de gato morto"), mas retrocedeu às mínimas (B). Os jornais estavam cheios de artigos alarmistas, indagando se aquele era o fim do sistema financeiro ocidental, tal como o conhecíamos. Mas o NH-NL emitia uma mensagem muito mais otimista, ao mostrar que as novas mínimas estavam encolhendo, ou seja, os oficiais recusavam-se a correr. O mercado submeteu a novos testes suas baixas, em dezembro (C), e o NH-NL traçou uma divergência de alta ainda mais forte, disparando um sinal de compra, que se confirmou quando NH-NL irrompeu em território positivo (D). Este era o começo de um mercado em alta de dois anos.

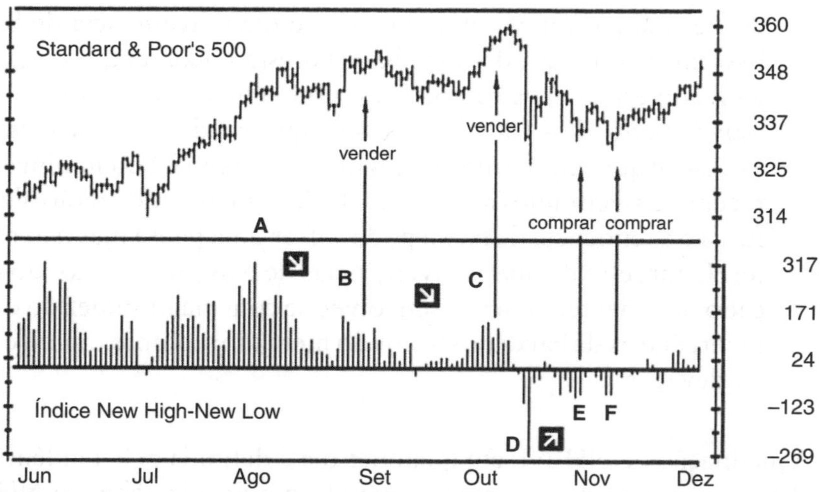

Figura 37.3 Índice new high-new low

O índice new high-new low emite suas melhores mensagens quando diverge dos preços. Este gráfico mostra o que aconteceu antes do minicrash de 1989 e como começou a recuperação.

O mercado alcançou novo pico em agosto (A), acompanhado por novo pico no NH-NL, que indicava a probabilidade de o mercado subir ainda mais. A alta em setembro (B) foi acompanhada por uma divergência de baixa que emitiu um sinal de venda. O mercado lutou para chegar a nova máxima em outubro (C), mas o NH-NL produziu um pico mais baixo, repetindo o sinal de venda. O NH-NL tornou-se negativo um dia antes do crash, confirmando vigorosamente o sinal de venda.

A mínima de outubro (D) foi seguida por uma alta reflexa ("salto de gato morto") e os preços retestaram duas vezes as mínimas de outubro (E, F). Em ambas as ocasiões, o NH-NL construiu fundos mais superficiais do que em outubro. Essas divergências de baixa emitiram sinais de compra e iniciou-se nova tendência de alta.

1. Se o NH-NL traçar um pico mais baixo enquanto o mercado sobe para nova máxima, cria-se uma divergência de baixa. Isso mostra que a liderança altista está ficando fraca, ainda que o mercado como um todo esteja mais alto. As divergências de baixa marcam o fim de tendências de alta. Se o último pico em NH-NL estiver em cerca de +100 ou menos, é provável que importante reversão esteja próxima e é hora de operar vendido. Se o pico mais recente estiver muito acima de 100, a liderança positiva é bastante forte para evitar que o mercado entre em colapso.

2. Se o NH-NL traçar um fundo mais superficial enquanto o mercado declina para nova mínima, cria-se uma divergência de baixa. Isso mostra que a liderança baixista está encolhendo, embora o mercado esteja mais baixo. Se a mínima mais recente no NH-NL estiver perto de –100, isso mostra que a liderança baixista está exausta e que importante reversão está próxima. Se a mínima mais recente estiver muito abaixo de –100, os ursos ainda terão alguma força e a tendência de baixa pode sofrer uma pausa mas não reverter. Lembre-se de que as divergências de baixa nos fundos do mercado de ações tendem a desenvolver-se com mais rapidez do que as divergências de baixa nos topos do mercado: compre rápido e venda devagar.

A inclinação de NH-NL em qualquer dia é definida pela tendência de suas barras nos dias mais recentes. Quando o mercado sobe e o NH-NL sobe, confirmam-se as tendências de alta. Quando o NH-NL cai junto com o mercado, confirmam-se as tendências de baixa.

3. Se o NH-NL cai enquanto todo o mercado se mantém estável ou em alta, é hora de realizar lucro nas posições de curto prazo. Quando o NH-NL cai, isso mostra que a liderança baixista está forte e que é seguro conservar as posições vendidas e até aumentá-las. Se o mercado continua a cair mas o NH-NL sobe, a tendência de baixa é uma hipótese – é hora de cobrir as posições vendidas.
4. Se o NH-NL subir num dia estável, acende-se uma mensagem de alta e emite-se um sinal de compra. Isso mostra que os oficiais estão subindo a colina, enquanto os soldados ainda estão agachados nas trincheiras. Quando NH-NL cai num dia estável, isso emite um sinal para vender a descoberto. Mostra que os oficiais estão desertando, enquanto as tropas ainda estão mantendo as posições. Os soldados não são burros – se os oficiais correm, eles não vão ficar e lutar sozinhos.

A posição do NH-NL em relação à linha central mostra se os touros ou os ursos estão no controle. Quando o NH-NL está acima da linha central, sabe-se que a maioria dos líderes de mercado é altista. Nesse caso, é melhor operar no mercado de ações no lado comprado. Quando o NH-NL está abaixo da linha central, sabe-se que a liderança baixista é mais forte, e é melhor operar no lado vendido. O NH-NL pode ficar acima da linha central durante meses seguidos, nos mercados em alta, e abaixo da linha central durante meses seguidos, nos mercados em baixa.

5. Se o NH-NL ficar negativo durante vários meses mas depois subir acima de sua linha central, isso sinaliza que é provável iniciar-se um movimento de alta. Nesse caso, é hora de procurar oportunidades de compra, usando-se osciladores para a determinação do momento mais adequado. Se o NH-NL ficar positivo durante vários meses mas então cair abaixo de sua linha central, isso revela a probabilidade de que se inicie um movimento de baixa. Nesse caso, é hora de buscar oportunidades de operar a descoberto, usando-se osciladores para a determinação do momento mais adequado.

Mais sobre o NH-NL

Os velhos analistas costumavam **ajustar o NH-NL** usando médias móveis simples de 10 dias e de 30 dias. Quando uma MM de 10 dias de NH-NL cruzava acima de uma MM de 30 dias, emitia-se um sinal de compra. Quando uma MM de 10 dias cruzava abaixo de uma MM de 30 dias, emitia-se um sinal de venda. O NH-NL bruto emite sinais mais claros, mas caso ainda se queira ajustar o NH-NL, é melhor usar médias móveis exponenciais.

A quantidade de novas máximas e de novas mínimas é divulgada diariamente pela Bolsa de Valores de Nova York, pela American Stock Exchange, pela Over-the-Counter Exchange e pela London Stock Exchange. A maioria das **bolsas de valores no exterior** não reporta esses números, mas os analistas equipados com computador não terão dificuldade em criar o NH-NL para qualquer mercado. Os investidores que usam o NH-NL fora dos Estados Unidos desfrutam de posição de vantagem em relação aos concorrentes que carecem desse indicador. É necessário obter um ano de dados diários para cada ação que se acompanha e atualizá-los todos os dias. Programe o computador para examinar seu banco de dados todos os dias e destacar as ações que atingiram nova máxima ou nova mínima em relação às 52 semanas anteriores.

O NH-NL não funciona nos **mercados de ações dominados por um punhado de ações.** Por exemplo, centenas de ações estão listadas na Bolsa de Milão, na Itália, mas apenas duas delas – FIAT e Generale – representam quase 70% de toda a capitalização de mercado. Essas duas gigantes são capazes de sufocar o restante do mercado.

38. TRADER'S INDEX E OUTROS INDICADORES DO MERCADO DE AÇÕES

O trader's index (TRIN) é um indicador antecedente do mercado de ações. Mostra quando grandes altas e baixas estão prontas para reverter-se, medindo a intensidade do otimismo do grupo dominante no mercado. O otimismo excessivo está associado com os topos do mercado e o pessimismo excessivo com os fundos.

O TRIN mede a relação entre ações em alta e em baixa e compara esse resultado com a relação entre volumes crescentes e decrescentes. Esse indicador foi popularizado por Richard Arms e é parte da maioria dos sistemas de cotações. Qualquer corretor com um terminal em sua mesa pode apertar algumas teclas e ver o TRIN mais recente. É fácil calcular o TRIN a mão ou em computador no fim de cada dia de negociação.

Com o tempo, o desenvolvimento do mercado, abrangendo inovações como opções sobre ações e arbitragem de índices, mudou o TRIN. A interpretação original do TRIN foi ajustada, mas este ainda se destaca como um dos melhores indicadores do mercado de ações. Ajuda a determinar o timing para negociações com ações, assim como para operações com futuros e opções.

Como construir o TRIN

Precisa-se de quatro dados para calcular o traders' index: o número e o volume de ações em alta e em baixa, assim como o volume de ambos os grupos. Essas informações são divulgadas pela Bolsa de Valores de Nova York e por várias outras bolsas durante cada seção de negociação.

$$\text{TRIN} = \frac{\text{Emissões em alta}}{\text{Volumes crescentes}} / \frac{\text{Emissões em baixa}}{\text{Volumes decrescentes}}$$

O TRIN compara a relação entre o índice de ações em alta e em baixa e o índice entre volumes crescentes e decrescentes (ver Figura 38.1). Se 1.000 ações sobem com um volume de 100 milhões de ações e 1.000 ações caem com um volume de 100 milhões de ações, o TRIN é igual a 1. Se 1.500 ações sobem com um volume de 150 milhões de ações e 500 ações descem, com um volume de 50 milhões de ações, o TRIM continua em 1.

O TRIN cai quando o volume de ações em alta é desproporcionalmente alto, em comparação com o seu número. O TRIN sobe quando o volume de ações em baixa é desproporcionalmente alto, em comparação com o seu número.

O volume de ações em alta geralmente incha desproporcionalmente a seu número durante as altas. Se o índice entre ações em alta e ações em baixa é 2:1 mas o índice entre volumes crescentes e volumes decrescentes é 4:1, o TRIN é de 0,50 (2:1/4:1). Um TRIN baixo mostra que os touros estão muito otimistas, a alta está exagerada e o topo está próximo.

Data	Alta	Baixa	Vol. cresc.	Vol. decresc.	TRIN:1	TRIN:13-MME
6/04	784	765	8374	7107	0,87	
6/05	661	895	7162	9418	0,97	
6/06	681	861	6339	8783	1,10	
6/07	445	1113	3251	11771	1,415	
6/10	648	905	4230	6644	1,12	
6/11	868	680	9371	48231	0,66	
6/12	356	1237	2049	12906	1,81	
6/13	765	734	6787	5420	0,83	
6/14	1036	531	11529	4123	0,70	
6/17	645	851	4518	6916	1,16	
6/18	622	895	5261	8177	1,08	
6/19	399	1159	2453	11567	1,62	
6/20	655	854	6305	7734	0,94	1,10
6/21	841	684	11192	5239	0,58	1,02
6/24	298	1322	1202	11592	2,17	1,18
6/25	612	888	5216	8171	1,08	1,17

Figura 38.1: Planilha do traders' index (TRIN)

O TRIN monitora o índice entre ações em alta e ações em baixa e compara-o com o índice entre volumes crescentes e decrescentes. Funciona melhor quando é ajustado com uma média móvel exponencial, como a MME de 13 dias.

Quando o mercado cai, o volume de ações em baixa geralmente incha fora de proporção com seu número. Se o quociente de emissões em alta e em baixa é de 1:2 mas o quociente entre volumes crescentes e decrescentes é de 1:4, o TRIN será de 2 (1:2/1:4). O TRIN alto mostra que os ursos estão muito otimistas, as ações em baixa envolvem grandes volumes, a baixa está exagerada e o mercado se aproxima do fundo.

O TRIN está sujeito a fortes oscilações de um dia para o outro. Seus sinais são melhores quando é ajustado com uma média móvel. Pode-se usar uma média móvel exponencial de 13 dias de TRIN diário (ver Seção 25). Ela filtra o ruído da volatilidade diária e mostra a verdadeira tendência desse indicador. No restante deste capítulo, o termo TRIN será usado como abreviação de MME de 13 dias do TRIN diário.

Plote o TRIN numa escala vertical invertida. Os números baixos no topo identificam os picos de mercado e os números altos na base identificam as mínimas do mercado. Duas linhas de referência horizontais marcam os níveis overbought e oversold. Quando o TRIN se ergue acima de sua linha de referência superior, isso mostra que o mercado de ações está overbought e aproximando-se do topo. Quando o TRIN cai abaixo de sua linha de referência mais baixa, isso mostra que o mercado está oversold e aproximando-se do fundo.

O nível das linhas de referência depende de as ações estarem em tendência de alta, em tendência de baixa ou em faixa de negociação neutra. A linha de overbought geralmente é colocada em 0,65 ou 0,70 nos mercados em alta ou em 0,70 ou 0,75 nos mercados em baixa. A linha de oversold é colocada em 0,90 ou 0,95 nos mercados em alta ou em 1,00 ou 1,10 nos mercados em baixa. Esses níveis talvez já não sejam os mesmos quando você estiver lendo este livro – use-os como ponto de partida para suas próprias pesquisas.

A melhor maneira de traçar linhas de referência é examinar um gráfico de índices, como o S&P 500 para os últimos seis meses, junto com o TRIN. Marque todos os topos e fundos importantes do S&P 500 e trace duas linhas de referência que cruzem os correspondentes topos e fundos do TRIN. Quando o TRIN entrar mais uma vez nessas áreas extremas, você saberá que o mercado ingressou em zona de reversão. Ajuste as linhas de oversold e overbought a cada três meses.

Psicologia de multidão

O mercado de ações é um animal maníaco-depressivo – oscila do auge da expansão até a mais profunda depressão. A disposição de ânimo dos pacientes maníaco-depressivos passa por ciclos. Ao atingir o fundo da depressão, seu ânimo começa a melhorar. Ao chegar ao topo da mania, começa a desacelerar. Os investidores podem usar o TRIN para diagnosticar episódios maníacos e depressivos no mercado de ações e apostar em suas reversões (ver Figura 38.2).

As multidões são emocionais e voltadas para o curto prazo. As tendências geralmente vão mais longe do que o esperado porque as multidões exteriorizam seus sentimentos e correm, em vez de agir com racionalidade. As tendências revertem quando as massas de investidores se cansam de correr. O TRIN mostra quando chega a exaustão.

Quando os touros ficam gananciosos durante uma alta, compram tantas ações que o volume crescente incha fora de proporção com o número de ações em alta. Quando o TRIN se ergue acima de sua linha de referência

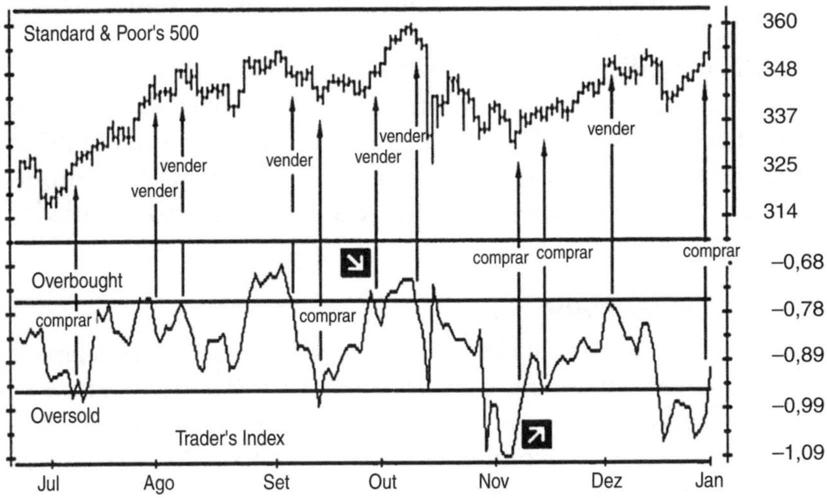

Figura 38.2: Traders' Index (TRIN)

Quando o volume de ações em alta aumenta fora de proporção com seu número, isso reflete entusiasmo altista, e o TRIN torna-se overbought. Ele sobe e então acende um sinal de venda, ao sair da zona overbought. Quando o volume das ações em baixa se torna muito grande em relação a seu número, o TRIN fica oversold. Emite um sinal de compra ao sair da zona oversold.

O TRIN emite seus melhores sinais de compra e venda quando diverge do padrão do índice S&P 500. O mercado subiu mais alto em outubro do que em setembro, mas o TRIN atingiu topo mais baixo, emitindo forte sinal de venda. Depois da queda de outubro, o mercado retestou seu fundo em novembro, mas um fundo muito mais alto no TRIN mostrou que os ursos estavam perdendo o fôlego. Essa divergência de alta emitiu um forte sinal de compra. Na borda direita do gráfico, o mercado está forte, mas o TRIN está longe de uma posição overbought – mantenha-se comprado.

superior, isso mostra que o otimismo da massa elevou-se a nível relacionado com os topos.

Se os ursos despejarem suas ações durante um declínio, o volume de ações em baixa geralmente aumenta fora de proporção com seu número. Quando o TRIN cai abaixo de sua linha de referência inferior, isso mostra que a baixa está exagerada e que a reversão está próxima.

As mudanças no TRIN são semelhantes ao que ocorre durante as horas de rush na estação suburbana de uma ferrovia que liga a cidade à periferia urbana. De manhã, a plataforma de embarque fica apinhada, enquanto à noite a multidão se comprime na plataforma de chegada. A multidão maior identifica o pico da tendência na ida para a cidade ou na volta para casa. Identificam-se as reversões no tráfego ferroviário, avaliando-se a quantidade de pessoas nas plataformas. É o que faz o TRIN no mercado de ações.

O TRIN identifica as horas de rush nas tendências de alta e nas tendências de baixa, sinalizando os extremos de alta nos topos e os extremos de baixa nos fundos. O TRIN identifica as viradas de ânimo da multidão do mercado de ações. Os profissionais usam essas informações porque tendem a operar contra os desvios e a favor do retorno à normalidade.

Regras de negociação

O TRIN é plotado em escala invertida. Os números altos marcam os fundos e os números baixos marcam os topos. O TRIN oscila entre 0,75 e 0,85 em mercados neutros. É menos que 1,0, pois o volume de ações em alta geralmente supera o volume de ações em baixa. As pessoas normalmente são mais altistas do que baixistas.

O TRIN não pode ser usado mecanicamente – as mesmas leituras significam diferentes coisas sob diferentes condições de mercado. As leituras de overbought e oversold são mais baixas durante os mercados em baixa e mais altas durante os mercados em alta. Por exemplo, o TRIN de 0,60 marca grande força altista nos estágios iniciais de um mercado em alta. Sugere que se busquem todas as oportunidades para ampliar as posições compradas. A mesma leitura de 0,60 durante uma alta secundária num mercado em baixa marca grande oportunidade para operar a descoberto. Essa é a razão por que convém ajustar as linhas overbought e oversold a cada três meses.

1. Compre quando o TRIN sair da zona oversold. Quando o TRIN cruza para cima da linha de referência inferior, ele mostra que os ursos perderam o gás. Comprar a essa altura é como apostar na mudança do tráfego depois da hora do rush.
2. Venda quando o TRIN deixar a zona de overbought. Quando o TRIN mergulha abaixo de sua linha de referência superior, isso mostra que os touros estão ficando sem fôlego. Vender a descoberto nesse momento é mais seguro do que tentar pegar o topo exato.
3. O TRIN funciona melhor quando combinado com o índice new high-new low (ver Seção 37). Se o TRIN ficar oversold enquanto o NH-NL alcança nova mínima, isso mostra que a liderança baixista está forte e que a tendência de baixa tende a continuar. Se o TRIN ficar oversold mas o NH-NL traçar uma divergência de alta, isso marca importante mínima. Os sinais combinados de TRIN e NH-NL dão confiança aos investidores para ampliar as posições compradas.

4. Se o TRIN ficar overbought mas o NH-NL subir até nova máxima, isso mostra que a liderança altista é forte, sendo provável a continuação da tendência de alta. Se o TRIN ficar overbought enquanto o NH-NL traça uma divergência de baixa, isso geralmente marca importante topo no mercado de ações. Nesse caso, convém reforçar as posições a descoberto.

O TRIN emite seus sinais de compra e de venda mais fortes quando diverge dos preços.

5. Quando o mercado de ações atinge nova máxima mas o TRIN traça um pico mais baixo do que durante a alta anterior, isso mostra que os touros estão perdendo a energia. Quando os touros não são capazes de comprar tantas ações quanto antes, a tendência de alta enfrenta problemas. Uma divergência de baixa entre o TRIN e o mercado de ações emite forte sinal de venda.
6. Quando o mercado de ações cai para nova mínima mas o TRIN estabiliza-se em nível mais superficial do que durante seu declínio anterior, isso mostra que os ursos têm menos ações para vender. Quando os ursos começam a perder energia, o mercado está pronto para subir. Uma divergência de alta entre o TRIN e o mercado de ações emite forte sinal de compra.

Mais sobre TRIN

A Bolsa de Valores de Nova York divulga informações sobre as ações em alta e em baixa e sobre seus volumes durante cada sessão de negociação. O **TRIN intradiário** pode ser usado pelos day-traders.

Também é possível aplicar o TRIN às ações negociadas em qualquer bolsa de valores que reporte os números de ações em alta e em baixa e seus volumes. Quando esses dados se tornarem disponíveis em **bolsas no exterior**, os primeiros operadores de mercado a usá-los desfrutarão de vantagem competitiva.

Avanço/declínio

A linha avanço/declínio (linha A/D) mede a participação da massa nas altas e baixas. Supondo que as novas máximas e as novas mínimas sejam os oficiais de nossa analogia, e o Dow Jones Industrials seja o general, a linha A/D mostra se os soldados estão seguindo os líderes. A probabilidade de persistência da alta ou baixa é maior quando a linha A/D sobe até nova máxima ou desce até nova mínima, atrelada ao Dow.

Para calcular o A/D a cada dia, subtraia o número de ações em declínio do número de ações em avanço e ignore as ações que se mantêm constantes. O resultado é positivo ou negativo, caso, respectivamente, mais ações avancem ou declinem. Por exemplo, supondo a negociação de 1.900 ações, 900 avançando, 700 declinando e 300 sem alterações, o avanço/declínio será igual a +200 (900 – 700). Os números de avanço/declínio referentes a cada dia são adicionados ao total do dia anterior, criando uma linha A/D cumulativa.

Os investidores devem ficar de olho nos novos picos e vales da linha A/D, pois seu nível absoluto depende, sobretudo, de sua data de início. As altas e baixas dotadas de bases amplas têm energia mais duradoura. Se nova máxima no mercado de ações for acompanhada por nova máxima na linha A/D, isso mostra que a alta tem ampla base e tende a continuar. Se o mercado de ações atingir novo pico mas a linha A/D alcançar topo mais baixo do que durante a alta anterior, isso mostra que menos ações estão sendo negociadas e que a alta talvez esteja perto do fim. Quando o mercado cai para nova mínima mas a linha A/D traça fundo mais superficial do que durante o declínio anterior, isso mostra que a queda está ficando mais débil e que o movimento dos ursos está chegando ao fim. Esses sinais tendem a antecipar-se às reversões em semanas, se não meses.

Ações mais ativas

O indicador de ações mais ativas (Most Active Stocks – MAS) é a linha avanço/declínio das 15 ações mais ativas da Bolsa de Valores de Nova York. São listadas diariamente em muitos jornais. Muitas ações de grandes empresas, como as da IBM, aparecem com frequência nessas listas. Outras ações entram na lista apenas quando atraem a atenção do público, em face de determinada notícia extremamente positiva ou negativa. O MAS é indicador de *big money* (grana alta) – mostra se o *big money* está altista ou baixista.

O MAS para cada dia é igual ao número das ações mais ativas que avançam menos o número das ações mais ativas que declinam. Por exemplo, se 9 das ações mais ativas sobem, 4 caem e 2 ficam estáveis, o MAS desse dia é 5 (9 – 4). O MAS de cada dia é adicionado ao total do dia anterior, criando uma linha de MAS cumulativa.

Quando o MAS se movimenta na mesma direção do mercado de ações como um todo, isso mostra que o *big money* sustenta a tendência, aumentando a probabilidade de que seja duradoura. Quando o mercado se movimenta num sentido e o MAS segue em outro, isso mostra que o *big money* está apostando na reversão. Quando a tendência do MAS diverge da tendência dos preços, a probabilidade de reversão é ainda mais alta.

Outros indicadores do mercado de ações

Apenas poucos indicadores resistiram ao teste do tempo. O índice new high-new low e o TRIN são provavelmente os melhores indicadores do mercado de ações, seguidos pelo avanço/declínio e pelo ações mais ativas.

Os velhos livros sobre mercado de ações estão apinhados de indicadores fascinantes, mas é preciso ser muito cuidadoso em aplicá-los hoje. As mudanças no mercado ao longo dos anos mataram muitos desses indicadores.

Os indicadores baseados em volumes de ações de baixo preço perderam sua utilidade quando o volume médio do mercado de ações dos Estados Unidos aumentou 10 vezes e o Dow subiu seis vezes. O **Member Short Sale Ratio** e o **Specialist Short Sale Ratio** deixaram de funcionar depois que as opções se tornaram populares. Ambos agora estão ligados à arbitragem entre mercados. O **odd-lot statistics** perdeu o valor quando os conservadores que investem em lotes de ações passaram a comprar cotas de fundos mútuos. O **odd-lot short sale ratio** caiu em desuso quando os jogadores descobriram as opções de venda.

VII

Indicadores Psicológicos

39. INDICADORES DE CONSENSO

A maioria dos investidores mantém para si mesmos suas opiniões sobre o mercado, mas os jornalistas financeiros e os redatores de newsletters as jorram como se fossem hidrantes de incêndio. Alguns autores são sem dúvida brilhantes, mas ambos os grupos como um todo não apresentam bons antecedentes em suas operações de mercado.

Os jornalistas financeiros e os autores de newsletters enfatizam demais certas tendências, mas não se dão conta de importantes pontos de inflexão. Quando esses grupos se tornam altistas ou baixistas, convém negociar em sentido oposto ao deles. O comportamento grupal é mais primitivo do que o comportamento individual.

Os indicadores de consenso, também conhecidos como indicadores de opinião contrária, não são tão exatos quanto os indicadores de acompanhamento de tendências, ou osciladores. Eles simplesmente chamam a atenção para o fato de que a tendência está madura para a reversão. Ao captar essa mensagem, use os indicadores técnicos para a determinação mais precisa do timing.

Enquanto a multidão do mercado continuar em conflito, a tendência pode continuar. Quando a multidão atinge forte consenso, a tendência está pronta para a reversão. No momento em que a multidão se tornar muito altista, vale a pena preparar-se para vender. Já se a multidão ficar muito baixista, convém preparar-se para comprar.

Os fundamentos da teoria da opinião contrária foram lançados por Charles Mackay, advogado escocês. Ele descreveu em seu livro *Extraordinary Popular Delusions and the Madness of Crowds* o comportamento das multidões durante a Mania da Tulipa Holandesa e a Bolha dos Mares do Sul, na Inglaterra. Humphrey B. Neill aplicou a teoria da opinião contrária às ações e a outros mercados financeiros. Em seu livro *The Art of Contrary Thinking* ele explica por que a maioria deve estar errada nos grandes pontos de inflexão do mercado. Os preços são estabelecidos pelas multidões, e quando quase todos se tornam altistas não mais existem novos compradores suficientes para sustentar o mercado em alta.

Abraham W. Cohen, advogado de Nova York, propôs a ideia de pesquisar os consultores de investimentos de Nova York e usar suas respostas como sucedâneo de todo o conjunto de profissionais. Cohen era um cético que passou vários anos em Wall Street e percebeu que os assessores como grupo não apresentavam melhor desempenho do que a multidão do mercado. Em 1963, ele lançou um serviço chamado *Investors Intelligence* para monitorar os autores de newsletters sobre o mercado. Quando a maioria ficava baixista, Cohen identificava uma oportunidade de compra. As oportunidades de venda eram marcadas por forte sentimento altista entre os autores de newsletters. James H. Sibbet aplicou essa teoria às commodities. Em 1964, constituiu um serviço de assessoria chamado *Market Vane*. Estudou as opiniões dos consultores e também ponderou-as em proporção à quantidade de subscritores das respectivas newsletters.

Monitorando a opinião dos consultores

Alguns autores de newsletters são muito inteligentes. Porém, como grupo, não são melhores do que a média dos operadores de mercado. Tornam-se muito altistas nos grandes topos e muito baixistas nos grandes fundos. Seu consenso é semelhante ao da multidão de investidores.

Os autores de newsletters, em sua maioria, seguem as tendências, pois têm medo de parecer tolos e perder subscritores ao não perceber importante movimento do mercado. Quanto mais durar a tendência, mais os autores a enaltecem. Os consultores são os mais altistas nos topos do mercado e os mais baixistas nos fundos do mercado. Quando a maioria dos autores de newsletters se torna intensamente altista ou baixista, é boa ideia operar contra eles.

Vários serviços de avaliação acompanham a porcentagem de touros e de ursos entre os consultores. Os principais serviços de avaliação são o *Investors Intelligence*, no mercado de ações, e o *Market Vane*, nos mercados futuros. Muitos assessores são extremamente habilidosos em evasivas e tergiversações. Quem fala com os dois lados da boca pode depois alegar que estava certo, não importa o rumo do mercado. Os editores de *Investors Intelligence* e de *Market Vane* têm muita experiência em arrancar opiniões firmes desses camaleões. Quando o mesmo editor faz as avaliações, elas adquirem consistência interna.

Investors Intelligence

A *Investors Intelligence* foi fundada por Abe Cohen, em 1963. Falecido em 1983, seu trabalho foi levado avante por Michael Burke, redator-chefe e editor. A *Investor Inteligence* monitora 130 newsletters e tabula a quantidade de touros, ursos e indecisos entre seus autores. A porcentagem de ursos é especialmente importante, pois parecer baixista é especialmente difícil para os autores do mercado de ações.

Quando a porcentagem de ursos entre autores de newsletters chega a 55%, o mercado está perto de importante fundo. Quando a porcentagem de ursos cai abaixo de 15% e a porcentagem de touros sobe acima de 65%, o mercado de ações está próximo de importante topo.

Market Vane

A *Market Vane* avalia cerca de 70 newsletters, cobrindo 32 mercados. Para tanto, analisa o grau do sentimento de alta de cada autor, em cada mercado, numa escala de 9 pontos, e multiplica essas avaliações pelo número estimado de subscritores em cada serviço (a maioria dos assessores inflaciona tremendamente esses números para parecerem mais populares). Obtém-se um relatório de consenso numa escala de 0 (o mais baixista) a 100 (o mais altista) somando as avaliações referentes a todos os assessores. Quando o consenso de alta se aproxima de 70% a 80%, é hora de ficar atento à reversão para baixo, e quando chega perto de 20% a 30%, é hora de comprar.

A razão para operar contra os extremos no consenso baseia-se na estrutura dos mercados futuros. O número de contratos comprados e vendidos é sempre igual. Por exemplo, se a quantidade de contratos em aberto de ouro for de 12.000, tem-se 12.000 contratos comprados e 12.000 contratos vendidos.

Embora as quantidades de contratos comprados e vendidos sejam sempre iguais, o número de indivíduos que os detêm sempre muda. Se a maioria for baixista, a minoria altista tem maiores posições por pessoa. O seguinte exemplo ilustra o que acontece quando o consenso muda entre 1.000 investidores que detêm 12.000 contratos em determinado mercado.

Contratos em aberto	Consenso de alta	Número de touros	Número de ursos	Contratos por touro	Contratos por urso
12.000	50	500	500	24	24
12.000	80	800	200	15	60
12.000	20	200	800	60	15

1. Se o consenso de alta for igual a 50%, metade dos investidores está comprada e metade está vendida. A média dos investidores comprados mantém tantos contratos quanto a média dos investidores vendidos.
2. Quando o consenso de alta chega a 80%, isso mostra que 80% dos investidores estão comprados e 20% estão vendidos. Uma vez que o total das posições compradas e o total das posições vendidas são sempre iguais, os ursos, em média, estão vendidos em quatro vezes mais contratos do que os touros, em média, estão comprados. Isso significa que, em média, os ursos têm quatro vezes mais dinheiro do que os touros. O *big money* está no lado vendido do mercado.
3. Quando o consenso de alta cai até 20%, isso significa que 20% dos investidores estão comprados e 80% estão vendidos. Como as quantidades de contratos comprados e vendidos são sempre iguais, os touros, em média, mantêm quatro vezes mais contratos do que os ursos. Isso mostra que o *big money* está no lado comprado do mercado.

O *big money* não cresceu sendo burro. Os grandes investidores tendem a ser mais esclarecidos e bem-sucedidos do que a média – do contrário, deixariam de ser grandes investidores. Quando o *big money* gravita para um lado do mercado, pense em operar nessa direção.

Para interpretar o consenso de alta em qualquer mercado, obtenha pelo menos doze meses de dados históricos sobre o consenso e observe os níveis em que o mercado virou no passado (Figura 39.1). Atualize esses níveis uma vez a cada três meses. Na próxima vez em que o consenso do mercado se tornar intensamente altista, busque uma oportunidade de vender a descoberto, usando os indicadores técnicos. Quando o consenso ficar muito baixista, busque uma oportunidade de compra.

As opiniões dos consultores às vezes começam a mudar uma ou duas semanas antes da reversão de uma grande tendência. Se o consenso de alta cair de 78 para 76, ou se subir de 25 para 27, isso mostra que os consultores mais tarimbados estão abandonando o que parece uma tendência vencedora, significando que a tendência está pronta para a reversão.

Sinais da imprensa

Para compreender qualquer grupo de pessoas, é preciso saber o que seus membros querem e o que temem. Os jornalistas financeiros querem parecer sérios, inteligentes e informados; têm medo de transmitir a impressão de ignorantes e inseguros. É normal que os jornalistas financeiros fiquem em cima do muro e apresentem os vários lados de uma mesma questão. Os

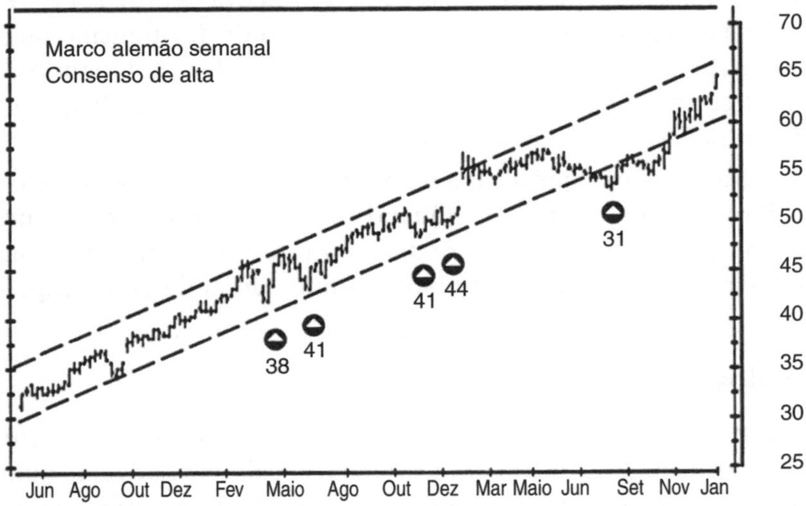

Figura 39.1: Consenso de alta

A opinião dos consultores do mercado serve como sucedâneo das opiniões de toda a multidão do mercado. A melhor hora para comprar é quando a multidão está baixista e a melhor hora para operar a descoberto é quando a multidão está altista. Os níveis de sentimento de alta em que comprar ou vender a descoberto varia de mercado para mercado. Eles precisam ser ajustados todos os meses.

Este gráfico semanal mostra um mercado em alta de marcos alemães movimentando-se com firmeza para cima, entre uma linha de tendência e uma linha de canal paralela. Sempre que o consenso de alta caiu abaixo de 45% durante este mercado em alta, emitiu-se um sinal de compra. Quanto mais baixo o consenso de baixa, mais explosiva a alta subsequente!

jornalistas estarão seguros desde que escrevam algo como "A política monetária deverá empurrar o mercado para cima, a não ser que fatores imprevistos o puxem para baixo".

A contradição interna é o estado normal dos negócios no jornalismo financeiro. Muitos editores financeiros são ainda mais covardes do que os autores. Eles publicam artigos contraditórios e o chamam de "quadro equilibrado da situação".

Por exemplo, edição recente da revista *Business Week* trouxe um artigo com o título "Os ventos da inflação estão soprando um pouco mais fortes", na página 19. O artigo afirmava que o fim da guerra provavelmente empurraria os preços para cima. A manchete de outro artigo, na página 32 da mesma edição, era "Por que o pânico da inflação não passa disso?" A matéria afirmava que o fim da guerra pressionaria os preços para baixo.

Apenas uma tendência vigorosa e duradoura tira os jornalistas e editores de cima do muro. Isso ocorre quando uma onda de otimismo ou pessimismo varre o mercado no fim de uma grande tendência. Quando os jornalistas descem do muro e expressam opiniões fortemente altistas ou baixistas, a tendência está madura para a reversão.

Essa é a razão por que a capa de muitas revistas de negócios são bons indicadores para os contrários.* Quando a *Business Week* ostenta um touro na capa, geralmente é boa hora de realizar lucro nas posições compradas, e quando o destaque é um urso, o fundo não pode estar longe.

Sinais dos anunciantes

Um grupo de três ou mais anúncios, enaltecendo a mesma "oportunidade", na mesma página de um grande jornal geralmente adverte quanto à proximidade de um topo (Figura 39.2). Apenas uma tendência de alta firme é capaz de romper a inércia de várias empresas corretoras. No momento em que todas reconhecem a tendência, divulgam recomendações, produzem anúncios e os publicam num jornal, a tendência já está muito velha.

Os anúncios na página de commodities do *Wall Street Journal* apelam aos apetites altistas dos investidores menos esclarecidos. Esses anúncios quase nunca recomendam vender; é difícil empolgar os amadores com a ideia de operar a descoberto. Quando três ou mais anúncios na mesma página e no mesmo dia exaltam oportunidades no mesmo mercado, é hora de analisar os indicadores técnicos em busca de sinais para operar a descoberto.

40. INDICADORES DE POSIÇÕES

Vários órgãos públicos e bolsas de valores coletam dados sobre as operações de compra e venda realizadas por vários grupos de investidores e operadores para a publicação de relatórios resumidos sobre suas negociações, nas quais comprometem muito dinheiro e ego. Vale a pena operar na mesma direção desse grupo com antecedentes de sucesso e apostar contra aqueles com históricos de fracassos.

**Nota do Tradutor*: *Contrarians* no original. Trata-se do investidor que toma decisões que contradizem a sabedoria predominante nos mercados financeiros. Estratégia de mercado que recomenda comprar quando todos os outros estão vendendo e vender quando todos os outros estão comprando. Baseia-se na teoria dos contrários, segundo a qual ter opinião contrária à posição dominante é a decisão mais acertada, porque a posição dominante indica fim por exaustão da oferta ou da procura. (*American Heritage Dictionary* e Bovespa).

Figura 39.2: Propaganda como indicador para os contrários

No momento em que várias empresas preparam anúncios sobre o mesmo produto e os publicam no mesmo jornal, a tendência está próxima à reversão. Mais de três anúncios para o mesmo mercado na mesma página é advertência de baixa.

Por exemplo, a Commodities Futures Trading Commission (CFTC) divulga as posições compradas e vendidas de hedgers e de grandes especuladores. Os hedgers – produtores e consumidores comerciais de commodities – são os participantes mais bem-sucedidos nos mercados futuros. A Securities and Exchange Commision (SEC), órgão equivalente à CVM no Brasil, divulga as compras e vendas dos *insiders* das empresas. Os diretores de companhias abertas sabem quando comprar ou vender as ações de suas próprias empresas. A Bolsa de Valores de Nova York reporta a quantidade de ações compradas, vendidas e vendidas a descoberto por seus membros e por investidores de lotes avulsos. Os membros alcançam maior sucesso do que os pequenos especuladores.

Relatório de posições (Commitment of Traders – COT)

Os operadores devem relatar suas posições à CFTC (Commodities Futures Trading Commission), depois de alcançarem certo nível, por meio de um documento chamado **reporting levels** (níveis de divulgação). No momento em que este livro foi escrito, quem estivesse comprado em 100 contratos de milho ou 300 contratos de futuros de S&P 500 era considerado grande especulador. Os próprios corretores enviam relatórios sobre posições que alcançam os níveis de divulgação à CFTC. O órgão, por sua vez, os compila e divulga resumos a cada duas semanas.

A CFTC também define o número máximo de contratos, chamado **limites de posição**, que um especulador pode manter em qualquer mercado. Hoje, um especulador não pode manter operações líquidas compradas ou vendidas com mais de 2.400 contratos de trigo ou 500 contratos de futuros de S&P. Determinam-se esses limites para evitar que grandes especuladores acumulem posições bastante vultosas para pressionar os mercados.

A CFTC divide todos os participantes do mercado em três grupos: comerciantes, pequenos especuladores e grandes especuladores. Os **comerciantes**, também conhecidos como **hedgers**, são empresas ou indivíduos que lidam fisicamente com commodities no curso normal de seus negócios. Em tese, operam nos mercados futuros para atenuar os riscos do negócio. Por exemplo, um banco opera com taxas de juros futuros para proteger seu portfólio de empréstimos. Ou uma empresa processadora de alimentos opera com futuros de trigo para neutralizar os riscos de comprar grãos. Os hedgers depositam margens menores e estão isentos dos limites aplicáveis a posições especulativas.

Os **grandes especuladores** são os investidores cujas posições alcançam níveis de divulgação. A CFTC divulga as compras e vendas efetuadas pelos comerciantes e pelos grandes especuladores. Para descobrir as posições dos **pequenos especuladores**, subtraem-se as posições dos dois primeiros grupos da quantidade de contratos em aberto.

A divisão do mercado em comerciantes, pequenos especuladores e grandes especuladores é um pouco artificial. Os pequenos especuladores inteligentes transformam-se em grandes especuladores, os grandes especuladores burros involuem para pequenos especuladores e muitos hedgers especulam. Alguns participantes do mercado praticam jogos que distorcem os relatórios da CFTC. Por exemplo, um conhecido meu, dono de uma empresa de corretagem, às vezes registra como hedgers seus clientes ricos que operam como especuladores, alegando que operam com índices de ações e com futuros de títulos para proteger suas posições em ações e títulos.

Os comerciantes podem especular legalmente nos mercados futuros, usando informações privilegiadas. Alguns deles são suficientemente grandes para jogar os mercados futuros contra os mercados à vista. Por exemplo, uma empresa de petróleo pode comprar petróleo bruto, desviar vários navios petroleiros e mantê-los ao largo, a fim de reduzir a oferta e empurrar para cima os preços futuros. Assim, realizam lucro nas posições compradas, vendem a descoberto e, em seguida, descarregam nas refinarias vários petroleiros ao mesmo tempo, de modo a pressionar para baixo os preços futuros e cobrir as posições vendidas. Esse tipo de manipulação é ilegal e a maioria das empresas jura sobre a bíblia que nunca adota essa prática.

Como grupo, os comerciantes têm o melhor histórico nos mercados futuros. Dispõem de informações privilegiadas e são bem capitalizados. Vale a pena segui-los, pois são bem-sucedidos no longo prazo. As poucas exceções, como os hedgers de suco de laranja, apenas confirmam a regra.

Os grandes especuladores costumavam ser muito bem-sucedidos como grupo, até mais ou menos uma década atrás. Geralmente, eram pessoas ricas, que assumiam riscos calculados com o próprio dinheiro. Hoje, os grandes operadores são os fundos de commodities. Esses gigantescos seguidores de tendências não se saem muito bem como grupo. As massas de pequenos investidores estão sempre na contramão do mercado.

Não é suficiente saber se certo grupo está comprado ou vendido. Os comerciantes estão geralmente vendidos nos mercados futuros, pois muitos deles possuem as mercadorias físicas. Os pequenos operadores geralmente estão comprados, refletindo seu eterno otimismo. Para extrair conclusões válidas dos relatórios da CFTC, é preciso comparar as posições vigentes com os padrões históricos.

O método moderno de analisar as posições dos investidores foi desenvolvido por Curtis Arnold e popularizado por Stephen Briese, editor da newsletter *Bullish Review*. Esses analistas medem os desvios das posições vigentes em relação aos padrões históricos. A *Bullish Review* usa a seguinte fórmula:

$$\text{Índice COT} = \frac{\text{Líquido corrente} - \text{Líquido mínimo}}{\text{Líquido máximo} - \text{Líquido mínimo}}$$

em que: Índice COT = índice relatório de posições
Líquido corrente = diferença entre posições líquidas comerciais e especulativas
Líquido mínimo = a menor diferença entre posições líquidas comerciais e especulativas
Líquido máximo = a maior diferença entre posições líquidas comerciais e especulativas
Posição líquida = contratos comprados menos contratos vendidos de qualquer grupo

Índices COT acima de 90% mostram que a tendência de alta dos comerciantes é incomum e emitem um sinal de compra. Índices COT abaixo de 10% mostram que a tendência de baixa dos comerciantes é incomum e emitem um sinal de venda.

Negociações privilegiadas

Gestores e investidores que possuem mais de 5% das ações de companhias abertas são obrigados a informar suas compras e vendas à Securities and Exchange Commission. A SEC tabula essas compras e vendas e divulga esses dados uma vez por mês.

Os insiders de empresas têm um histórico de comprar ações barato e vendê-las caro. As compras dos insiders em geral começam depois de fortes quedas do mercado, enquanto suas vendas aceleram quando o mercado sobe e os preços ficam altos demais.

As compras e vendas de um único insider não são muito importantes. Por exemplo, um executivo pode vender ações de sua empresa para pagar despesas pessoais ou pode comprar ações para exercer opções. Os analistas que pesquisaram negociações privilegiadas legais constataram que as compras e vendas de insiders eram significativas apenas se mais de três executivos ou grandes acionistas comprassem ou vendessem dentro do mesmo mês. Essas iniciativas revelam que algo muito positivo ou negativo está para acontecer com a empresa. As ações tendem a subir se três insiders compram num mês e a cair se três insiders vendem num mês.

Membros das bolsas de valores

Ser membro de uma bolsa de valores – sobretudo como especialista – é uma licença para imprimir dinheiro. O fator risco não impede gerações de operadores de pagar centenas de milhares de dólares pelo privilégio de plantar seus pés nos poucos metros quadrados de uma sala de negociações apinhada.

O **Member Short Sale Ratio – MSSR** (índice de vendas a descoberto por membros) é a relação entre operações a descoberto praticadas por membros das bolsas de valores e o total de operações a descoberto. O **Specialist Short Sale Ratio** (SSSR) é a relação entre operações a descoberto praticadas por especialistas e operações a descoberto praticadas por membros. Esses indicadores costumavam ser as melhores ferramentas dos analistas técnicos do mercado de ações. MSSR (mais de 85%) e SSSR (mais de 60%) altos mostravam que os operadores experientes estavam vendendo a descoberto para o público e indicavam topos do mercado de ações. MSSR (abaixo de 75%) e SSSR (abaixo de 40%) baixos mostravam que os profissionais estavam comprando do público baixista e indicavam fundos do mercado de ações. Esses indicadores tornaram-se erráticos na década de 1980. Eles foram superados pelo mercado de opções, que ofereceu aos membros das bolsas mais oportunidades para arbitragem. Agora é impossível dizer quando suas operações a descoberto resultam de sentimento de baixa ou de jogo de arbitragem.

Atividades com lotes avulsos

Os investidores de lotes avulsos são pessoas que negociam menos de 100 ações de uma vez – os peixinhos das bolsas de valores. Eles nos lembram uma época bucólica de Wall Street. Esses investidores transacionavam um quarto do volume da bolsa um século atrás, e 1% há tão pouco tempo quanto duas décadas. Como grupo, são investidores de valor (value investors). Compram quando as ações estão baratas e vendem quando os preços sobem.

Os indicadores para monitorar o comportamento dos investidores de lotes avulsos foram desenvolvidos na década de 1930. O **Odd-Lot Sales Ratio** media a relação entre vendas de lotes avulsos e compras. Sua queda mostrava que os investidores de lotes avulsos estavam comprando e que o mercado de ações estava perto do topo.

O **Odd-Lot Short Sale Ratio** era um indicador muito diferente. Rastreava o comportamento dos vendedores a descoberto entre os investidores de lotes avulsos, muitos dos quais eram jogadores. Níveis muito baixos desse índice indicavam que o mercado estava perto do topo e níveis muito altos desse índice mostravam que o mercado estava num fundo.

Esses indicadores perderam valor à medida que a cena financeira mudou nas décadas de 1970 e 1980. O pequeno investidor inteligente transferiu seu dinheiro para fundos mútuos bem dirigidos e os jogadores descobriram que conseguiriam mais poder de fogo com seu dinheiro no mercado de opções. Agora, a Bolsa de Valores de Nova York tem um mecanismo preferencial para executar as ordens dos investidores de lotes avulsos e muitos profissionais operam com lotes de 99 ações.

VIII

Novos Indicadores

41. ELDER-RAY

O Elder-ray (raios Elder) é um novo indicador técnico. Foi desenvolvido em 1989 por esse autor e deve o nome à sua semelhança com raios X. Os médicos usam raios X para ver a estrutura dos ossos abaixo da superfície da pele. Os operadores de mercado usam o Elder-ray para avaliar o poder dos touros e dos ursos abaixo da superfície dos mercados.

Para ser um operador de mercado bem-sucedido, não é preciso prever o futuro. Basta saber quando os touros ou os ursos assumem o controle e operar com o grupo dominante. O Elder-ray o ajuda a descobrir quando os touros e os ursos ficam mais fortes ou mais fracos.

Como construir o Elder-ray

O Elder-ray combina os melhores recursos dos indicadores de acompanhamento de tendências e dos osciladores (ver Seção 24). Inclui a média móvel exponencial, que é um indicador de acompanhamento de tendências. Seus componentes Bull Power (Poder dos Touros) e Bear Power (Poder dos Ursos) são osciladores.

Para criar o Elder-ray, divida a tela de seu computador ou seu papel de gráfico em três janelas horizontais. Plote um gráfico de barras e uma média móvel exponencial (MME) na janela superior. Plote o Bull Power na janela intermediária e o Bear Power na janela inferior. A construção do Elder-ray envolve quatro etapas (ver planilha eletrônica, Figura 41.1).

1. Trace um gráfico de barras de qualquer veículo de negociação na janela superior de sua tela.
2. Plote uma MME dos preços de fechamento na mesma janela. Uma MME de 13 dias é uma boa escolha.

Bull Power = Máxima – MME.
Bear Power = Mínima – MME.

3. Calcule o Bull Power de acordo com a fórmula acima. Plote-o como histograma na janela intermediária. O Bull Power de qualquer dia é igual à máxima daquele dia menos a MME do mesmo dia. Normalmente, a máxima de uma barra situa-se acima da MME, o Bull Power é positivo e o histograma fica acima da linha central. Toda a barra pode mergulhar abaixo da MME, durante um rompimento profundo. Quando a máxima está abaixo da MME, o Bull Power torna-se negativo e seu histograma cai abaixo da linha central.
4. Calcule o Bear Power e plote-o como histograma na parte inferior da janela. O Bear Power de qualquer dia é igual à mínima daquele dia menos a MME do mesmo dia. Normalmente, a mínima da barra situa-se abaixo da MME, o Bear Power é negativo e o histogra-

Data	Máxima	Mínima	Fechamento	MME-13	Bull Power	Bear Power
09/19	353,5	351,4	351,6	351,34	2,16	0,06
09/20	352,1	350,9	351,7	351,39	0,71	–0,49
09/23	354,2	352,2	354,1	351,78	2,42	0,42
09/24	357,9	354,9	357,1	352,54	5,36	2,36
09/25	356,8	355,3	356,2	353,06	3,74	2,24
09/26	355,9	355,3	354,1	353,21	2,69	0,09
09/27	352,6	350,9	352,5	353,11	–0,51	–2,21
09/30	359,6	355,2	357,4	353,72	5,88	1,48
10/01	357,8	356,8	357,4	345,25	3,55	2,55
10/02	360,8	357,9	358,8	354,90	5,90	3,00

Figura 41.1: Planilha do Elder-ray

Bull Power = máxima da barra – MME de 13 dias.
Bear Power = Mínima da barra – MME de 13 dias.

É normal que o Bull Power seja positivo e que o Bear Power seja negativo. Quanto mais alto for o Bull Power, mais fortes serão os touros. Quanto mais profundo for o Bear Power, mais fortes serão os ursos. O Bear Power negativo mostra que os touros estão extremamente fortes, superando completamente os ursos.

ma fica abaixo da linha central. Se toda a barra se erguer acima da MME durante uma alta acentuada, o Bear Power torna-se positivo e seu histograma sobe acima da linha central (Figura 41.2).

Psicologia de negociação

O Elder-ray combina várias informações: preço, média móvel, a máxima de cada barra e a mínima de cada barra. Precisamos entender o significado de cada uma dessas informações para melhor compreender o Elder-ray.

Cada preço é um consenso momentâneo sobre valor (ver Seção 12). Os compradores estão comprando porque esperam que os preços subam. Os vendedores estão vendendo porque esperam que os preços caiam. Os operadores de mercado indecisos ficam de lado, mas sua presença exerce pressão sobre os touros e ursos. A negociação ocorre quando um comprador está disposto a comprar e um vendedor está disposto a vender, ambos movidos pelo medo de que um operador de mercado indeciso dê um passo à frente e aproveite uma oportunidade. O preço de toda negociação reflete o consenso mais recente sobre o valor de qualquer veículo de negociação.

A **média móvel** mostra o consenso médio sobre valor durante seu intervalo temporal. Uma MM de 10 dias representa o consenso médio sobre valor nos últimos 10 dias; uma MM de 20 dias, nos últimos 20 dias; e assim por diante. A média móvel exponencial é mais confiável do que a MM simples (ver Seção 25). A mensagem mais importante de uma média móvel é sua inclinação. Ao subir, mostra que a multidão está ficando altista. Ao descer, mostra que a multidão está ficando baixista. Opere na direção da inclinação da média móvel.

A **máxima** de qualquer barra reflete o poder máximo dos touros no período. Os touros ganham dinheiro quando os preços sobem. Continuam comprando, até que não mais consigam empurrar os preços para cima. O ponto mais alto de uma barra diária representa o poder máximo dos touros durante o dia, o ponto mais alto de uma barra semanal representa o poder máximo dos touros durante a semana, e assim por diante.

A **mínima** de qualquer barra representa o poder máximo dos ursos no período. Os ursos ganham dinheiro quando os preços caem. Continuam vendendo e operando a descoberto até que não mais consigam puxar os preços para baixo. O ponto mais baixo de uma barra diária reflete o poder máximo dos ursos durante o dia, o ponto mais baixo de uma barra semanal mostra o poder máximo dos ursos durante a semana, e assim por diante.

O Elder-ray compara o poder máximo dos touros e dos ursos com o consenso médio sobre valor, medindo para cada barra a diferença entre a máxima e a média móvel exponencial e entre a mínima e a média móvel exponencial.

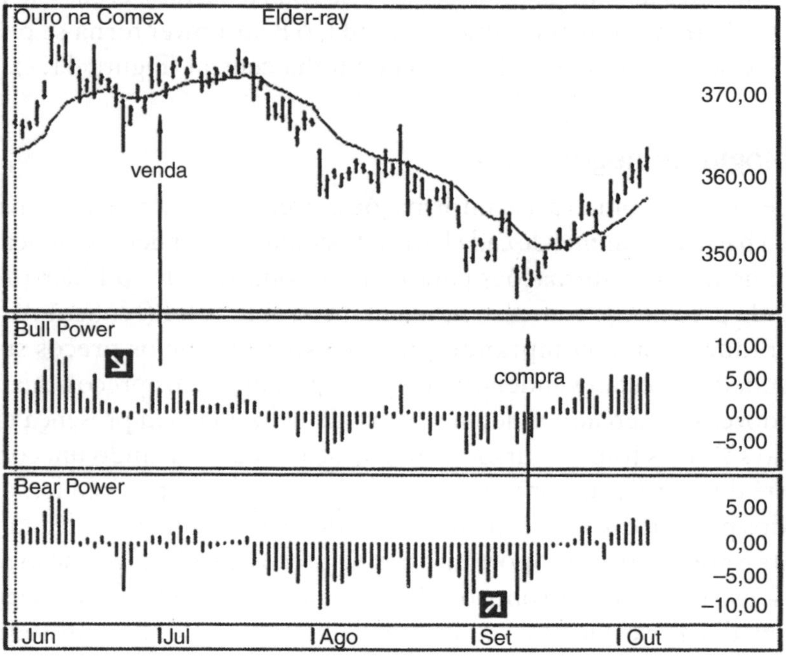

Figura 41.2: Elder-ray

A MME de 13 dias reflete o consenso médio sobre valor; sua inclinação identifica a tendência do mercado. O Bull Power reflete a capacidade dos touros de aumentar os preços acima do consenso médio sobre valor. O Bear Power reflete a capacidade dos ursos de reduzir os preços abaixo do consenso médio sobre valor.

Os melhores sinais de compra são emitidos pelas divergências de alta – quando os preços caem para nova mínima mas o Bear Power para em fundo mais superficial. Os melhores sinais de venda a descoberto são emitidos pelas divergências de baixa – quando os preços sobem até ou acima da máxima anterior, mas o Bull Power não ultrapassa um pico mais baixo.

A divergência de baixa de junho e julho emitiu sinal de venda – um topo duplo nos preços, acompanhado por um pico mais baixo no Bull Power. O sinal de venda foi confirmado quando a MME de 13 dias inflectiu para baixo. O Bull Power tornou-se positivo várias vezes durante a tendência de baixa, mostrando onde reforçar as posições a descoberto. Quando o Bull Power se torna positivo durante uma tendência de baixa e depois se inclina para baixo, emita uma ordem de venda a descoberto abaixo da mínima do último dia.

Uma divergência de alta desenvolveu-se em setembro, quando o ouro caiu até uma nova mínima mas o Bear Power formou mínima mais superficial. O sinal de compra foi confirmado quando a MME de 13 dias do ouro inflectiu para cima. Na borda direita do gráfico, o novo pico no Bull Power confirma que a alta é forte e tende a continuar.

O **Bull Power** reflete a capacidade dos touros de empurrar os preços acima do consenso médio sobre valor. Mede a distância entre a máxima da barra e a MME. O Bull Power é normalmente positivo. Sobe quando os touros ficam mais fortes e desce quando eles tropeçam. O Bear Power fica negativo quando a cabeça dos touros está submersa.

O **Bear Power** reflete a capacidade dos ursos de puxar os preços abaixo do consenso médio sobre valor. Mede a distância entre a mínima da barra e a MME. O Bear Power normalmente é negativo. Desce quando os ursos ficam mais fortes e sobe quando ficam mais fracos. Se o Bear Power se torna positivo, isso mostra que touros muito fortes estão segurando os ursos no ar pelo cangote.

Resumindo os principais pontos do Elder-ray:

1. O preço é um consenso de valor, expresso em ação.
2. A média móvel é um consenso de valor.
3. O ponto mais alto de cada barra representa o poder máximo dos touros no período representado pela barra.
4. O ponto mais baixo de cada barra representa o poder máximo dos ursos no período representado pela barra.
5. O Bull Power é a diferença entre o poder bruto dos touros e o consenso médio de valor.
6. O Bear Power é a diferença entre o poder bruto dos ursos e o consenso médio de valor.

Regras de negociação

O Elder-ray pode funcionar como um método de negociação autônomo, mas convém combiná-lo com outro método, como o sistema de negociação Triple Screen (ver Seção 43). Se você usar o Elder-ray sozinho, lembre-se de que a inclinação de sua MME identifica a tendência e opere apenas nessa direção. Use o Bull Power e o Bear Power para encontrar pontos de entrada e de saída em suas operações na direção da tendência.

O Triple Screen, por outro lado, identifica a tendência por meio de gráficos semanais. Então, usa o Bull Power e o Bear Power nos gráficos diários para identificar oportunidades de operação na direção da tendência semanal. Se a tendência semanal for de alta, o Triple Screen capta apenas sinais de compra do Elder-ray diário. Se a tendência semanal for de baixa, ele capta somente sinais de operações a descoberto do Elder-ray diário.

Comprando e vendendo

Duas são as condições essenciais para comprar:

1. A tendência é de alta (identificada pela MME ou por um indicador semanal de acompanhamento de tendência).
2. O Bear Power é negativo, mas está subindo.

A terceira e a quarta condições são desejáveis, mas não são essenciais:

3. O pico mais recente do Bull Power é mais alto do que o pico anterior.
4. O Bear Power está subindo a partir de uma divergência de alta.

Não compre quando o Bear Power for positivo. Isso ocorre em tendências de alta aceleradas, quando toda a barra se ergue acima da MME. Se você comprar quando os ursos estiverem suspensos no ar pelo cangote, estará apostando na teoria do mais tolo – pagar um preço alto e torcer para encontrar alguém *mais tolo* adiante, disposto a comprar de você a um preço ainda mais alto.

A melhor hora para comprar é quando o Bear Power for negativo mas estiver subindo – quando os ursos voltarem a pôr os pés no chão, mas estiverem começando a escorregar de novo. Quando o Bear Power se inclinar para cima, emita uma ordem de compra acima da máxima dos últimos dois dias. Se a alta continuar, seu stop será alcançado e você estará coberto. Uma vez coberto, coloque um stop de proteção abaixo da mais recente mínima secundária.

Os sinais de compra mais fortes são emitidos por divergências de alta entre o Bear Power e o preço. Se os preços caírem para uma nova mínima mas o Bear Power traçar um fundo mais alto, isso mostra que os preços estão caindo por inércia e que os ursos estão ficando mais fracos. Quando o Bear Power se inclinar para cima a partir do segundo fundo, compre uma posição maior do que a costumeira.

O Bear Power é útil para decidir quando formar pirâmides. Enquanto a tendência de alta prosseguir, você poderá reforçar suas posições compradas sempre que o Bear Power mergulhar abaixo de sua linha central e depois inflectir para cima novamente.

Ao comprar com base em indicadores, use-os para decidir quando vender. Não se deixe levar por todas as inflexões para cima e para baixo do Bull Power – trata-se de um processo respiratório normal. Pode-se monitorar o poder dos touros, acompanhando o padrão de picos e vales no Bull Power. Enquanto todo novo pico no preço for acompanhado por novo pico no Bull Power, a tendência de alta estará segura. Venda quando os touros começarem a perder poder. Identifica-se um sinal de venda quando os preços atingirem nova máxima mas o Bull Power alcançar um pico mais baixo do que o da alta anterior.

Operações vendidas e compradas

Duas são as condições essenciais para operar vendido:

1. A tendência é de baixa (identificada pela MME ou por um indicador semanal de acompanhamento de tendência).
2. O Bull Power é positivo mas está caindo.

A terceira e a quarta condições são desejáveis, mas não são essenciais:

3. O fundo mais recente no Bear Power é mais baixo do que o fundo anterior.
4. O Bull Power está caindo a partir de uma divergência de baixa.

Não venda a descoberto se o Bull Power já for negativo. Isso acontece quando toda a barra de preço está abaixo da MME – durante os declínios acentuados. Ao vender a descoberto quando os ursos já estiverem empurrando a cabeça dos touros para baixo d'água, você estará apostando que os ursos podem dar caldos ainda mais profundos nos touros. Essa é outra versão da teoria do mais tolo.

A melhor hora para vender a descoberto é quando o Bull Power for positivo mas estiver caindo. Isso significa que os touros vieram à tona para respirar mas estão começando a afundar de novo. Emita uma ordem de venda a descoberto abaixo da mínima dos últimos dois dias. Se o declínio continuar, você será interrompido automaticamente. Uma vez a descoberto, coloque um stop de proteção acima da máxima secundária mais recente.

Os sinais mais fortes de operação a descoberto são dados por divergências de baixa entre o Bull Power e os preços. Se os preços sobem para uma nova máxima mas o Bull Power alcança um topo mais baixo, isso mostra que os touros estão mais fracos do que antes e que os preços estão subindo por inércia. Quando o Bull Power inflectir para baixo a partir de um topo mais baixo, venda a descoberto uma posição maior.

O Bull Power mostra quando formar pirâmides com as posições vendidas. Enquanto perdurar a tendência de baixa, você poderá aumentar suas posições vendidas sempre que o Bull Power subir acima de sua linha central e depois inflectir para baixo novamente.

Se você vender a descoberto com base em indicadores, use-os para decidir quando cobrir as posições. Quando a tendência for de baixa, monitore o Bear Power para ver se os ursos estão ficando mais fortes ou mais fracos. O padrão de picos e vales no Bear Power é muito mais importante do que suas inflexões isoladas para cima ou para baixo. Se uma nova mínima no preço for acompanhada por uma nova mínima no Bear Power, a tendência de baixa estará firme.

Uma divergência de alta ocorre quando os preços caem até a nova mínima mas o Bear Power traça um fundo mais superficial. Isso mostra que os ursos estão perdendo o gás e que os preços estão caindo por inércia. É sinal para cobrir as posições a descoberto e preparar-se para operar comprado.

As **divergências** entre o Bull Power e o Bear Power, de um lado, e os preços, de outro, marcam as melhores oportunidades de operação. Os raios X mostram ossos quebrados sob pele saudável – e o Elder-ray revela quando o grupo dominante está quebrado sob a superfície de uma tendência.

42. ÍNDICE DE FORÇA

O índice de força é um oscilador desenvolvido por este autor. Mede a força dos touros por trás de toda alta e a força dos ursos por trás de toda baixa.

O índice de força combina três informações essenciais sobre o mercado – a direção da mudança de preço, sua extensão e o volume de negociações. Ele oferece uma nova maneira prática de usar o volume para tomar decisões sobre operações.

O índice de força pode ser usado bruto, mas funciona melhor se for ajustado com uma média móvel. O índice de força ajustado com uma MM curta ajuda a identificar os pontos de entrada e de saída. O índice de força ajustado com uma MM longa revela as principais mudanças na força dos touros e dos ursos.

Como construir o índice de força

A força de todo movimento é definida por sua direção, sua distância e seu volume. Se os preços fecham mais alto do que a barra anterior, a força é positiva. Se os preços fecham mais baixo do que a barra anterior, a força é negativa. Quanto maior for a mudança nos preços, mais intensa é a força. Quanto mais alto for o volume, mais poderoso é o movimento (ver planilha, Figura 42.1).

$$\text{Índice de força} = \text{Volume}_{\text{hoje}} \bullet (\text{Fechamento}_{\text{hoje}} - \text{Fechamento}_{\text{ontem}}).$$

O índice de força bruto é plotado como um histograma, com uma linha central horizontal no nível zero. Se o mercado fechar mais alto, o índice de força é positivo e será plotado acima da linha central. Se o mercado fechar mais baixo, o índice de força é negativo e será plotado abaixo da linha central. Se o mercado fechar inalterado, o índice de força é igual a zero.

Nikkei Dow

Data	Fechamento	Volume	Índice de Força	IF: MME-2	IF: MME-13
10/29	25329	3834			
10/30	25242	4495	−391065		
10/31	25194	1372	−65856	−130807	
11/01	24295	2547	−2289753	−1570105	
11/02	24195	2891	−289100	−716102	
11/05	24385	1448	275120	−55287	
11/06	23966	2796	−1171524	−799445	
11/07	23500	3675	−1712550	−1408182	
11/08	22970	3167	−1678510	−1588400	
11/09	22932	2880	−109440	−602426	
11/13	23974	2484	2588328	1524743	
11/14	23937	1827	−67599	463181	
11/15	23487	2212	−995400	−509206	
11/16	23172	2741	−863415	−745345	−338231
11/19	23519	1931	670057	198256	−261590
11/20	23205	1405	−4411701	−2280271	−256796
11/21	22816	2259	−878751	−661843	−314660
11/22	23400	2163	1263192	621514	−180921

Figura 42.1: Planilha do índice de força

Índice de força = $Volume_{hoje} \cdot (Fechamento_{hoje} - Fechamento_{ontem})$.

O índice de força de curto prazo é ajustado com uma média móvel exponencial de dois dias. O índice de força de médio prazo é ajustado com uma média móvel exponencial de 13 dias. Pode-se usar um truque de programação para reduzir números muito grandes no índice de força: simplesmente divida o índice de força pelo preço de fechamento mais recente.

O histograma do índice de força bruto parece muito denteado. Esse indicador emite melhores sinais de negociação depois de ser ajustado com uma média móvel (ver Seção 25). Uma MME de dois dias do índice de força proporciona grau de ajustamento mínimo. É útil para identificar pontos de entrada no mercado. Convém comprar quando a MME de dois dias for negativa e vender quando ela for positiva, enquanto se opera na direção da MME de 13 dias dos preços.

Uma MME de 13 dias do índice de força acompanha mudanças de mais longo prazo na força dos touros e ursos. Quando ela cruza acima da linha central, mostra que os touros estão no controle. Quando se torna negativa, mostra que os ursos estão no controle. Divergências entre as MMEs de 13 dias do índice de força e dos preços identificam importantes pontos de inflexão.

Psicologia de negociação

O fechamento em alta mostra que os touros ganharam a batalha do dia e o fechamento em baixa mostra que os ursos levaram a melhor no dia. A distância entre os preços de fechamento de hoje e de ontem reflete a margem de vitória dos touros ou dos ursos. Quanto maior for a distância, mais importante será a vitória.

O volume reflete o grau de comprometimento da massa de participantes no mercado (ver Seção 32). Os preços que se movimentam em altos volumes são como uma avalanche que ganha massa à medida que rola encosta abaixo. Altas e baixas de grande volume têm mais inércia e tendem a ser mais duradouras. O baixo volume, por outro lado, mostra que a quantidade de perdedores está ficando baixa e que a tendência está chegando ao fim.

Os preços refletem os pensamentos dos participantes do mercado, ao passo que os volumes traduzem seus sentimentos. O índice de força combina preço e volume – mostra se a cabeça e o coração do mercado estão em sintonia entre si.

Quando o índice de força sobe para nova máxima, isso mostra que a força dos touros é grande e que a tendência de alta deve prosseguir. Quando o índice de força desce para nova mínima, isso mostra que a força dos ursos é grande e que a tendência de baixa deve continuar. Se a mudança nos preços não for confirmada pelo volume, o índice de força horizontaliza-se e adverte que a tendência está próxima da reversão. Se o alto volume gerar apenas pequena mudança no preço, o índice de força também fica na horizontal e sinaliza que a tendência está próxima da reversão.

Regras de negociação

Índice de força de curto prazo

Uma MME de dois dias do índice de força é indicador altamente sensível da força dos touros e dos ursos no curto prazo. Quando vira acima da linha central, mostra que os touros estão mais fortes e quando cai abaixo da linha central, mostra que os ursos estão mais fortes.

Sua sensibilidade é tanta que ela é usada para fazer a sintonia fina entre outros indicadores. Quando um indicador de acompanhamento de tendência identifica uma tendência de alta, o declínio da MME de dois dias do índice de força localiza os melhores pontos de compra. Quando uma ferramenta de acompanhamento de tendência identifica uma tendência de baixa, a média móvel de dois dias do índice de força aponta as melhores áreas de operação a descoberto (Figura 42.2).

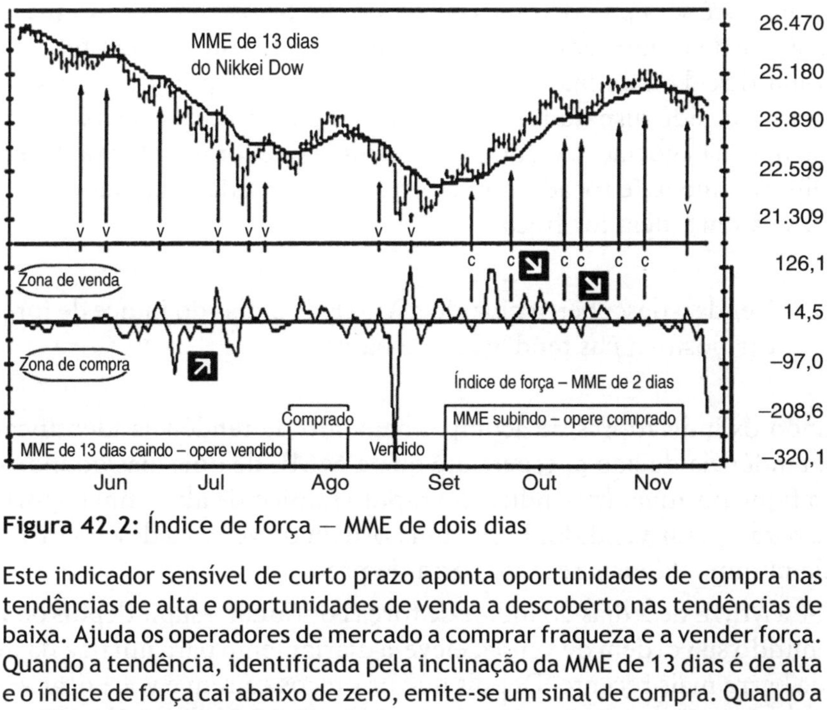

Figura 42.2: Índice de força – MME de dois dias

Este indicador sensível de curto prazo aponta oportunidades de compra nas tendências de alta e oportunidades de venda a descoberto nas tendências de baixa. Ajuda os operadores de mercado a comprar fraqueza e a vender força. Quando a tendência, identificada pela inclinação da MME de 13 dias é de alta e o índice de força cai abaixo de zero, emite-se um sinal de compra. Quando a tendência é de baixa e o índice de força sobe acima de zero, emite-se um sinal de venda a descoberto.

A decisão sobre quando realizar lucro depende de o referencial do operador de mercado ser de curto prazo ou de longo prazo. Se você for um operador de curto prazo, venda as posições compradas quando o índice de força se tornar positivo ou cubra as posições vendidas quando o índice de força se tornar negativo. O operador de longo prazo terá de esperar até que a média móvel exponencial mude sua direção ou até que ocorra divergência entre índice de força e preço (marcadas pelas setas inclinadas neste gráfico). Quando estiver operando com a tendência, você poderá reforçar suas posições (pirâmide) sempre que o índice de força emitir novos sinais na direção da tendência.

1. Compre quando a MME de 2 dias do índice de força se tornar negativa durante tendências de alta.

Não importa quão rápida e intensa seja a tendência de alta, sempre há retrocessos. Retardando as compras até que a MME de dois dias do índice de força fique negativa, você comprará mais perto do fundo de curto prazo.

Quando uma MME de dois dias do índice de força ficar negativa durante uma tendência de alta, emita uma ordem de compra acima da máxima de preço daquele dia. Se a tendência de alta for retomada e os preços subirem, você será parado no lado comprado. Se os preços continuarem a cair, sua ordem não será executada. Então, desça sua ordem de compra para um tick da máxima da barra mais recente. Depois que seu stop de compra tiver sido disparado, coloque um stop de proteção abaixo da mínima do dia da negociação ou do dia anterior, a que for mais baixa. Este stop estreito raramente é tocado numa forte tendência de alta, mas ele o ejeta cedo, se a tendência for fraca.

2. Venda a descoberto quando a MME de 2 dias do índice de força ficar positiva nas tendências de baixa.

Quando os indicadores de acompanhamento de tendência identificarem uma tendência de baixa, espere até que a MME de dois dias do índice de força fique positiva. Isso indica um rápido salpico de alta – uma oportunidade para operar vendido. Emita uma ordem de venda a descoberto abaixo da mínima da mais recente barra de preço.

Se a MME de 2 dias do índice de força continuar a subir depois de você ter emitido sua ordem de venda, eleve-a diariamente para um tick da mínima da barra mais recente. Depois que os preços caírem e você ficar vendido, coloque um stop de proteção acima da máxima da barra de preço mais recente ou da barra anterior, a que for mais alta. Movimente para baixo o seu stop para um nível de break-even, assim que for possível.

Uma MME de dois dias do índice de força ajuda-o a decidir quando formar pirâmides com suas posições. Você pode reforçar as posições compradas nas tendências de alta cada vez que o índice de força se tornar negativo ou reforçar as posições vendidas nas tendências de baixa sempre que o índice de força se tornar positivo.

O índice de força até fornece um vislumbre do futuro. Quando o MME de 2 dias do índice de força cai até a mínima mais baixa do mês, isso mostra que os ursos estão fortes e que os preços tendem a cair ainda mais. Quando a MME de 2 dias do índice de força sobe para seu ponto mais alto em um mês, isso mostra que os touros estão fortes e que os preços tendem a subir ainda mais.

A MME de 2 dias do índice de força ajuda a decidir quando fechar uma posição. O operador de curto prazo que compra quando esse indicador for negativo deve vender quando ele ficar positivo. O operador de curto prazo que opera vendido quando esse indicador for positivo deve cobrir sua posição quando ele ficar negativo. O operador de prazo mais longo deve sair de sua posição apenas se a tendência mudar (conforme se constata pela inclinação da MME de preço de 13 dias) ou se ocorrer uma divergência entre a MME de 2 dias do índice de força e a tendência.

3. As divergências de alta entre a MME de 2 dias do índice de força e do preço emitem fortes sinais de compra. A divergência de alta ocorre quando os preços caem para nova mínima, enquanto o índice de força forma um fundo mais superficial.
4. As divergências de baixa entre a MME de 2 dias do índice de força e do preço emitem fortes sinais de venda. A divergência de baixa ocorre quando os preços sobem para uma nova máxima, enquanto o índice de força traça um segundo topo mais baixo.

Uma MME de dois dias do índice de força enquadra-se bem no sistema de negociação Triple Screen (ver Seção 43). Sua capacidade de encontrar pontos de compra ou de venda no curto prazo é especialmente útil quando ela é combinada com um indicador de acompanhamento de tendência de mais longo prazo.

Índice de força de médio prazo

Uma MME de 13 dias do índice de força identifica mudanças de mais longo prazo na força dos touros e dos ursos. Sua posição em relação à linha central mostra que grupo está no controle. Suas divergências em comparação com os preços identificam importantes pontos de inflexão (Figura 42.3).

5. Quando uma MME de 13 dias do índice de força se situar acima de sua linha central, os touros estão no controle do mercado. Ao contrário, quando estiver abaixo da linha central, os ursos estão no controle.

Quando se inicia uma alta, os preços geralmente saltam com volumes mais altos. Quando uma MME de 13 dias do índice de força alcança nova máxima, confirma-se a tendência de alta. Quando a tendência de alta amadurece, os preços sobem com mais lentidão ou o volume torna-se mais

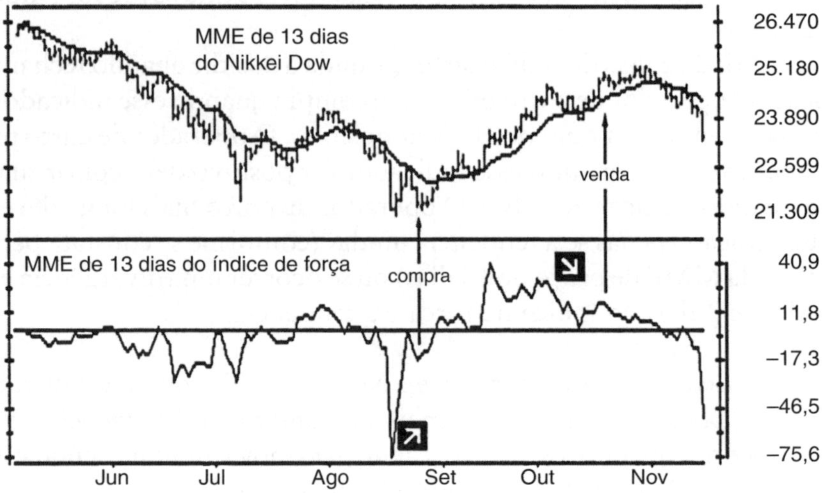

Figura 42.3: Índice de força — MME de 13 dias

As divergências entre a MME de 13 dias do índice de força e dos preços identificam importantes pontos de inflexão nos mercados. Uma divergência de baixa entre uma MME de 13 dias do índice de força e do Nikkei Dow em agosto apontou para uma oportunidade de compra. O Nikkei Dow retestou suas mínimas, mas o índice de força traçou um segundo fundo muito mais baixo, emitindo um sinal de compra.

Uma mínima pontiaguda no índice de força, como a vista em agosto, emite duas mensagens de negociação. No longo prazo, geralmente marca o fim de um importante declínio. No curto prazo, diz aos operadores de mercado que o fundo de preço mais recente tende a ser retestado ou superado.

O Nikkei Dow subiu mais alto em outubro, mas o índice de força continuou traçando novas mínimas. Essa divergência de baixa mostrou que os touros estavam ficando fracos e que os preços se aproximavam do topo. Havia muito tempo para assumir posições vendidas. A mínima pontiaguda na borda direita do gráfico indica que a mínima mais recente tende a ser retestada ou superada.

ralo. Então, uma MME de 13 dias do índice de força começa a traçar topos mais baixos. É sinal de que se quebrou o dorso dos touros.

6. Um novo pico na MME de 13 dias do índice de força mostra que a alta tende a continuar. Uma divergência de baixa entre a MME de 13 dias do índice de força emite forte sinal de venda a descoberto. Se os preços alcançarem nova máxima mas este indicador traçar pico mais baixo, trata-se de um aviso de que os touros estão perdendo poder e de que os ursos estão prontos para assumir o controle.

7. Uma nova mínima no MME de 13 dias do índice de força mostra que a tendência de baixa tende a continuar. Se os preços caírem para uma nova mínima mas esse indicador traçar uma mínima mais superficial, isso é um aviso de que os ursos estão perdendo poder. Essa divergência de baixa emite forte sinal de compra.

Quando se inicia a tendência de baixa, os preços geralmente caem com altos volumes. Quando uma MME de 13 dias do índice de força desce paras nova mínima, confirma-se o declínio. À medida que a tendência de baixa amadurece, os preços caem mais lentamente ou o volume seca. Então, a MME de 13 dias do índice de força começa a traçar fundos mais superficiais e finalmente sobe acima de sua linha central. Isso mostra que o dorso dos ursos foi quebrado.

IX

Novos Indicadores

43. SISTEMA DE NEGOCIAÇÃO TRIPLE SCREEN

O sistema de negociação Triple Screen foi desenvolvido por este autor e tem sido usado em operações de mercado desde 1985. Foi apresentado pela primeira vez ao público em abril de 1986, num artigo na revista *Futures*.

O Triple Screen aplica três testes ou crivos a todas as operações. Muitas operações que parecem atraentes à primeira vista não passam por um ou outro crivo. As operações que passam pelo teste do Triple Screen apresentam maior rentabilidade.

O Triple Screen combina métodos de acompanhamento de tendência e técnicas contrárias às tendências. Analisa todas as operações potenciais em várias referências temporais. O Triple Screen é mais do que um sistema de negociação – é um método, um estilo de operar.

Indicadores de acompanhamento de tendência e osciladores

Os principiantes geralmente buscam uma bala mágica – um indicador único para ganhar dinheiro. Se tiverem sorte durante algum tempo, ficam com o sentimento de que descobriram a estrada real para o lucro. Quando o sortilégio se esgota, os amadores devolvem o lucro com juros e saem à cata de nova varinha mágica. Os mercados são muito complexos para serem analisados com um único indicador.

Diferentes indicadores emitem sinais contraditórios no mesmo mercado. Os indicadores de acompanhamento de tendência aumentam durante as tendências de alta e emitem sinais de compra, ao passo que os osciladores tornam-se overbought e emitem sinais de venda. Os indicadores de acompanhamento de tendência inflectem para baixo nas tendências de baixa e emitem sinais de venda a descoberto, mas os osciladores tornam-se oversold e emitem sinais de compra.

Os indicadores de acompanhamento de tendência são lucrativos quando os mercados estão em tendência, mas levam a dentes de serra nas faixas de negociação. Os osciladores são lucrativos nas faixas de negociação, mas emitem sinais prematuros e perigosos quando os mercados iniciam uma tendência. Os operadores de mercado dizem: "A tendência é sua amiga" e "Deixe os lucros fluírem". Também afirmam: "Compre na baixa e venda na alta." Mas por que vender se a tendência é de alta? E quão alta é uma alta?

Alguns operadores de mercado tentam tirar a média dos votos dos indicadores de acompanhamento de tendência e dos osciladores. É fácil manipular esses votos. Caso se usem mais indicadores de acompanhamento de tendência, o voto será num sentido; mas caso se usem mais osciladores, o sentido será o oposto. Os operadores de mercado sempre conseguem encontrar um grupo de indicadores que no conjunto sempre lhe diga o que quer ouvir.

O sistema de negociação Triple Screen combina indicadores de acompanhamento de tendência com osciladores. Foi concebido para filtrar as desvantagens e para preservar as vantagens de cada um.

A escolha de referências temporais — o fator de cinco

Outro grande dilema é que a tendência pode ser de alta e de baixa ao mesmo tempo, dependendo do gráfico utilizado. Um gráfico diário pode mostrar uma tendência de alta, enquanto um gráfico semanal revela uma tendência de baixa, e vice-versa (ver Seção 36). O operador de mercado precisa lidar com os sinais conflitantes em diferentes referenciais temporais.

Charles Dow, autor da venerável teoria Dow, afirmou no início do século passado que o mercado de ações tinha três tendências. A tendência de longo prazo durava vários anos, a tendência de médio prazo se estendia por alguns meses e qualquer coisa mais curta do que isso era uma tendência secundária. Robert Rhea, o grande analista técnico de mercado da década de 1930, comparou as três tendências de mercado com maré, onda e marola. Ele acreditava que os operadores de mercado deviam operar na direção da maré do mercado e tirar proveito das ondas mas ignorar as marolas.

Os tempos mudaram e os mercados tornaram-se mais voláteis. Os operadores de mercado necessitam de definições mais flexíveis de referências temporais. O sistema de negociação Triple Screen baseia-se na observação de que as referências temporais relacionam-se entre si, com as mais longas e as mais curtas, por um fator de aproximadamente cinco (ver Seção 36).

Cada operador de mercado precisa decidir em que referência temporal quer atuar. O Triple Screen denomina essa referência temporal de operação de **intermediária.** A referência temporal de **longo prazo** é uma ordem de magnitude mais longa. A referência temporal de **curto prazo** é uma ordem de magnitude mais curta.

Por exemplo, se você quiser manter uma operação por vários dias ou semanas, sua referência temporal intermediária será definida pelos gráficos diários. Os gráficos semanais são uma ordem de magnitude mais longa e determinam a referência de longo prazo. Os gráficos horários são uma ordem de magnitude mais curta e determinam a referência temporal de curto prazo.

Os day-traders que mantêm suas posições por menos de uma hora podem adotar o mesmo princípio. Para eles, um gráfico de 10 minutos pode definir a referência temporal intermediária; um gráfico horário, a referência temporal de longo prazo; e um gráfico de 2 minutos, a referência temporal de curto prazo.

O Triple Screen demanda que se examine o gráfico de longo prazo primeiro. Ele permite apenas que se opere na direção da maré – a tendência no gráfico de longo prazo. Usa as ondas que vão contra a maré para entrar em posições. Por exemplo, os declínios diários criam oportunidades de compra quando a tendência semanal é de alta. As altas diárias oferecem oportunidades para operar vendido, quando a tendência semanal é de baixa.

Primeiro crivo – maré do mercado

O Triple Screen começa analisando o gráfico de longo prazo, uma ordem de magnitude mais ampla do que aquele em que se pretende operar. A maioria dos operadores de mercado presta atenção apenas aos gráficos diários, com todos observando os mesmos poucos meses de dados. Se você começar a observar os gráficos semanais, sua perspectiva será cinco vezes mais longa do que a dos concorrentes.

A primeira tela do Triple Screen usa indicadores de acompanhamento de tendência para identificar tendências de longo prazo. O sistema original usa a inclinação do histograma MACD semanal (ver Seção 26) para identificar a maré do mercado. A inclinação é definida como a relação entre as duas barras mais recentes. Quando a inclinação é ascendente, mostra que os touros estão no controle – é hora de operar no lado comprado. Quando a inclinação é descendente, mostra que os ursos estão no controle e lhe diz para operar no lado vendido (Figura 43.1).

Um único tick para baixo ou para cima no histograma MACD indica mudança de tendência. As inflexões para cima que ocorrem abaixo da linha central emitem melhor sinal de compra do que aquelas acima da linha

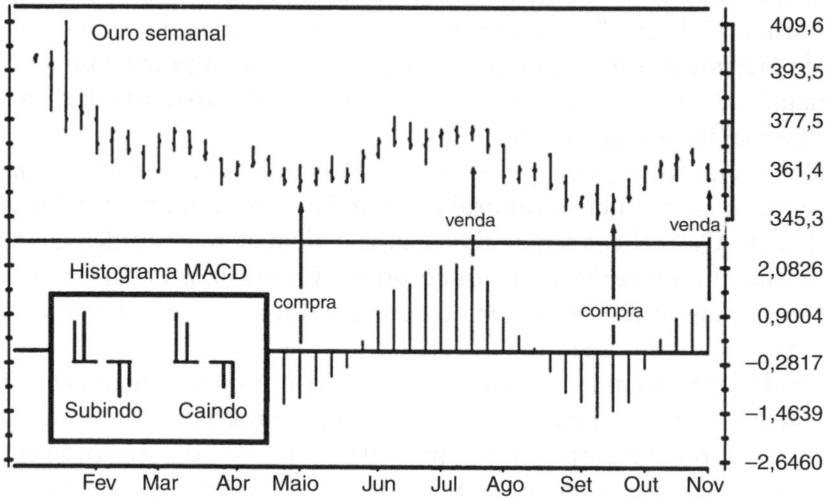

Figura 43.1: Histograma MACD semanal – o primeiro crivo do Triple Screen

A inclinação do histograma MACD é definida pela relação entre suas duas barras mais recentes (ver área destacada no inserto de ampliação). O Triple Screen diz aos operadores para examinar os gráficos semanais, antes de examinar os diários. Quando a tendência semanal é de alta, isso nos permite operar apenas no lado comprado ou ficar de fora. Quando a tendência semanal é de baixa, isso nos permite operar apenas no lado vendido ou ficar de fora.

O histograma MACD semanal emite um sinal de compra quando sua inclinação inflecte para cima. Os melhores sinais de compra ocorrem quando ele vira para cima abaixo de sua linha central. Quando o histograma MACD inflecte para baixo, emite-se um sinal de venda. Os melhores sinais de venda ocorrem quando ele vira para baixo acima de sua linha central (ver "Estações de indicadores", Seção 36). Depois de descobrir a tendência do histograma MACD semanal, volte-se para os gráficos diários e busque oportunidades de operação na mesma direção.

central (ver "Estações de indicadores" na Seção 36). As inflexões para baixo que ocorrem acima da linha central emitem melhor sinal de venda do que aquelas abaixo da linha central.

Alguns operadores de mercado usam outros indicadores para identificar as principais tendências. Steve Notis escreveu um artigo na revista *Futures* sobre como usou o sistema direcional como primeiro crivo do Triple Screen. Mesmo uma ferramenta mais simples, como a inclinação da média móvel exponencial de 13 semanas, pode servir como triagem inicial do sistema de negociação Triple Screen. O princípio é o mesmo. Pode-se usar a maioria dos indicadores de acompanhamento de tendência, desde que primeiro se analise a tendência nos gráficos semanais e depois se busquem oportunidades de operação nos gráficos diários, apenas na direção apontada pelos gráficos semanais.

Crivo um: Identifique a tendência semanal, usando um indicador de acompanhamento de tendência e operando apenas nessa direção.

O operador tem três escolhas: comprar, vender ou ficar de fora. O primeiro crivo do sistema de negociações Triple Screen exclui uma dessas escolhas. Ele atua como um sensor, que lhe permite comprar ou ficar de fora durante as grandes tendências de alta, permitindo-lhe apenas comprar a descoberto ou ficar de fora durante as grandes tendências de baixa. Você terá de nadar no sentido da maré ou ficar na areia.

Segundo crivo — a onda do mercado

O segundo crivo identifica a onda que vai contra a maré. Quando a tendência semanal é de alta, declínios diários apontam para oportunidades de compra. Quando a tendência semanal é de baixa, altas diárias apontam para oportunidades de vender a descoberto.

O segundo crivo aplica osciladores aos gráficos diários, a fim de identificar desvios em relação à tendência semanal. Os osciladores emitem sinais de compra quando os mercados declinam e sinais de venda quando os mercados sobem. Este segundo crivo do sistema de negociação Triple Screen permite-lhe seguir apenas os sinais que apontam na direção da tendência semanal.

Crivo dois: Aplique um oscilador a um gráfico diário. Use as quedas diárias durante as tendências de alta semanais para encontrar oportunidades de compra e as altas diárias durante as tendências de baixa semanais para encontrar oportunidades de venda a descoberto.

Quando a tendência semanal é de alta, o Triple Screen aceita apenas sinais de compra dos osciladores diários e ignora os sinais de venda. Quando a tendência semanal é de baixa, o Triple Screen aceita apenas sinais de venda a descoberto dos osciladores e ignora seus sinais de compra. O índice de força e o Elder-ray são bons osciladores para usar com o Triple Screen, mas o estocástico e o Williams %R também apresentam bom desempenho.

Quando o histograma MACD semanal sobe, a MME de dois dias do índice de força (ver Capítulo 8) emite sinais de compra quando cai abaixo de sua linha central, desde que não despenque até uma nova mínima de muitas semanas. Quando o histograma MACD semanal declina, o índice de força emite sinais de venda a descoberto quando sobe acima de sua linha de força, desde que não dispare para uma nova máxima de muitas semanas (Figura 43.2).

Quando a tendência semanal é de alta, o Elder-ray diário (ver Seção 41)

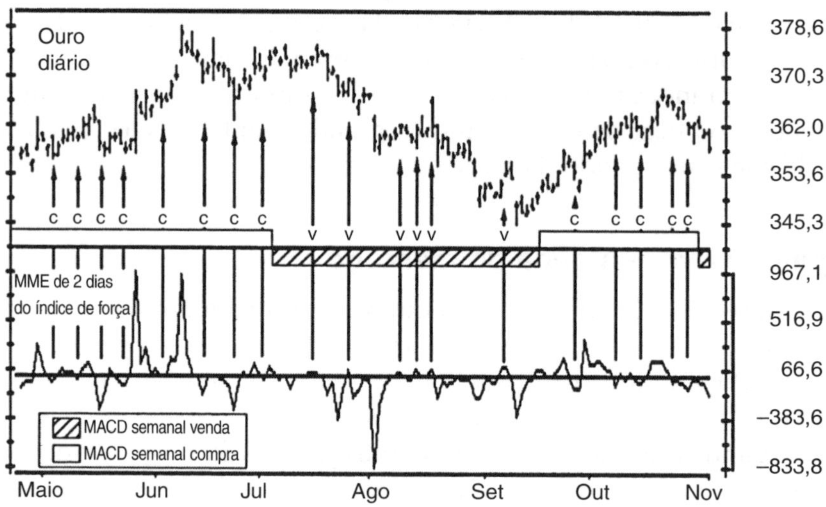

Figura 43.2: Índice de força diário — o segundo crivo do Triple Screen

A MME de 2 dias do índice de força é um dos vários osciladores que podem atuar como segundo crivo do sistema de negociação Triple Screen. O índice de força marca oportunidades de compra quando cai abaixo de sua linha central. Marca oportunidades de venda quando sobe acima de sua linha central.

Quando a tendência semanal for de alta, aceite apenas os sinais de compra do oscilador diário para entrar em posições compradas. Quando a tendência semanal for de baixa, aceite apenas os sinais de venda para entrar em posições vendidas. Na borda direita do gráfico, a tendência semanal virou. Espere por uma alta no índice de força para vender a descoberto.

emite um sinal de compra no momento em que o Bear Power cair abaixo de zero e depois retroceder em direção à linha central. Quando a tendência semanal é de baixa, o Elder-ray diário sinaliza para operar vendido no momento em que o Bull Power subir acima de zero e depois inflectir para baixo.

O estocástico (ver Seção 30) emite sinais de negociação quando suas linhas entram numa zona de compra ou venda. Quando o histograma

MACD semanal sobe mas o estocástico diário cai abaixo de 30, isso identifica uma área de oversold, ou seja, uma oportunidade de compra. Quando o histograma MACD semanal declina mas o estocástico diário sobe acima de 70, isso identifica uma área de overbought, ou seja, uma oportunidade de operar vendido.

O Williams %R (ver Seção 29) precisa de uma referência temporal de 4 a 5 dias para trabalhar com o Triple Screen. Ele é interpretado de maneira semelhante à do estocástico. O índice de força relativa não reage às mudanças de preços com a mesma rapidez dos outros osciladores. Ele ajuda nas análises de mercado gerais, mas é muito lento no Triple Screen.

Terceiro crivo — rompimento intraday

O primeiro crivo do sistema de negociação Triple Screen identifica a maré do mercado num gráfico semanal. O segundo crivo identifica uma onda que vai contra a maré num gráfico diário. O terceiro crivo detecta as marolas na direção da maré. Usa a movimentação intradiária dos preços para captar pontos de entrada.

O terceiro crivo não exige um gráfico ou um indicador. É uma técnica para entrar no mercado depois que o primeiro e o segundo crivos emitirem sinal de compra ou de venda a descoberto. O terceiro crivo é denominado trailing buy-stop technique, nas tendências de alta, e trailing sell-stop technique, nas tendências de baixa (Figura 43.3).

Quando a tendência semanal é de alta e a tendência diária é de baixa, os trailing buy-stops captam os rompimentos para cima. Quando a tendência semanal é de baixa e a tendência diária é de alta, os trailing sell-stops captam os rompimentos para baixo.

Resumo do Triple Screen

Tendência semanal	Tendência diária	Ação	Ordem
Alta	Alta	Ficar de fora	
Alta	Baixa	Operar comprado	Trailing buy-stop
Baixa	Baixa	Ficar de fora	
Baixa	Alta	Operar vendido	Trailing sell-stop

Quando a tendência semanal for de alta e o oscilador diário declinar, ele ativa uma trailing buy-stop technique. Emita uma ordem de compra um tick acima da máxima do dia anterior. Se os preços subirem, suas compras imediatamente serão interrompidas quando a alta superar a máxima

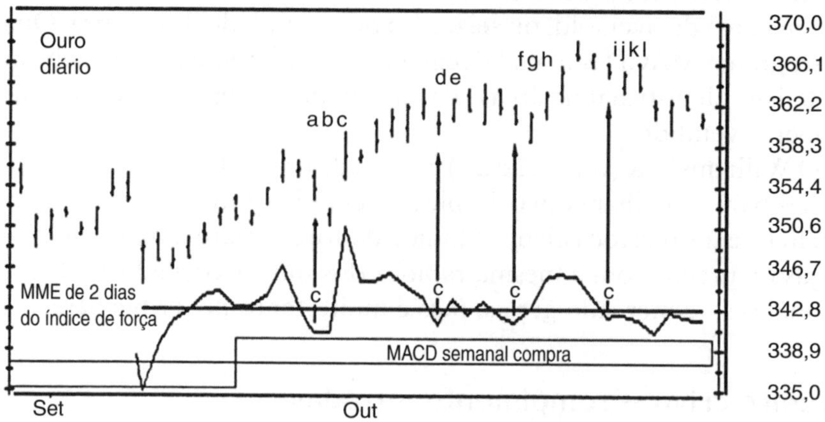

Figura 43.3: Trailing buy-stop — o terceiro crivo do Triple Screen

O histograma MACD semanal virou para cima em meados de setembro. Quando o primeiro crivo aponta para cima, todo declínio no segundo crivo — a MME de 2 dias do índice de força — marca uma oportunidade de compra.

a. O índice de força cai abaixo de sua linha central. Emita uma ordem de compra para amanhã um tick acima da máxima do dia *a*.
b. O declínio prossegue. Desça a ordem de compra para um tick acima da máxima da barra *b*.
c. Comprou na abertura. Coloque um stop na mínima da barra *b*. A nova máxima no índice de força mostra que a alta é forte, sendo provável que prossiga.
d. O índice de força cai abaixo da linha central. Emita uma ordem de compra na máxima da barra.
e. Comprou quando os preços subiram acima da máxima de *d*. Coloque um stop na mínima da barra *d*.
f. O índice de força cai abaixo de sua linha central. Emita uma ordem de compra na máxima da barra.
g. O declínio continua. Abaixe o stop de compra para dentro de 1 tick da máxima da barra *g*.
h. Comprou quando os preços subiram acima da máxima de *g*. Coloque um stop na mínima da barra *g*.
i. O índice de força cai abaixo de sua linha central. Emita uma ordem de compra na máxima da barra.
j. O declínio continua. Abaixe o stop de compra para dentro de 1 tick da máxima da barra *j*.
k. Comprou na abertura. Coloque um stop na mínima da barra *j*.
l. O ouro abre mais baixo e atinge o stop de proteção. É importante usar stops, pois nenhum indicador é perfeito.

do dia anterior. Se os preços continuarem a cair, seu stop de compra não será tocado. Abaixe sua ordem de compra no dia seguinte para um nível um tick acima da mais recente barra de preço. Continue descendo seu stop de compra todos os dias, até que ele entre em ação ou até que o indicador semanal reverta e cancele o sinal de compra.

Quando a tendência semanal for de baixa, espere por uma alta no oscilador diário para ativar a trailing sell-stop technique. Emita uma ordem de venda a descoberto um tick abaixo da mínima da barra mais recente. Assim que o mercado inflectir para baixo, suas operações serão interrompidas no lado vendido. Se a alta continuar, continue subindo sua ordem de venda diariamente. O objetivo de uma trailing sell-stop technique é captar os rompimentos de baixa intradiários numa tendência de alta diária, na direção de uma tendência de baixa semanal.

Crivo três: Use a trailing buy-stop technique quando a tendência semanal for de alta e o oscilador diário estiver em baixa. Use a trailing sell-stop technique quando a tendência semanal for de baixa e o oscilador diário estiver em alta.

Stop-loss

A gestão adequada do dinheiro é fundamental para o sucesso das operações. O operador de mercado disciplinado interrompe suas perdas o mais rápido possível e supera o desempenho do perdedor, que mantém a posição e fica na esperança. O sistema de negociação Triple Screen requer que se coloquem stops muito estreitos.

Assim que comprar, coloque uma ordem de stop-loss um tick abaixo da mínima do dia da negociação ou do dia anterior, a que for mais baixa. Assim que vender a descoberto, coloque uma stop-loss de proteção um tick acima da máxima do dia de negociação ou do dia anterior, a que for mais alta. Movimente o seu stop para o nível de break-even logo que o mercado se movimentar a seu favor. Depois, a regra prática é movimentar o seu stop para proteger aproximadamente 50% dos lucros em papel (ver Seção 48).

A razão para usar stops tão estreitos é que o Triple Screen opera apenas na direção da maré. Se uma operação não der resultados rápidos, é sinal de que algo fundamental está mudando abaixo da superfície do mercado. Nesse caso, é melhor correr rápido. A primeira perda é a melhor perda – permite que você reexamine o mercado na segurança das laterais.

Os operadores de mercado conservadores devem operar comprados ou vendidos no primeiro sinal do sistema de negociação Triple Screen e manter-se nessa posição até que a tendência principal reverta ou até que saia da posição por causa do stop. Os operadores de mercado ativos podem usar cada novo sinal dos osciladores diários para formar pirâmides sobre a posição original.

Os operadores de posições devem manter determinada operação até que se reverta a tendência semanal. O operador de curto prazo pode realizar lucro usando sinais do segundo crivo. Por exemplo, se o operador estiver comprado e o índice de força se tornar positivo ou se o estocástico subir para 70%, ele pode vender e realizar lucro e em seguida buscar outra oportunidade de compra.

O sistema de negociação Triple Screen combina diferentes referências temporais e vários tipos de indicadores. Usa um indicador de acompanhamento de tendência com os gráficos de longo prazo e um oscilador de curto prazo com os gráficos intermediários. Também usa técnicas de entrada especiais para comprar e vender a descoberto. Além disso, ainda observa regras rigorosas de gestão do dinheiro.

44. SISTEMA DE NEGOCIAÇÃO PARABÓLICO

O sistema de negociação parabólico foi descrito em 1976 por J. Welles Wilder, Jr. Seu nome decorre do padrão de seus stops durante os movimentos desenfreados, que parece uma parábola. Hoje, o sistema parabólico é parte de muitos pacotes de software.

O objetivo do parabólico é captar tendências e mudar posições nas reversões de tendências. Sua característica singular é a de responder ao decurso do tempo assim como às mudanças de preços. A maioria dos operadores de mercado concentra-se no preço, mas ignora o tempo (ver Seção 36).

Como construir o parabólico

O parabólico é um sistema de reversão destinado a manter o operador no mercado todo o tempo. Quando um stop do parabólico o retira de uma posição comprada, ele também lhe diz para vender a descoberto ao mesmo preço. Se ele o retirar de uma posição vendida, também lhe diz para operar comprado ao mesmo preço. Este método funcionou bem durante os mercados inflacionários da década de 1970, mas gerou muitos dentes de serra nos anos subsequentes. Agora, o parabólico deve ser usado seletivamente, apenas quando os mercados estiverem em tendência.

O parabólico baseia-se numa boa regra tradicional – movimente seus stops apenas na direção da operação e nunca contra ela. Se estiver comprado, você pode subir os seus stops, mas nunca descê-los. Se estiver vendido, você só poderá descer os seus stops.

Os stops do parabólico são fixados diariamente, usando-se uma fórmula:

$$Stop_{amanhã} = Stop_{hoje} + AF \bullet (EP_{trade} - Stop_{hoje})$$

em que: $Stop_{hoje}$ = stop vigente.

$Stop_{amanhã}$ = stop para o próximo dia de negociação.

EP_{trade} = ponto extremo (extreme point) alcançado pelo mercado na atual negociação. Se um operador estiver comprado, EP é a máxima mais alta alcançada durante o dia da compra. Se o operador estiver vendido, EP é a mínima mais baixa atingida durante o dia em que vendeu a descoberto.

AF = fator de aceleração (acceleration factor). Esta ferramenta exclusiva determina a rapidez com que movimentar um stop na direção de uma tendência. AF depende do número de novas máximas, desde a entrada numa posição comprada, ou do número de novas mínimas, desde a entrada numa posição vendida.

No primeiro dia de uma operação, o fator de aceleração é igual a 0,02. Isso significa que o stop se movimenta em 2% da distância entre o ponto extremo e o stop original. AF aumenta em 0,02, a cada dia em que uma alta alcança nova máxima ou uma queda alcança nova mínima, até o máximo de 0,20.

Se o mercado alcançar 3 máximas mais altas durante uma operação longa, AF é igual a 0,08 [0,02 + (0,02 • 3)] e, se o mercado alcançar 9 novas máximas, AF ergue-se até seu máximo de 0,20, ou 0,02 + (0,02 • 9). Neste último caso, o stop diário é movido por 20% da distância entre o ponto extremo da negociação e o stop mais recente.

No começo de uma operação, o fator de aceleração é pequeno e os stops movimentam-se lentamente. À medida que o mercado alcança novas máximas e novas mínimas, AF aumenta e os stops movimentam-se com mais rapidez. Se o mercado não alcançar novas máximas ou novas mínimas, AF continua movendo os stops na direção da operação. Assim agindo, o parabólico força os operadores a sair de operações que não os levarão a lugar algum.

Muitos operadores de mercado mudam o fator de aceleração. Para tanto, ajustam o tamanho do passo básico de 0,02 e o tamanho máximo do

AF de 0,20. Alguns os aumentam para tornar o sistema mais sensível; outros os diminuem para fazer com que o sistema reaja com mais lentidão. O tamanho de um passo varia de 0,015 a 0,025 e o tamanho máximo do AF de 0,28 a 0,23.

Psicologia de negociação

Os perdedores quebram por persistirem em posições perdedoras, na esperança de reversões. O sistema parabólico protege os operadores de indecisões e lhes impõe uma disciplina férrea. Estabelece um stop no momento em que se entra numa operação e lhe diz para movimentar-se na direção da operação.

Se você estiver operando comprado ou vendido mas os preços se mantiverem na horizontal, essa situação lhe envia a mensagem de que seu timing estava errado. Você não teria comprado ou não teria vendido a descoberto se não esperasse que os preços se movimentassem em determinada direção depois da realização da operação! O parabólico não permite que você continue numa operação que não vai a lugar nenhum. Ele movimenta stops na direção da operação, como que afirmando "Faça alguma coisa ou cale-se para sempre".

O sistema parabólico é extremamente útil durante as tendências desenfreadas. Quando os preços disparam ou despencam sem um retrocesso, é difícil colocar stops usando os padrões de gráficos ou os indicadores normais. O parabólico é a melhor ferramenta para colocar stops nessas condições.

Regras de negociação

Ao começar a usar o parabólico em qualquer mercado, recue várias semanas para calcular seus stops. Ajuste diariamente os stops do parabólico, com uma exceção: caso você receba indicação para mover o stop para a faixa do dia anterior, não o faça. Os stops devem ficar fora da faixa do dia anterior.

O sistema parabólico funciona bem nos mercados com tendência, mas leva a dentes de serra nos mercados sem tendência. Pode gerar lucros espetaculares durante as tendências de preço, mas corroer uma conta nas faixas de negociação. Não o utilize como método de negociação automático.

O parabólico original foi um verdadeiro sistema de reversão. Quando um operador estava comprado em um contrato, o parabólico lhe dizia para emitir uma ordem de venda de dois contratos se o seu stop fosse atingido. Então, ele vendia sua posição comprada e automaticamente ficava vendido. Quando um operador estava vendido em um contrato, o parabólico lhe dizia para emitir uma ordem de compra de dois contratos se seu

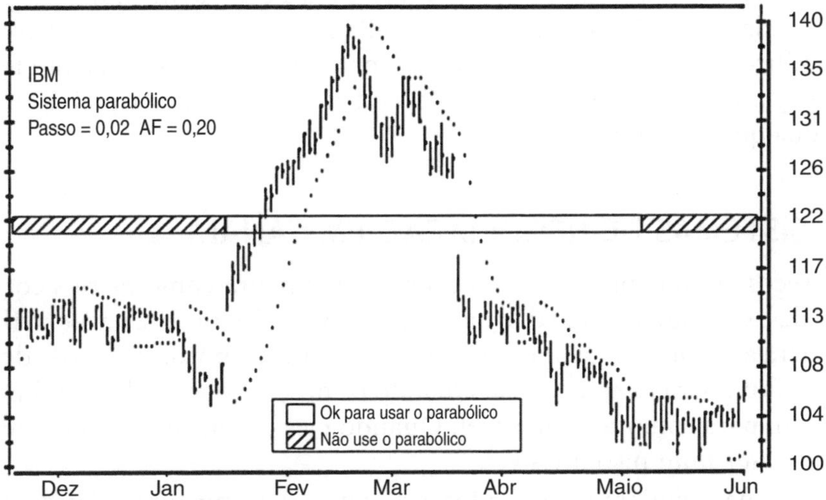

Figura 44.1: Sistema parabólico

O parabólico funciona bem quando os mercados estão em movimento, mas não quando os mercados estão na horizontal. Quando se entra em dente de serra duas vezes em seguida, isso é sinal de mercado horizontal. Pare de usar o parabólico, mas continue a acompanhá-lo no papel até receber dois bons sinais.

O parabólico brilha nos mercados em rápida movimentação. Aqui ele extraiu boa parte do lucro de uma corrida ascendente de 30 pontos da IBM e sua queda subsequente, com um único dente de serra em abril. Dois dentes de serra seguidos em maio emitiram um sinal para parar de usar o parabólico.

stop fosse atingido. Então ele cobria sua posição vendida e operava comprado.

O operador fica em melhor situação quando entra no mercado usando algum outro método de negociação, como o sistema de negociação Triple Screen, e depois mudando para o parabólico apenas caso se veja cavalgando tendências de alta ou tendências de baixa dinâmicas.

1. Quando se vir numa forte tendência de alta, examine os dados das últimas semanas e aplique o sistema parabólico. Depois de atualizar o parabólico até o dia, comece a calcular stops diários e os utilize para proteger o lucro de sua posição comprada.
2. Ao se encontrar vendido numa rápida tendência de baixa, aplique o parabólico aos dados das últimas semanas e o atualize até o dia. Daí em diante calcule seus stops diários para proteger o lucro de sua posição vendida.

O sistema parabólico entrelaça preço e tempo e movimenta os stops na direção da operação. Quanto mais rápida for a tendência, mais rápido o parabólico movimentará seus stops. O parabólico é uma excelente ferramenta para extrair o máximo de uma tendência vigorosa, na qual se entrou por qualquer outro método.

45. SISTEMAS DE NEGOCIAÇÃO EM CANAL

Os preços geralmente fluem em canais, da maneira como os rios correm em vales. Quando o curso d'água toca na borda direita de seu vale, o fluxo vira para a esquerda. Quando o curso d'água toca a borda esquerda de seu vale, o fluxo vira para a direita. Quando os preços sobem, eles geralmente parecem parar num teto invisível. Quando eles caem, eles geralmente parecem bater num piso invisível.

Os canais ajudam os operadores a identificar oportunidades de compra e de venda e a evitar más operações. As pesquisas originais sobre canais de negociação foram conduzidas por J. M. Hurst e descritas em seu livro, de 1970, *The Profit Magic of Stock Transaction Timing*.

Quatro maneiras de construir um canal

Os canais ajudam os operadores porque suas fronteiras mostram onde esperar a ocorrência de suporte e resistência no mercado. Quatro são as principais maneiras de construir canais:

1. Traçando uma linha de canal paralela a uma linha de tendência (ver Seção 21).
2. Plotando duas linhas paralelas a uma média móvel: uma acima e outra abaixo.
3. O mesmo do item precedente, apenas mudando a distância entre cada linha e a média móvel, dependendo da volatilidade do mercado (bandas de Bollinger).
4. Traçando uma média móvel das máximas e outra das mínimas.

Os canais paralelos a linhas de tendência são úteis nas análises de longo prazo, especialmente nos gráficos semanais. Os canais em torno de médias móveis são úteis nas análises de curto prazo, sobretudo nos gráficos diários e intradiários. Os canais, cuja largura depende da volatilidade, são bons para captar os estágios iniciais de grandes tendências.

Suporte é onde os compradores compram com maior intensidade do que os vendedores vendem. Resistência é onde os vendedores vendem com maior intensidade do que os compradores compram (ver Seção 19). Os canais mostram onde esperar suporte e resistência no futuro.

A inclinação de um canal identifica uma tendência de mercado. Quando o canal se estende na horizontal, pode-se operar com todas as oscilações entre suas paredes. Quando o canal sobe, convém operar apenas no lado comprado, comprando na parede inferior e vendendo na parede superior. Quando o canal declina, convém operar apenas no lado vendido, vendendo a descoberto na parede superior e cobrindo as posições na parede inferior.

Canais de média móvel

Uma média móvel exponencial de 13 dias pode servir como espinha dorsal de um canal (ver Seção 25). Trace as linhas superior e inferior do canal paralelas a ela. A largura do canal depende do coeficiente selecionado pelo operador.

Linha superior do canal = MME + Coeficiente do canal • MME
Linha inferior do canal = MME – Coeficiente do canal • MME

É preciso ajustar os coeficientes do canal até que o canal contenha de 90 a 95% da ação do preço. O canal mostra as fronteiras entre ação normal e anormal dos preços. É normal que os preços fiquem dentro do canal, e apenas eventos anormais os empurrem para fora. O mercado está subavaliado abaixo de sua linha de canal inferior e superavaliado acima de sua linha de canal superior.

Por exemplo, em 1992, o coeficiente de canal do gráfico diário do S&P 500 de futuros era 1,5%. Se a MME de 13 dias fosse 400, a linha de canal superior seria 406 [400 + (400 • 1,5/100)] e a linha de canal inferior seria 394 [400 – (400 • 1,5/100)].

Ajuste os coeficientes de canal pelo menos uma vez a cada três meses, para que o canal contenha de 90 a 95% dos preços. Se os preços continuarem extravasando de um canal, mantendo-se fora por mais de uns dias, o canal deve ser ampliado. Muitas reversões dentro do canal, sem alcançar as paredes, indicam volatilidade decrescente e que o canal deve ser estreitado.

Os mercados voláteis exigem canais mais amplos e os mercados mais tranquilos requerem canais mais estreitos. Os gráficos de longo prazo exigem canais mais amplos. Como regra prática, os coeficientes dos canais semanais são duas vezes mais largos do que os dos canais diários.

Psicologia de Massa

A média móvel exponencial reflete o consenso médio de valor durante o período por ela representado (ver Seção 25). Quando os preços sobem acima do consenso médio de valor, os vendedores veem uma oportunidade de realizar lucro nas posições compradas ou de operar a descoberto. Quando o poder deles supera o dos touros, os preços caem. Quando os preços caem abaixo da média móvel, os caçadores de pechincha entram em campo. Suas compras e a cobertura de posições vendidas pelos ursos aumentam os preços, e o ciclo se repete.

Quando os preços estão perto da média móvel, o mercado está um tanto valorizado. Quando os preços estão na linha de canal inferior ou abaixo dela, o mercado está subavaliado. Os canais ajudam os operadores a identificar oportunidades de compra, quando os mercados estiverem baratos, e oportunidades de venda a descoberto, quando os mercados estiverem caros.

O mercado é como uma pessoa maníaco-depressiva. Quando alcança as alturas da mania, está pronto para aquietar-se, e quando mergulha nas profundezas da depressão, sua disposição é realmente para melhorar. O canal delineia os limites do otimismo e do pessimismo de massa. Sua linha superior mostra onde os touros perdem o gás e sua linha inferior mostra onde os ursos tornam-se exaustos.

Todo animal luta com mais energia perto de casa. A linha de canal superior mostra onde os ursos estão encostados na parede e lutam para afastar os touros e ganhar espaço. A linha de canal inferior mostra onde os touros estão contra as cordas e lutam para afastar os ursos e ganhar espaço.

Quando uma alta não atinge a linha de canal superior, configura-se um sinal de baixa, mostrando que os touros estão ficando mais fracos. Se uma alta irrompe do canal e os preços fecham acima dele, isso mostra que a tendência de alta é forte. As regras contrárias aplicam-se às tendências de baixa.

Os canais ajudam os operadores de mercado que os utilizam a manter-se objetivos, quando os outros se deixam levar pela histeria altista ou baixista. Se os preços tocam a linha de canal superior, vê-se que a massa altista está sendo superada e é hora de pensar em vender. Quando todos se tornam baixistas mas os preços tocam a linha de canal inferior, sabe-se que é hora de pensar em comprar em vez de vender.

Regras de negociação

Os amadores e os profissionais de mercado lidam com os canais de maneiras diferentes. Os amadores apostam em jogadas longas – tendem a comprar nos rompimentos de alta e vender a descoberto nos rompimentos de baixa. Ao identificar o rompimento de um canal, o amador espera que nova tendência esteja prestes a começar, oferecendo-lhe a oportunidade de ficar rico rápido.

Os profissionais operam contra os desvios, na expectativa de um retorno à normalidade. É normal que os preços fiquem dentro de canais. A maioria dos rompimentos são movimentos de exaustão, rapidamente abortados. Os profissionais gostam de enfrentá-los, de remar contra eles. Vendem a descoberto assim que se interrompe um rompimento de alta e compram quando um rompimento de baixa para de atingir novas mínimas.

Os rompimentos podem produzir ganhos espetaculares para os amadores, quando uma nova tendência expressiva irrompe de um canal. Os amadores às vezes ganham, mas convém operar com os profissionais. A maioria dos rompimentos é falsa e seguida por reversões.

Os canais de média móvel podem ser usados como método de negociação isolado ou combinado com outras técnicas. Gerald Appel recomendou as seguintes regras para operar com canais:

1. Trace uma média móvel e construa um canal em torno dela. Quando o canal estiver relativamente na horizontal, o mercado quase sempre apresenta boas oportunidades de compra perto do fundo de seu canal de negociação e boas oportunidades de venda perto do topo.
2. Quando a tendência virar para cima e o canal subir de forma acentuada, a penetração ascendente da linha superior do canal revela impulso altista muito intenso. Isso indica que provavelmente se terá mais uma chance de vender na área de máximas em formação. É normal que o mercado retorne à média móvel depois de uma penetração ascendente, oferecendo excelente oportunidade de compra. Venda sua posição comprada quando o mercado retornar ao topo do canal.
3. A regra anterior funciona ao contrário durante fortes tendências de baixa. Um rompimento abaixo da fronteira inferior do canal indica que é provável o retrocesso à média móvel, oferecendo outra oportunidade de venda a descoberto. Quando os preços retornarem à linha de canal inferior, é hora de cobrir as posições vendidas.

Os melhores sinais de negociação são emitidos pela combinação de canais e de indicadores técnicos. Os indicadores emitem seu sinal mais forte quando divergem dos preços (Figura 41.1). Um método para combinar canais e divergências foi descrito por Manning Stoller, numa entrevista com este autor.

4. Detecta-se um sinal de venda quando os preços alcançam a linha superior do canal, enquanto um indicador, como o estocástico ou o histograma MACD, traça um topo mais baixo e cria uma diver-

gência de baixa. Isso mostra que os touros estão ficando fracos quando os preços estão excessivamente distendidos.

5. Emite-se um sinal de compra quando os preços alcançam a linha inferior do canal, enquanto um indicador traça um fundo mais alto e cria uma divergência de alta. Mostra que os ursos estão ficando fracos, quando os preços já estão baixos.

Devemos analisar os mercados em mais de uma referência temporal. Opere comprado quando os preços estiverem subindo do fundo para o topo do canal nos gráficos semanais e diários. Opere vendido quando os preços estiverem afundando do topo para o fundo do canal nos gráficos semanais e diários.

6. Opere comprado abaixo da média móvel quando o canal estiver subindo e realize lucro na linha de canal superior. Opere vendido quando o canal estiver caindo e realize lucro na linha inferior do canal.

Canais de desvio padrão (bandas de Bollinger)

Os canais de desvio padrão foram propostos por Perry Kaufman, em seu livro *The New Commodity Trading Systems and Methods*, e popularizados pelo analista John Bollinger. A característica exclusiva das bandas de Bollinger é o fato de suas larguras variarem em resposta à volatilidade do mercado. Suas regras de negociação diferem das de outros canais.

1. Calcule a MME de 21 dias.
2. Subtraia a MME de 21 dias de cada preço de fechamento para obter todos os desvios da média.
3. Eleve ao quadrado cada desvio e some-os para obter o total dos desvios ao quadrado.
4. Divida a soma de cada quadrado dos desvios pelo comprimento da MME para obter o desvio médio ao quadrado.
5. Extraia a raiz quadrada do desvio médio ao quadrado para obter o desvio padrão. Emite-se um sinal de compra quando os preços alcançam a linha inferior do canal, enquanto um indicador traça um fundo mais alto e cria uma divergência de alta. Mostra que os ursos estão ficando fracos, quando os preços já estão baixos.

Esses passos, descritos por John Bollinger, podem ser executados por muitos softwares de análise técnica. A banda de Bollinger alarga-se quando a volatilidade aumenta e estreita-se quando a volatilidade diminui. Uma banda de Bollinger estreita identifica um mercado tranquilo e sonolento. Os grandes movimentos de mercado tendem a irromper de bases horizontais. As bandas de Bollinger ajudam a identificar transições de mercados tranquilos para mercados ativos.

Quando os preços sobem e ultrapassam uma banda de Bollinger muito estreita, eles emitem um sinal de compra. Quando caem e ultrapassam uma banda de Bollinger muito estreita, eles emitem um sinal de venda a descoberto. Quando os preços voltam ao canal, é hora de fechar as posições.

As bandas de Bollinger são especialmente úteis para operadores de opções. Os preços das opções dependem intensamente das viradas na volatilidade. As bandas de Bollinger ajudam-no a comprar quando a volatilidade

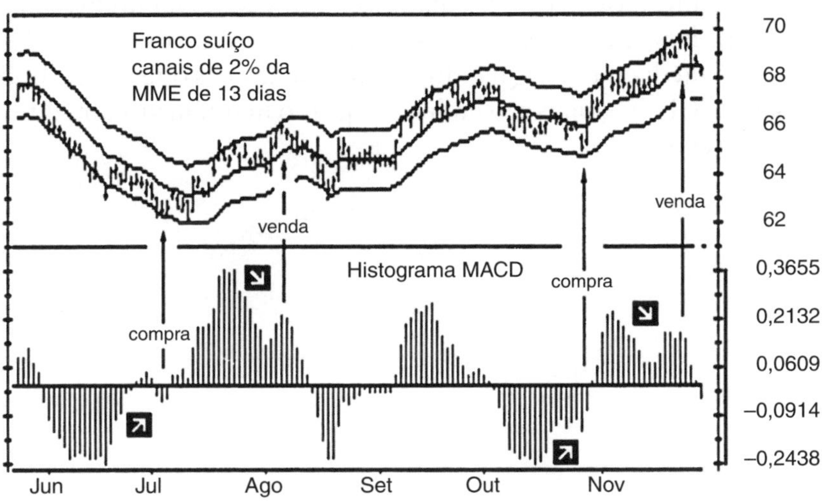

Figura 45.1: Operando com canais e indicadores

A média móvel reflete o consenso médio sobre valor. Um canal ou invólucro deve ser ajustado até conter de 90 a 95% de todos os dados. A linha superior do canal mostra onde o mercado está superavaliado. A linha inferior do canal mostra onde ele está subavaliado. Convém comprar na metade inferior de um canal em ascensão e vender a descoberto na metade superior de um canal em declínio. Os canais funcionam melhor quando seus sinais são combinados com divergências de indicadores.

As divergências de alta em julho e outubro ocorreram quando o franco suíço ficou subavaliado, perto de sua linha de canal inferior. Esses sinais de compra levaram a fortes altas. As divergências de baixa ocorreram em agosto e novembro, quando o franco suíço ficou superavaliado, perto de sua linha de canal superior. Esses sinais de venda foram seguidos por quebras acentuadas. A combinação de canais e divergências permite que se opere contra a multidão do mercado, em importantes pontos de inflexão.

está baixa e as opções estão relativamente baratas. No sentido oposto, ajudam-no a vender quando a volatilidade está alta e as opções estão relativamente caras.

Mais sobre canais

Alguns operadores usam canais cuja linha superior é uma **média móvel das máximas** e cuja linha inferior é uma **média móvel das mínimas.** Eles parecem mais denteados do que outros canais. Os operadores precisam escolher um período de ajustamento para esses canais. Aqui, como em outras situações, uma MME de 13 dias é uma aposta segura. A MME de 13 dias das altas representa a linha de canal superior e a MME de 13 dias das mínimas representa a linha de canal inferior.

Um dos indicadores técnicos mais populares é o **Commodity Channel Index** (CCI). É baseado nos mesmos princípios dos canais – mede desvios em relação à média móvel. Quando se usam canais nas operações, pode-se dispensar o CCI. Os canais são melhores, pois o mantêm visualmente mais perto dos preços.

X

Gestão do Risco

46. EMOÇÕES E PROBABILIDADES

Operar nos mercados é tão empolgante que geralmente faz com que os amadores se sintam eufóricos. Para estes, uma operação é como uma entrada para um cinema ou para um evento esportivo. Mas operar nos mercados é entretenimento muito mais dispendioso do que ir ao cinema.

Ninguém consegue sentir-se eufórico e ganhar dinheiro ao mesmo tempo. A emoção nas operações de mercado é a maior inimiga do sucesso. Ganância e medo são sentimentos que destroem o operador de mercado. Você precisa usar o intelecto em vez de operar com base em sentimentos profundos.

O operador de mercado que fica zonzo com os lucros é como um advogado que começa a contar o dinheiro durante um julgamento. O operador de mercado que se desespera com as perdas é como um cirurgião que desmaia quando vê sangue. O verdadeiro profissional não fica muito excitado com as vitórias ou derrotas.

O objetivo de um profissional bem-sucedido em qualquer campo é dar o melhor de si mesmo – tornar-se o melhor médico, o melhor advogado ou o melhor operador de mercado. O dinheiro flui para esses profissionais como uma consequência natural. Você precisa concentrar-se em operar nos mercados da maneira certa – em vez de ficar de olho no dinheiro. Cada operação de mercado deve ser tratada como um procedimento cirúrgico – com seriedade, sobriedade, sem negligências nem atalhos.

Por que Johnny não pode vender?

Um perdedor não consegue interromper suas perdas com rapidez. Mesmo quando a operação começa a azedar, o perdedor continua esperançoso e insiste nos erros. Ele sente que não consegue sair daquela situação, deposita as chamadas de margem e fica esperando pela virada. Suas perdas no papel se avolumam até que a grande perda de algum tempo atrás começa a parecer uma pechincha. Finalmente, seu corretor o força a morder a bala e aceitar a punição. Assim que ele sai da operação, o mercado começa a rugir em recuperação.

O perdedor está a ponto de bater a cabeça na parede – se tivesse persistido, teria feito uma pequena fortuna na virada. As tendências revertem quando revertem porque quase todos os perdedores são iguais. Agem em função de seus sentimentos profundos, em vez de usar a cabeça. As emoções das pessoas são semelhantes, independentemente dos antecedentes culturais ou do nível de educação. Operadores assustados, com as palmas das mãos suadas e com o coração batendo forte, sentem o mesmo, não importa que tenham crescido em Nova York ou em Hong Kong, nem que tenham dois anos ou 20 anos de escolaridade.

Roy Shapiro, psicólogo de Nova York, escreveu um artigo do qual este subtítulo foi extraído:

> Cheios de esperança, no recanto reservado onde tomamos nossas decisões sobre operações de mercado, desenvolvemos determinada ideia... uma das dificuldades em vender decorre das ligações que formamos com a posição. Afinal, quando algo é nosso, tendemos a nos ligar à coisa... Essa ligação com o que compramos tem sido chamada de "endowment effect" (efeito apropriação) por psicólogos e economistas e todos o reconhecemos em nossas transações financeiras, assim como em nossa incapacidade de jogar fora aquela velha camisa do time de futebol que está pendurada no armário.
>
> O especulador é o pai da ideia... a posição assume significado como extensão pessoal do eu, quase como se fosse um filho... Outra razão por que Johnny não vende, mesmo quando a posição já está perdendo terreno, é o desejo de sonhar... Para muitos, no momento da compra, o julgamento crítico cede espaço à esperança, que passa a governar o processo decisório.

Sonhar nos mercados é um luxo a que ninguém se pode permitir. Se suas operações de mercado se basearem em sonhos, é melhor dar o dinheiro ao psicoterapeuta.

O Dr. Shapiro descreve um teste que mostra como as pessoas conduzem os negócios que envolvem chances. Primeiro, propõe-se uma escolha a um grupo de pessoas: 75% de chance de ganhar US$1.000 com 25% de chance de não ganhar nada – ou a certeza de receber US$700. Quatro de cada cinco indivíduos ficam com a segunda escolha, mesmo depois que se lhes explica que, com o tempo, a primeira escolha resulta em US$750. A maioria toma uma decisão emocional e opta por um ganho menor.

Aplica-se outro teste: escolher entre uma perda certa de US$700 ou a chance de 75% de perder US$1.000 e a chance de 25% de não perder nada. Três de cada quatro indivíduos ficam com a segunda escolha, condenando-se a perder US$50 a mais do que na primeira escolha. Ao tentar evitar o risco, maximizam as perdas.

Os operadores emocionais querem certos ganhos e rejeitam apostas lucrativas que envolvem incerteza. Participam de jogos arriscados para evitar assumir certas perdas. É da natureza humana realizar o lucro com rapidez e adiar o reconhecimento das perdas. O comportamento irracional se agrava quando as pessoas se sentem sob pressão. De acordo com o Dr. Shapiro, "as apostas nos azarões aumentam nas duas últimas corridas do dia".

As operações de mercado dominadas pela emoção destroem os perdedores. Ao analisar os registros de suas negociações, constata-se que os grandes danos em sua conta foram provocados por umas poucas grandes perdas ou por uma longa sucessão de perdas, na tentativa de sair do buraco por meio de novas operações. Para começar, a boa gestão do dinheiro não o deixaria cair no buraco.

Rentabilidade e analfabetismo numérico

Os operadores fracassados buscam uma "certeza", aferram-se à esperança e irracionalmente evitam aceitar pequenas perdas. Suas operações se baseiam em emoções. Os perdedores não compreendem o conceito fundamental de rentabilidade. Não têm a menor ideia sobre chances e sobre processos aleatórios e são dominados por muitas superstições.

O analfabetismo numérico – não conhecer as noções básicas de probabilidade, chance e aleatoriedade – é uma deficiência intelectual fatal nos operadores de mercado. Essas ideias simples podem ser aprendidas em muitos livros básicos.

O livro revigorante *Innumeracy*, de John Allen Paulos, é uma excelente cartilha sobre os conceitos de probabilidade. Paulos descreve uma situação em que alguém aparentemente inteligente lhe disse num coquetel: "Se a chance de chover é de 50% no sábado e de 50% no domingo, a chance de um fim de semana chuvoso é de 100%." Alguém que compreenda tão pouco sobre probabilidade decerto perderá dinheiro nas operações de mercado. Desenvolver conhecimentos básicos sobre os conceitos matemáticos presentes nas operações de mercado é algo que você deve a si mesmo.

Ralph Vince começa seu importante livro *Portfolio Management Formulas* com um parágrafo delicioso: "Atire uma moeda no ar. Por um instante você experimenta um dos mais fascinantes paradoxos da natureza – o processo aleatório. Enquanto a moeda estiver no ar, não há maneira de dizer com certeza se ela cairá com a cara ou a coroa para cima. No entanto, ao longo de muitos lançamentos, o resultado pode ser razoavelmente previsto."

A expectativa matemática é um importante conceito para os operadores. Ela é denominada vantagem do jogador (expectativa positiva) ou vantagem da casa (expectativa negativa), dependendo de quem é favorecido pelas chances do jogo. Se você e eu jogamos uma moeda no ar, nenhum de nós desfruta de vantagem – cada um tem uma chance de 50% de ganhar. Mas se você joga a moeda num cassino que surrupia 10% de todas as apostas, você ganhará apenas US$0,90 para cada dólar perdido. Essa "vantagem da casa" cria uma expectativa matemática negativa para você. Nenhum sistema de gestão do dinheiro pode ganhar um jogo com expectativa negativa durante determinado período de tempo.

Expectativa positiva

Se você souber contar cartas no blackjack, é até possível que leve vantagem contra o cassino. (A não ser que o identifiquem e o chutem para fora. Os cassinos adoram jogadores bêbados, mas odeiam contadores de cartas.) A vantagem permite que você ganhe mais do que perde em determinado período de tempo. A boa gestão do dinheiro pode ajudá-lo a ganhar mais dinheiro com a sua vantagem e a minimizar as perdas. Sem uma vantagem, você também poderia dar dinheiro para as instituições de caridade. Nas operações de mercado, a vantagem decorre de um sistema que gera maiores lucros do que perdas, slippage e comissões. Nenhum método de gestão do dinheiro pode salvar um mau sistema de negociação.

Você consegue ganhar apenas se operar com expectativa matemática positiva – um sistema de negociação sensato. Operar com base em palpites leva a desastres. Muitos operadores de mercado atuam como bêbados que perambulam por um cassino, indo de banca em banca. A slippage e as comissões destroem quem opera em excesso.

Os melhores sistemas de negociação são brutos e robustos. São compostos de uns poucos elementos. Quanto mais complexos forem os sistemas, maior será a quantidade de elementos sujeitos a quebras. Os operadores adoram atualizar seus sistemas usando dados do passado. O problema é que seu corretor não o deixará operar no passado. Os mercados mudam e os parâmetros ideais no passado podem não ser bons hoje. Tente, em vez disso, desotimizar seu sistema – verifique qual seria seu desempenho sob más condições. Um sistema robusto resiste bem quando os mercados mudam. É até provável que supere um sistema altamente otimizado nas operações do mundo real.

Finalmente, ao desenvolver um bom sistema, pare de mexer nele. Desenhe outro se você gostar de fazer alterações. Como disse Robert Prechter: "A maioria dos operadores pega um bom sistema e o destrói na tentativa de torná-lo perfeito." Se você já tiver um sistema de negociação, é hora de definir as regras da gestão do dinheiro.

47. GESTÃO DO DINHEIRO

Suponha que você e eu façamos uma aposta de US$0,01 em cara ou coroa: cara, você ganha; coroa, você perde. Suponha que você tenha US$10 de capital de risco e eu tenha US$1. Embora eu tenha menos dinheiro, não estou com muito medo – seria necessária uma sucessão de 100 perdas para limpar-me. Podemos jogar durante muito tempo, a não ser que dois corretores entrem no jogo e drenem nosso capital com comissões e slippage.

Nossas chances mudarão drasticamente se você e eu aumentarmos nossa aposta para US$0,25. Se eu tiver apenas US$1, uma sucessão de quatro perdas me destruirá. Se você tiver US$10, você terá condições de perder 40 vezes em seguida. Uma série de quatro perdas provavelmente ocorrerá muito mais cedo do que uma série de 40. Todos os outros fatores continuando iguais, o mais pobre de dois operadores é o que quebrar primeiro.

A maioria dos amadores acha que os "outros fatores" estão longe de serem iguais. Consideram-se mais brilhantes do que todos os demais mortais. A indústria de investimentos em renda variável trabalha arduamente para reforçar essa ilusão, dizendo aos operadores de mercado que os vencedores ganham o dinheiro perdido pelos perdedores. Tentam esconder o fato de que as operações de mercado são um jogo de soma negativa (ver Seção 3). Os amadores afoitos assumem riscos insensatos, produzindo comissões para os corretores e lucro para os operadores da sala de negociações. Quando explodem e saem do mercado, novos otários entram no mercado, pois a esperança jorra de uma fonte eterna.

Primeiro, sobreviver

O primeiro objetivo da gestão do dinheiro é sobreviver. Você deve evitar riscos que o expulsem do mercado. O segundo objetivo é ganhar uma taxa de retorno constante e o terceiro objetivo é auferir altos rendimentos – mas a sobrevivência vem em primeiro lugar.

"Não arriscarás toda a grana", é o primeiro mandamento das operações de mercado. Os perdedores transgridem esse mandamento, apostando muito numa única operação. Eles continuam a apostar a mesma importância ou até mesmo uma quantia maior durante os surtos de perdas. A maioria dos perdedores vai à falência na tentativa de sair do buraco por meio de outras operações. Para começar, a boa gestão do dinheiro pode impedir que você caia no buraco.

Quanto mais fundo você cair, mais escorregadio torna-se o buraco. Se você perder 10%, precisará ganhar 11% do que sobrar para recuperar a perda, mas se você perder 20%, terá de ganhar 25% do restante para voltar à tona. Se a perda for de 40%, apenas um ganho de nada menos que 67% do que sobrar o tirará do buraco. E se a perda for de 50%, você precisará gerar lucro de 100% apenas para voltar à situação inicial. Enquanto as perdas crescem aritmeticamente, o lucro necessário para recuperá-las aumenta geometricamente.

É preciso definir antecipadamente o quanto se pode perder – quando e em que nível você cortará as perdas. Os profissionais tendem a correr assim que farejam problema e a entrar de novo no mercado quando percebem que não há mais perigo. Os amadores persistem e rezam.

Fique rico devagar

O amador que tenta ficar rico rápido é como um macaco na ponta de um galho fino. Tenta alcançar um fruto maduro, mas se estatela no chão quando o galho quebra sob seu peso.

Os investidores institucionais como grupo tendem a ser muito mais bem-sucedidos do que os investidores privados. Eles devem esse sucesso aos seus chefes, que impõem disciplina (ver Seção 14). Se um operador de mercado perder mais do que seu limite numa única operação ele é despedido por insubordinação. Se ultrapassar seu limite mensal, seus privilégios de operador são suspensos pelo resto do mês e passa a servir café aos demais operadores de mercado. Se perder mais do que o seu limite mensal várias vezes seguidas, a empresa o despede ou o transfere. Esse sistema obriga os investidores institucionais a evitar perdas. Já os operadores privados devem impor sua própria disciplina.

O amador que abre uma conta de investimentos de US$20.000 e espera convertê-la em US$1 milhão em dois anos é como um adolescente que foge para Hollywood para tornar-se um cantor popular. Pode ser bem-sucedido, mas as exceções apenas confirmam a regra. Os amadores tentam enriquecer rapidamente, mas se destroem ao assumir riscos insensatos. É até possível que sejam bem-sucedidos durante algum tempo, mas acabam se enforcando com o excesso de corda.

Os amadores geralmente me perguntam que porcentagem do lucro de suas operações devem realizar anualmente. A resposta depende de suas habilidades ou da falta delas, assim como das condições do mercado. Mas os amadores nunca fazem uma pergunta mais importante: "Quanto perderei antes de parar de operar e reavaliar a mim mesmo, meu sistema e os mercados?" Se você se concentrar em lidar com o prejuízo, o lucro cuidará de si próprio.

Alguém que gera 25% de lucro por ano é um rei em Wall Street. Muitos gestores de dinheiro de alto coturno dariam a vida de seu primogênito para serem capazes dessa proeza. O operador de mercado capaz de dobrar seu dinheiro num ano é uma estrela -- tão raro quanto um grande músico popular ou um atleta de primeira grandeza.

Se você definir objetivos modestos para si mesmo e atingi-los, será capaz de ir muito longe. Se você ganhar 30% por ano, as pessoas lhe implorarão para que gerencie o dinheiro delas. Se você gerenciar US$10 milhões – quantia não tão incomum nos mercados de hoje, apenas sua taxa de administração pode chegar a 6% disso, ou US$600 mil por ano. Se você gerar 30% de lucro, ficará com 15% desse resultado como taxa de desempenho – mais US$450 mil. Você estará ganhando mais de US$1 milhão por ano, operando no mercado, sem correr grandes riscos. Lembre-se desses números ao planejar sua próxima operação de mercado. Opere para construir o melhor histórico de resultados, com ganhos constantes e pequenos retrocessos.

Quanto arriscar

A maioria dos operadores de mercado acaba morrendo ao ser atingida por uma de duas balas: ignorância ou emoção. Os amadores atuam com base em palpites e tropeçam em operações que jamais deveriam ter realizado, em face de expectativas matemáticas negativas. Os que sobrevivem ao estágio de ignorância virginal passam a conceber sistemas melhores. Quando se tornam mais confiantes, levantam a cabeça da toca – e são atingidos pela segunda bala! O excesso de confiança os torna gananciosos, arriscam dinheiro demais numa única operação e uma rápida sucessão de perdas os expulsa do mercado.

Se você apostar um quarto de sua conta de investimentos em cada operação, sua ruína são favas contadas. Você será levado de roldão por uma sucessão de perdas muito rápida, o que ocorre mesmo com excelentes sistemas de negociação. Mesmo que aposte um décimo de sua conta numa negociação, você não sobreviverá por muito tempo.

Um profissional não pode dar-se ao luxo de perder mais de uma minúscula porcentagem de seu patrimônio numa única operação. O amador assume em relação às operações de mercado as mesmas atitudes do alcoólatra em relação à bebida. Começa em busca de diversão, mas acaba destruindo-se.

Vários testes demonstraram que o valor máximo que um operador pode perder numa única operação, sem danificar suas perspectivas de longo prazo, é 2% de seu patrimônio. Esse limite inclui slippage e comissões. Caso seu limite seja de US$20.000, você não pode arriscar mais de US$400 numa única operação. Se você tem uma conta de US$100.000, você não pode arriscar mais de US$2.000 numa operação, mas se você tiver apenas US$10.000 em sua conta, você pode arriscar não mais de US$200 numa operação.

A maioria dos amadores sacode a cabeça quando ouve isso. Muitos têm pequenas contas e a regra dos 2% joga areia em seus sonhos de lucro rápido. A maioria dos profissionais bem-sucedidos, por outro lado, considera o limite de 2% muito alto. Eles não se permitem arriscar mais de 1% ou de 1,5% de seu patrimônio numa única operação.

A regra dos 2% impõe um piso resistente ao valor dos danos que o mercado poderá infligir em sua conta. Mesmo uma sucessão de cinco operações de mercado deficitárias não invalidará suas perspectivas. Em todo caso, se seu intuito for construir o melhor histórico de sucesso, você decerto não quererá mostrar prejuízo mensal de 6% ou 8%. Ao atingir esse limite, pare de operar durante o restante do mês. Use esse período de resfriamento para reanalisar-se a si próprio, seus métodos e os mercados.

A regra dos 2% o mantém afastado das operações mais arriscadas. Quando seu sistema emitir um sinal de entrada, analise onde colocar um stop lógico. Se o valor em risco for superior a 2% do valor de sua conta – não realize a operação. Vale a pena esperar por operações que permitam stops muito estreitos (ver Capítulo 9). Aguardar essas oportunidades reduz a empolgação das operações de mercado, mas aumenta o potencial de lucro. Cabe a você optar por uma das alternativas.

A regra dos 2% o ajuda a decidir quantos contratos negociar. Por exemplo, se você tiver US$20.000 em sua conta, você pode arriscar até US$400 por operação. Se seu sistema acenar com uma negociação atraente com um risco de US$275, talvez seja o caso de você negociar apenas um contrato. Se o risco for de apenas US$175, você poderá negociar dois contratos.

E quanto a formar pirâmides – aumentar o tamanho de suas posições no mercado à medida que uma operação se desdobrar a seu favor? A regra dos 2% também é útil aqui. Se você gerar lucro numa posição de acompanhamento de tendência, você poderá aumentá-la enquanto a posição existente estiver em nível de break-even ou acima e o risco nos reforços não superar 2% de seu patrimônio.

Sistemas martingale

Depois de definir seu risco máximo por operação, você precisa decidir quanto a arriscar a mesma quantia em todas as operações. A maioria dos sistemas varia o valor em risco entre as diferentes operações. Um dos mais antigos sistemas de gestão do dinheiro é o martingale, desenvolvido originalmente para jogos de azar. Ele o induz a apostar uma quantia maior depois de uma perda a fim de "voltar". Não precisa dizer que essa abordagem exerce grande apelo emocional sobre os perdedores.

Um jogador martingale num cassino continua apostando US$1 enquanto estiver ganhando, mas se perder dobra o risco e aposta US$2. Se ganhar, acaba com um lucro de US$1 (– US$1 + US$2) e volta a apostar US$1. Se perder, dobra mais uma vez e aposta US$4. Se ganhar, fica com o lucro de US$1 (– US$1 – US$2 + US$4), mas se perder dobra e aposta US$8. Enquanto continuar dobrando, sua primeira vitória cobrirá todas as derrotas e gerará lucro igual à aposta original.

O sistema martingale parece uma proposta em que não se perde, até você perceber que uma longa sucessão de más operações deixará limpo todo jogador, por mais rico que seja. No extremo, um jogador que comece apostando US$1 e sofra 46 perdas em seguida terá de apostar US$70 trilhões em sua 47ª jogada – mais do que o patrimônio de todo o mundo (cerca de US$50 trilhões). Ele decerto ficará sem dinheiro ou atingirá o limite da casa muito antes disso. O sistema martingale será inútil se suas expectativas forem negativas ou neutras. Provocará sua própria derrota se seu sistema for vencedor e suas expectativas forem positivas.

Os amadores adoram os sistemas martingale por causa de seu apelo emocional. Uma superstição muito comum é a de que se tem má sorte até certo ponto e que o azar acaba virando sorte. Os perdedores geralmente operam com mais intensidade depois de uma derrota. O perdedor que está lutando para se recuperar geralmente dobra o tamanho de suas operações depois de uma perda. Esse é um método muito ruim de gestão do dinheiro.

Se você quiser variar o tamanho de suas operações de mercado, a lógica impõe que você aumente suas operações quando seu sistema estiver engrenado com o mercado e você estiver ganhando dinheiro. À medida que sua conta cresce, a regra dos 2% permite que você opere com valores mais altos. Você deve reduzir suas operações quando seu sistema estiver fora de sincronia com o mercado e você estiver perdendo dinheiro.

Optimal *f*

Alguns operadores de mercado que desenvolvem sistemas de negociação computadorizados acreditam no que denominam "optimal *f*" – uma "fração fixa ótima" da conta. A fração do capital que arriscam em qualquer operação de mercado depende de uma fórmula que é baseada no desempenho de seu sistema de negociação e do tamanho da conta. É um método complexo, mas, não importa que se o adote ou não, é possível extrair dele várias boas ideias.

Ralph Vince mostrou em seu livro *Portfolio Management Formulas*, que: (1) o optimal *f* sempre muda; (2) quando se opera com mais do que o optimal *f*, não se aufere nenhum benefício e praticamente se está condenado a quebrar; (3) quando se opera com menos do que o optimal *f*, seu risco diminui em progressão aritmética, mas seu lucro diminui em progressão geométrica.

Operar no optimal *f* é emocionalmente difícil, pois pode redundar em perdas de 85%. Deve ser tentado apenas com o verdadeiro capital de risco. O ponto crítico aqui é que, quando se opera com mais do que a fração ótima, é certo que se destruirá a conta de investimentos. A lição é: quando em dúvida, arrisque menos.

Testes computadorizados das regras de gestão do dinheiro confirmaram as práticas e as observações de vários veteranos. A verdadeira medida do risco financeiro de qualquer sistema é sua maior operação fracassada. A perda depende da extensão de um período adverso, o que é imprevisível. A diversificação pode amortecer as perdas. Diversifica-se operando em mercados diferentes e usando sistemas diferentes. Mercados em estreita correlação, como os de moedas, não oferecem diversificação. Os pequenos operadores de mercado são forçados a seguir uma regra simples: coloque todos os seus ovos numa cesta e cuide deles como um gavião.

De acordo com Vince, os experimentos em computador demonstraram várias regras comuns sobre gestão do dinheiro: nunca tente reduzir o preço médio de uma operação perdedora por meio de novas compras a preços declinantes; nunca atenda às chamadas de margem; se quiser reduzir seu portfólio, liquide sua pior posição; o primeiro erro é o mais barato.

Reinvestimento de lucro

Preste atenção aos seus sentimentos ao lidar com o lucro. Muitos operadores de mercado sentem-se bipartidos entre o anseio por mais grana e o receio de grandes perdas. O operador profissional retira com tranquilidade parte do dinheiro de sua conta de investimentos, do mesmo modo como qualquer outro profissional extrai rendimentos de seu trabalho. O amador que, cheio de medo, agarra o lucro e logo compra algo, com medo de perdê-lo, mostra pouca confiança em sua capacidade de ganhar dinheiro.

Os reinvestimentos podem transformar um sistema vitorioso em sistema fracassado, mas nenhum método de reinvestimento de lucro pode converter os sistemas fracassados em sistemas vitoriosos. Deixar os ganhos na conta ajuda a ganhar dinheiro mais rápido, negociando mais contratos ou estabelecendo posições de longo prazo, usando stops mais amplos. A retirada de parte do lucro gera caixa. O governo também quer sua fatia em impostos.

Não existe regra rigorosa e simples para repartir o lucro entre reinvestimento e geração de caixa. Depende de sua personalidade e do tamanho de sua conta de investimentos. Quando se começa com uma conta pequena, como US$50.000, é provável que não se queira extrair lucro dela. Quando a conta estiver bem dentro da casa dos seis dígitos, já é o caso de começar a tratá-la como negócio gerador de renda.

Você precisará tomar importantes decisões pessoais. Para viver, você precisa de US$30.000 ou de US$300.000 por ano? Você está disposto a reduzir suas despesas para deixar mais em sua conta de investimentos? As respostas a essas perguntas dependem de sua personalidade. Ao tomar essas decisões, empenhe-se para usar o intelecto, em vez de se deixar levar pelas emoções.

48. OPERAÇÕES DE SAÍDA

Aceitar uma perda pode ser emocionalmente difícil, mas realizar lucro às vezes é ainda mais duro. Você pode sofrer pequenas perdas automaticamente se tiver a disciplina de definir um stop no momento em que entrar no mercado. Realizar lucro exige mais raciocínio. Quando o mercado se movimenta a seu favor, você precisa decidir entre manter a posição, sair ou reforçar a posição.

Um amador pode dar um nó na cabeça ao tentar decidir sobre o que fazer com o lucro. Ele multiplica o número de ticks pelo seu valor em dólar e sente uma onda de ganância: mantenha a posição, ganhe ainda mais dinheiro. Então, o mercado vira e ele se sente dominado por um surto de medo: realize o lucro agora, antes que vire pó. O operador de mercado que age sob o impulso das emoções não pode tomar decisões racionais.

Um dos piores erros dos operadores de mercado é contar o dinheiro enquanto estão com as posições em aberto. Contar o dinheiro gera confusão. Interfere na capacidade de operar com racionalidade. Ao flagrar-se contando o lucro no papel e imaginando o que poderia comprar com a grana – livre-se desses pensamentos! Se não conseguir, livre-se da posição.

Quando um iniciante gera caixa muito rápido, ele se recrimina por deixar dinheiro na conta. E, na próxima vez, decide ficar mais tempo, prolonga excessivamente a operação e perde dinheiro. Quando o iniciante perde o lucro por causa de uma reversão, ele realiza os primeiros resultados positivos da próxima operação e provavelmente perde um importante movimento do mercado. O mercado espicaça as emoções do amador e o amador se contorce em resposta.

O operador de mercado que reage aos sentimentos em vez de à realidade externa está condenado a perdas. É até provável que consiga realizar algum lucro aqui e acolá, mas acabará perdendo, ainda que seu sistema lhe ofereça boas oportunidades de negociação. A ganância e o medo destroem os operadores de mercado, obscurecendo suas mentes. A única maneira de ser bem-sucedido nas operações de mercado é usar o intelecto.

Qualidade antes do dinheiro

O objetivo de um operador de mercado bem-sucedido é realizar as melhores operações. O dinheiro é secundário. Se isso o surpreende, pense em como os bons profissionais operam em qualquer campo. Os bons professores, médicos, advogados, agricultores e outros ganham dinheiro – mas não contam o dinheiro quando estão trabalhando. Se o fizerem, a qualidade de seu trabalho sofrerá as consequências.

Se você perguntar a seu médico o quanto ele já ganhou no dia, ele não será capaz de responder (e se conseguir, você não o quererá como médico). Faça a mesma pergunta ao seu advogado. Ele pode ter uma vaga ideia de quantas horas faturáveis já trabalhou, mas dificilmente saberá com exatidão quantos dólares ganhou. Se ele contar o dinheiro que ganha enquanto trabalha, não servirá como seu advogado. O verdadeiro profissional dedica toda a sua energia à prática de seu ofício da melhor maneira possível – em vez de ficar contando dinheiro.

Contar dinheiro durante as operações de mercado acende uma luz vermelha – um aviso de que você está a ponto de perder, porque suas emoções estão interferindo e provavelmente dominarão seu intelecto. Por isso, uma boa ideia é sair da operação se você não conseguir tirar o dinheiro da cabeça.

Concentre-se na qualidade – em identificar oportunidades que façam sentido e em desenvolver um plano de gestão do dinheiro que o mantenha no controle das operações. Empenhe-se em descobrir bons pontos de entrada e em evitar jogos. Nessas condições, o dinheiro decorrerá quase que como consequência natural. Você poderá contá-lo depois, bem depois do fim da operação.

O bom operador de mercado deve concentrar-se na descoberta e execução de boas operações de mercado. O profissional sempre estuda os mercados, analisa as oportunidades, aguça suas habilidades em gestão do dinheiro e assim por diante. Se lhe perguntarem quanto ganhou numa operação em curso, ele terá apenas uma ideia geral de estar um pouco ou muito à frente no jogo ou de estar um pouco atrás no jogo. (Nunca poderá estar muito atrás no jogo, por causa de seus stops estreitos.) Como outros profissionais, ele se esmera na prática de seu ofício e no polimento de suas habilidades. Não conta o dinheiro durante as operações. Sabe que ganhará dinheiro, desde que faça o que é certo nos mercados.

Sinais indicadores

Caso você use indicadores para detectar oportunidades de mercado, use-os também para sair das operações. Se seus indicadores estiverem em sintonia com o mercado quando for hora de comprar ou operar a descoberto, use-os também para determinar o momento de vender ou cobrir as posições.

Os operadores não raro envolvem-se emocionalmente com as operações. O lucro provoca uma sensação de euforia, mas até as perdas mexem com os nervos, como uma cavalgada assustadora, mas excitante, na montanha-russa. Quando os sinais indicadores que apontaram para uma operação desaparecem, saia do mercado com rapidez, independentemente de seus sentimentos.

Por exemplo, você talvez esteja operando comprado porque uma MME de 13 semanas inflectiu para cima nos gráficos semanais, enquanto o estocástico diário caiu na sua zona de compra. Ao passar a operar comprado, decida de antemão se venderá quando o estocástico diário subir e se tornar overbought ou quando a MME de 13 semanas virar para baixo. Anote seu plano e deixe-o onde sempre puder lê-lo.

Outro exemplo. Você talvez esteja operando vendido porque o histograma MACD inflectiu para baixo e o Elder-ray diário emitiu um sinal de venda. Decida de antemão se cobrirá a posição quando o Elder-ray diário emitir um sinal de compra ou quando o histograma MACD semanal virar para cima. É preciso resolver antecipadamente que sinal será adotado. Muitos serão os sinais – e a melhor hora para decidir é antes de entrar na operação.

Metas de lucro, Elliott e Fibonacci

Alguns operadores de mercado tentam estabelecer metas de lucro. Querem vender força quando os preços atingem a resistência ou comprar fraqueza quando os preços atingem o suporte. A teoria das ondas, de Elliott, é o principal método para tentar prever os pontos de reversão.

R. N. Elliot escreveu vários artigos e um livro sobre o mercado de ações – *Nature's Law*. Ele achava que todo movimento do mercado de ações devia ser desdobrado em ondas, ondas menores e subondas. Essas ondas explicavam todos os pontos de inflexão e vez por outra lhe permitiram fazer previsões corretas.

Os analistas que vendem serviços de consultoria com base nos métodos de Elliott sempre se referem às chamadas "contagens alternativas".

Conseguem explicar tudo em retrospectiva, mas não são confiáveis quando lidam com o futuro.

Os números Fibonacci e seus índices ou quocientes, especialmente 1,618, 2,618 e 4,236 expressam muitas relações na natureza. Como Trudi Garland escreve em seu livro lúcido *Fascinating Fibonaccis*, esses números são os quocientes entre os diâmetros de espirais vizinhas numa concha e numa galáxia, o número de sementes nas camadas adjacentes de um girassol e assim por diante. Elliott foi o primeiro a observar que essas relações também se aplicam aos mercados financeiros.

Tonny Plummer descreve em seu livro *Forecasting Financial Markets* como ele usa os quocientes Fibonacci para definir até que ponto tenderá a ir o rompimento de uma faixa de negociação. Ele mede a altura da faixa de negociação, opera na direção do rompimento e em seguida procura alvos de reversão, multiplicando a altura da faixa pelos números Fibonacci. Operadores experientes combinam alvos de lucro com outros estudos técnicos. Procuram sinais indicadores nos pontos de inflexão projetados. Se os indicadores divergirem de uma tendência que se aproxima de um alvo, reforça-se o sinal de saída. Operar com base apenas nos alvos pode ser um tremendo afago no ego, mas os mercados são muito complexos para que se lide com eles com uns poucos números simples.

Definindo stops

Os operadores sérios colocam stops no momento em que entram numa operação. Com o passar do tempo, os stops devem ser ajustados para reduzir a quantidade de dinheiro em risco e para proteger fatia maior do lucro. Os stops devem ser movimentados apenas num sentido – na direção da operação. Todos temos a esperança de que a operação seja bem-sucedida – e um stop é um elemento de realidade a evitar que os operadores de mercado nutram esperanças vãs.

Quando estiver comprado, mantenha ou suba os stops, mas nunca os abaixe. Quando estiver vendido, mantenha ou abaixe os stops, mas nunca os suba. Abrir espaço adicional para uma operação fracassada é jogo perdido. Se a operação não estiver dando resultado, isso mostra que sua análise foi falha ou que o mercado mudou. É hora de andar rápido.

Os operadores sérios usam stops da maneira como os marinheiros utilizam catracas – para eliminar a folga das velas. Os perdedores que afastam os stops do mercado votam a favor da fantasia e contra a realidade.

Aprender a colocar stops é como aprender a dirigir de maneira defensiva. Quase todos aprendemos as mesmas técnicas e as ajustamos para adaptá-las a nossos estilos pessoais. Apresentamos a seguir as regras básicas para a colocação de stops.

1. Ordem de stop-loss

Emita a ordem no momento em que entrar na operação. Operar nos mercados sem um stop é como descer a Quinta Avenida, em Manhattan, sem calça. Pode ser feito; já vi pessoas fazendo, mas não vale a pena. Um stop não o protegerá de um mau sistema de negociação; o melhor que pode fazer é retardar os danos.

Uma ordem de stop-loss limita seu risco, embora nem sempre funcione. Às vezes, os preços formam gaps através do stop. O stop não é uma ferramenta perfeita, mas é a melhor ferramenta defensiva de que dispomos.

Ao operar comprado, coloque seu stop abaixo do mais recente nível de suporte secundário. Ao operar vendido, coloque seu stop acima da mais recente resistência secundária (ver Seção 20). O sistema parabólico (ver Seção 44) movimenta os stops na direção da operação, dependendo da passagem do tempo e das mudanças nos preços. Caso você use o sistema de negociação Triple Screen (ver Seção 43), coloque o seu stop depois de entrar na operação no extremo da faixa dos últimos dois dias.

Evite todas as operações em que um stop lógico exporia mais de 2% do seu patrimônio. Este limite inclui slippage e comissões.

2. Ordem de break-even

Os primeiros dias de uma operação são os mais difíceis. Você fez o seu dever de casa, identificou uma oportunidade de operação e emitiu uma ordem. Ela foi executada e você emitiu outra ordem de stop-loss. Você não tem muito mais a fazer — você está na situação de um piloto, preso ao assento e pronto para a decolagem. Os motores estão roncando a toda força, mas a velocidade é baixa, e não há espaço para manobra – a única opção é recostar-se e confiar no sistema.

Assim que os preços começarem a movimentar-se a seu favor, mova o seu stop para o nível de break-even. Quando a decolagem se completar, o voo entrará em fase segura. Agora, você precisa escolher entre manter o dinheiro ou ganhar mais, em vez de optar entre perdas e ganhos.

Como regra geral, os preços devem afastar-se do ponto de entrada em mais do que a faixa diária média antes de se movimentar o stop para o nível de break-even. Precisa-se de julgamento e experiência para saber quando fazê-lo.

Quando se movimenta o stop para o nível de break-even, aumenta-se o risco de formação de dente de serra. Os amadores geralmente se recriminam por “deixar dinheiro na mesa”. Muitos amadores admitem apenas uma entrada numa negociação. Não há nada de errado em entrar de novo numa operação depois de ter saído dela pelo acionamento do stop. Os profissionais continuam tentando voltar até conseguirem um bom ponto de entrada, usando práticas rigorosas de gestão do dinheiro.

3. Ordem de proteção do lucro

À medida que os preços continuam a movimentar-se a seu favor, você deve proteger seu lucro no papel. Lucro no papel *é* dinheiro de verdade – trate-o com o mesmo respeito dispensado ao dinheiro na carteira. Arrisque apenas parte dele, como o preço de ficar na operação.

Se você for um operador de mercado conservador, aplique a regra dos 2% ao lucro no papel. Essa ordem de proteção do lucro é um "stop de dinheiro", que protege o seu patrimônio. Continue movimentando-a na direção da operação, de modo que em nenhum momento não mais de 2% de seu patrimônio crescente fique exposto.

Operadores de mercado mais agressivos usam a regra dos 50%. Se você a seguir, metade do lucro no papel é sua e a outra metade pertence ao mercado. Você pode marcar a máxima mais alta alcançada numa operação comprada ou a mínima mais baixa atingida numa operação vendida e colocar o seu stop na metade do percurso entre esse ponto e seu ponto de entrada. Por exemplo, se os preços avançarem 10 pontos a seu favor, coloque um stop para proteger 5 pontos de lucro.

Em dúvida, use o sistema parabólico (ver Seção 44) para ajudá-lo a ajustar seus stops. Quando você não estiver certo quanto a ficar ou não numa operação, realize o lucro e reavalie a situação fora de campo. Não existe nada de errado em sair de uma operação e depois voltar a ela. Pensa-se com muito mais clareza quando não se tem dinheiro em risco.

Depois da operação

A operação não termina quando se fecha a posição. Você deve analisá-la e aprender com ela. Muitos operadores de mercado jogam os canhotos de confirmação numa pasta e partem para nova operação. Assim, perdem a parte essencial – revisão e autoanálise – para crescer e transformar-se em operador profissional.

Você identificou uma boa operação? Que indicadores foram úteis e quais não funcionaram? Até que ponto a sua entrada foi boa? O stop inicial estava longe ou perto demais? Por que e em quanto? Você movimentou o seu stop para o nível de break-even muito cedo ou muito tarde? As suas ordens de proteção do lucro estavam muito frouxas ou muito apertadas? Você reconheceu os sinais para sair da operação? O que você deveria ter feito de maneira diferente? O que você sentiu nas várias fases da operação? Essa análise é um antídoto contra as operações emocionais.

Faça a si mesmo essa e outras perguntas e aprenda com suas experiências. Uma análise fria e inteligente é mais benéfica do que se vangloriar dos lucros ou chafurdar nas perdas.

Inicie anotações do tipo "antes e depois". Sempre que entrar numa posição, imprima os gráficos vigentes. Cole-os na página de seu caderno de anotações e escreva suas principais razões para comprar ou operar vendido. Anote também seu plano para gerenciar a operação.

Ao sair, imprima os gráficos de novo e cole-os na página direita de seu caderno de anotações. Escreva as razões para sair e liste seus acertos e erros. Assim, você terá um registro objetivo de suas operações e de seus pensamentos. Esse caderno de anotações o ajudará a aprender com o passado e a descobrir pontos cegos no seu raciocínio. Aprenda com a história e lucre com a experiência.

Posfácio

Num verão quente, nas montanhas do norte da Itália, sentei-me para rascunhar o primeiro esboço deste livro. Dois anos e meio depois, num janeiro frio, na cidade de Nova York, imprimi seu último gráfico. Escrevi e reescrevi este livro três vezes, para torná-lo mais claro e refletir minha experiência crescente.

Mudei como pessoa e meus métodos continuam a evoluir. Se pudesse trabalhar nesse manuscrito por mais dois anos e meio, este livro seria diferente, mas é hora de deixá-lo como está.

Puxando o gatilho

Os operadores de mercado confidenciam-me que têm dificuldade em "puxar o gatilho" – comprar ou vender quando seus métodos lhes dizem para operar comprado ou vendido. Enfrentei esse problema uma vez, durante muito pouco tempo. Meu amigo Lou, a quem dediquei este livro, ajudou-me a livrar-me dessa dificuldade.

Numa tarde de domingo, disse a Lou que identificava várias operações de mercado atraentes, mas ficava em dúvida em aproveitar qualquer uma dessas oportunidades na semana seguinte, porque, havia pouco tempo, tinha apanhado do mercado. Lou, que geralmente é frio e maneiroso, de repente começou a gritar: "Quero que você opere no mercado na abertura da segunda-feira!" Mas eu não me sentia disposto a operar – estava com medo de perder. "Estou pouco ligando se você vai ganhar ou perder – opere amanhã na abertura!" Raramente opero na abertura, mas poderia operar 10 minutos depois, procurando um rompimento de faixa. "Dez minutos está bem, mas opere amanhã!"

Refleti sobre o que ocorrera e me dei conta de qual era o meu problema. Eu estava como um esquiador no alto de uma montanha, que levara um bom escorregão e receava descer de novo. Qualquer que fosse minha técnica, eu estava com medo de descer; não conseguia esquiar.

O medo de emitir uma ordem é o maior problema de um operador sério. Não há como lidar com esse problema com facilidade e conforto. Lou gritou comigo – como amigo.

Você precisa projetar um sistema ou tomar algum emprestado deste livro e adaptá-lo às suas necessidades. Os esquiadores principiantes praticam em encostas brandas e você pode operar no papel. Desenvolva um plano sensato de gestão do dinheiro usando a regra dos 2%. Limite suas perdas mensais ao máximo de 6 a 8% de seu capital de risco. A essa altura, você estará na situação de um esquiador, no topo da montanha, pronto para descer. Arranque quando seu sistema sinalizar para ir! Arranque agora!

Se você não arrancar na hora em que o sistema acender a luz verde, é melhor vender os esquis e praticar golfe ou criar peixinhos dourados. Em outras palavras, esqueça esse negócio de operar nos mercados.

Agora, você tem um sistema, você aprendeu as regras da gestão do dinheiro, você conhece as regras psicológicas para eliminar as perdas. Agora, você deve operar. Mas você conseguirá? Os operadores tentam esquivar-se dessa decisão. Operam no papel durante anos, compram sistemas de negociação automáticos e assim por diante. Vários operadores de mercado até me pediram para hipnotizá-los. Esses jogos devem terminar. É hora de exercer a força de vontade!

Considere este livro como meu grito de amigo para você.

A trilha infindável

Os mercados mudam, novas oportunidades surgem a toda hora e outras desaparecem. Os bons operadores de mercado são pessoas bem-sucedidas mas humildes – estão sempre aprendendo. Ser um bom operador de mercado é um desafio de toda a vida.

Espero que este livro o ajude a crescer como operador de mercado. Se você leu até aqui é porque encara com seriedade o seu trabalho. Veja este livro tal como ele é – uma descrição do que passa pela cabeça de um operador e da maneira como ele resolve os problemas com que todos nos defrontamos. Fique com as ideias que mais o atraíram e molde-as para que se enquadrem em seu estilo.

Se você achar que ser operador de mercado justifica o esforço – conforme concluí anos atrás –, meus melhores votos de êxito. Continuo a aprender como qualquer operador. Reservo-me o direito de ser mais sábio amanhã do que hoje.

Agradecimentos

Depois de terminar um projeto de vários anos, tenho um doce débito de gratidão para com centenas de pessoas – professores, amigos e clientes. Se você não vir o seu nome aqui, por favor, perdoe-me, e lhe agradecerei pessoalmente na próxima vez em que nos encontrarmos.

Obrigado, antes de tudo, a todos os clientes da Financial Trading Seminars, Inc. Muitas vezes o telefone tocava e um operador de mercado perguntava pelo “livro do Dr. Elder”. O livro ainda não estava escrito, nem tinha sido anunciado em nenhum lugar – mas os clientes ansiavam por um livro de minha autoria. Esse foi um tremendo estímulo.

Escrever um livro não foi tarefa fácil, mas ajudou-me a organizar meus pensamentos e a tornar-me melhor operador de mercado. Dois amigos deram-me um suave empurrão no nascimento deste projeto. Primeiro, Tim Slater convidou-me a promover seminários na Ásia e depois Martin Pring apresentou-me ao pessoal da WELFA, o que resultou numa conferência na Itália. Caminhando com Tim pelo Beco da Cobra, em direção a um restaurante enfumaçado de Taipé e, alguns meses depois, sentado num café em Milão, com Martin, senti uma pressão amigável, mas inequívoca, para organizar meus pensamentos e começar a escrever.

A tela em branco de um processador de texto parecia enorme e inexorável. Para tocar o trabalho, promovi vários seminários e gravei alguns deles. As transcrições daí resultantes ajudaram-me a desenvolver muitas das ideias deste livro. Obrigado a todos os analistas e operadores de Nova York e Toronto, Londres e Cingapura, que participaram de meus seminários, ouviram e fizeram centenas de perguntas. Alguns eram experts cujos comentários forçaram-me a distender minha mente mais do que eu esperava; outros eram principiantes cujas perguntas serviram como lembrete para manter os pés no chão. Espero que todos estejam ganhando dinheiro em suas operações de mercado.

Três pessoas – um colega e dois pacientes – abriram minha mente para a ideia dos 12 passos – fator fundamental em meu aprimoramento como operador de mercado. Obrigado, Dagmar O'Connor, Jim S. e Kathy H. (Kathy morreu no ano passado, depois de uma longa batalha com o câncer e visitá-la durante meses no hospital reforçou minha crença em que há valores mais importantes do que o dinheiro.) Obrigado aos operadores profissionais que me consultaram como psiquiatra e confiaram-me suas confidências. Vocês reforçaram minha convicção de que quando se coloca a cabeça em ordem o dinheiro tende a entrar.

Muito obrigado a todos que trabalham em minha empresa, a Financial Trading Seminars, Inc. É um grupo de pessoas sem igual – inteligentes, dinâmicas e divertidas. Cada uma foi selecionada entre dezenas, se não centenas, de candidatos – vocês são as melhores. Obrigado especialmente a nossos gerentes – Carol Keegan Kayne e Inga Boguslavsky. Carol ajudou-me a editar todos os capítulos. Tivemos muitas discussões apaixonadas sobre a linguagem, a maioria das quais Carol venceu, e se você tiver alguma queixa sobre a clareza deste livro, dou-lhe o número dela.

Depois que o manuscrito ficou pronto, dividi-o numa dúzia de seções e enviei cada uma para um grande especialista no assunto. Essas pessoas ocupadas e bem-sucedidas encontraram tempo para rever vários capítulos cada uma e sugeriram muitas melhorias. Além dos amigos já mencionados, aí se incluem Gerald Appel, Stephen Briese, Ralph Cato, Mark Douglas, John Ehlers, Perry Kaufman, Tony Plummer, Fred Schutzman, Bo Thunman, Ralph Vince e David Weis. Obrigado por serem tão generosos com seu tempo e com suas ideias. Se o mercado é um jogo de soma negativa, ter amigos como vocês é altamente positivo!

Obrigado aos analistas que escreveram antes de mim. Sempre foi difícil identificar os pioneiros – é enorme a quantidade de reivindicações conflitantes em nosso campo. Como Henry Kissinger disse uma vez, "as lutas acadêmicas são tão acerbas porque os interesses são tão pequenos". A maioria dos gráficos deste livro foi desenhada por meio de um software CompuTrac num computador compatível com IBM e transferido para o PageMaker® num Macintosh. Obrigado a Norbert Rudek, por ajudar a instalar o sistema e pelo apoio irrestrito por telefone. Obrigado aos editores da *Barron's, Futures and Options World* e outras revistas por encorajar-me a escrever artigos e resenhas sobre livros e software – foi um bom treinamento para o livro.

Muitos agradecimentos a Stephen Reibel, M.D., colega psiquiatra e ex-chefe no St. Luke's – Roosevelt Hospital Center por substituir-me no atendimento em minha prática profissional. Posso viajar e ensinar em todo o mundo sabendo que meus pacientes em Nova York estão em boas mãos.

Lou Taylor, a quem este livro é dedicado, ofereceu-me um tesouro de ideias notáveis. Gostaria que ele tivesse escrito um livro. Seus conselhos sábios fizeram enorme diferença em vários pontos de inflexão importantes. Minha família, sobretudo Miriam, Nicole e Danny, sempre foram fontes de apoio animado e de diversão feliz, afastando-me dos negócios.

Finalmente, quero agradecer a meu amigo de um passado remoto – Nicolai Gorbunoff. Cientista, ele foi destruído pelo sistema soviético quando eu era apenas um adolescente. Naquele mundo fechado em que vivíamos, dominado pelo Partido Comunista, ele plantou uma ideia simples, mas revolucionária, em minha mente: que o único padrão para pesquisa e trabalho era "classe mundial". Você deve esforçar-se para estar entre os melhores do mundo; do contrário, não vale a pena tentar. Obrigado, Nicolai, e obrigado a vocês, todos os meus amigos.

Nova York
Novembro de 1992

Dr. Alexander Elder

Fontes

Angell, George. *Winning in the Futures Market* (1979) (Chicago: Probus Publishing, 1990).

Appel, Gerald. *Day-Trading with Gerald Appel* (Vídeo) (Nova York: Financial Trading Seminars, Inc., 1989).

Arms, Richard W., Jr. *The Arms Index* (Homewood, IL: Business One Irwing, 1988).

Babock, Bruce, Jr. *The Dow Jones Irwing Guide to Commodity Trading Systems* (Homewood, IL: Dow Jones Irwing, 1989).

Balsara, Nauzer J. *Money Management Strategies for Future Traders* (Nova York: John Wiley & Sons, 1992).

Belveal, L. Dee, *Charting Commodity Market Price Behavior* (1969) (Homewood, IL: Dow Jones Irwin, 1989).

Bullish Review Newsletter, Rosemount, MN.

Club 3000 Newsletter, Augusta, MI.

CompuTrac Software Manual (1982) (Nova Orleans, LA: CompuTrac, 1991).

Davis, L. J. "Buffet Takes Stock", *The New York Times,* 1º de abril de 1990.

Diamond, Bárbara, e Mark Kollar. *24-hour Trading* (Nova York: New York Institute of Finance, 1990).

Edwards, Robert D. , e John Magee. *Techinical Analysis of Stock Trends* (1948) (Nova York: New York Institute of Finance, 1992).

Ehlers, John. *MESA and Trading Market Cycles* (Nova York: John Wiley & Sons, 1992).

Elder, Alexander. *Directional System* (vídeo) (Nova York: Financial Trading Seminars, Inc., 1988).

_______. *Elder-ray* (vídeo) (Nova York: Financial Trading Seminars, Inc., 1990).

_______. *MACD & MACD-Histogram* (vídeo) (Nova York: Financial Trading Seminars, Inc., 1988).

_______. "Market Gurus", *Futures and Options World,* Londres, setembro de 1990.

______. *Relative Strength Index* (vídeo) (Nova York: Financial Trading Seminars, Inc., 1988).

______. *Stochastic* (vídeo)(Nova York: Financial trading Seminars, Inc., 1988).

______ *Technical Analysis in Just 52 Minutes* (vídeo) (Nova York: Financial Trading Seminars, Inc., 1992).

______. "Triple Screen Trading System", *Futures Magazine*, abril de 1986.

______. *Triple Screen Trading System* (vídeo) (Nova York: Financial Trading Seminars, Inc., 1989).

______. *Williams %R* (vídeo) (Nova York: Financial Trading Seminars, Inc., 1988).

Elliot, Ralph Nelson. *Nature's Law* (1946) (Gainesville, GA: New Classics Library, 1980).

Engel, Louis. *How to Buy Stocks* (1953) (Nova York: Bantan Books, 1977).

Freud, Sigmund. *Group Psychology and the Analysis of the Ego* (1921) (Londres: Hogarth Press, 1974).

Friedman, Milton. *Essays in Positive Economics* (Chicago: The University of Chicago Press, 1953).

Frost, A. J. and R. R. Prechter, Jr. *Elliot Wave Principle* (Gainesville, GA: New Classics Library, 1978).

Gallacher, William. *Winner Takes All – A Privateer's Guide to Commodity Trading* (Toronto: Midway Publications, 1983).

Gann, W. D. *How to Make Profits in Commodities* (Chicago: W. D. Gann Holdings, 1951).

Garlard, Trudi Hammel. *Fascinating Fibonaccis* (Palo Alto, CA: Dale Seymour Publications, 1987).

Granville, Joseph. *New Strategy of Daily Stock Market Timing for Maximum Profit* (Englewood Cliffs, NJ: Prentice Hall, 1976).

______. *The Book of Granville; Reflections of a Stock Market Prophet* (Nova York: St. Martin's Press, 1984).

Greenson, Ralph R. "On Gambling" (1947), in *Explorations in Psychoanalysis* (Nova York: International Universities Press, 1978).

Greising, David, and Laurie Morse. *Brokers, Bagmen & Moles* (Nova York: John Wiley & Sons, 1991).

Havens, Leston. *Making Contact* (Cambridge, MA: Harvard University Press, 1986).

Hurst, J. M. *The Profit Magic of Stock Transaction Timing* (Englewood Cliffs, NJ: Prentice-Hall, 1970).

Kannerman, Daniel, e Amos Tversky. "Choices, Values and Frames", *American Psychologist,* 39 (4) (abril de 1984), 341-350.

Kaufman, Perry. *The New Commodity Trading systems and Methods* (Nova York: John Wiley & Sons, 1987).

Kleinfield, Sonny. *The Traders* (Nova York: Holt, Rinehart and Winston, 1983).

Lefevre, Edwin. *Reminiscences of a Stock Operator* (1923) (Greenville, SC: Traders Press, 1985).

LeBon, Gustave. *The Crowd* (1987) (Atlanta, GA: Cherokee Publishing, 1982).

Mackay, Charles. *Extraordinary Popular Delusions and the Madness of Crowds* (1841) (Nova York: Crown Publishers, 1980).

Murphy, John J. *Technical Analysis of the Futures Markets* (Nova York: New York Institute of Finance, 1986).

Neill, Humphrey B. *The Art of Contrary Thinking* (1954) (Caldwell, ID: Caxton Printers, 1985).

_______. *Tape Reading and Market Tactics* (1931) (Nova York: Forbes Publishing, 1931).

Nison, Steve. *Japanese Candlestick Charting Techniques* (Nova York: New York Institute of Finance, 1991).

Notis, Steve. "How to Gain na Edge with a Filtered Approach", *Futures Magazine*, setembro de 1989.

Pacelli, Albert Peter. *The Speculator's Edge* (Nova York: John Wiley & Sons, 1989).

Paulos, John Allen. *Innumeracy. Mathematical Illiteracy and Its Consequences* (Nova York, Vintage Press, 1988).

Plummer, Tony. *Forecasting Financial Markets* (Londres: Kogan Page, 1989).

Pring, Martin J. *Technical Analysis Explained*, terceira edição (Nova York: McGraw-Hill, 1991).

Rhea, Robert, *The Dow Theory* (Nova York: Barron's, 1932).

Rorschach, Herman. *Psychodiagnostics* (1921) (Nova York: Grune & Stratton, 1942).

Schutzman, Fred G. "Smoothing Rate of Change: New Twist to Old Study", *Futures Magazine,* abril de 1991.

Shapiro, Roy. Why Johnny Can't Sell Losers: Psychological Roots, artigo não publicado, 1991.

Sperandeo, Victor. *Trader Vic – Methods of a Wall Street Master* (Nova York: John Wiley & Sons, 1991).

Steidlmayer, J. Peter e Kevin Koy. *Markets & Market Logic* (Chicago: Porcupine Press, 1986).

Teweles, Richard J., e Frank J. Jones. *The Futures Game*, segunda edição (Nova York: McGraw-Hill, 1987).

Twelve Steps and Twelve Traditions (Nova York: Alcoholics Anonymous World Services, 1952).

Vince, Ralph. *Portfolio Management Formulas* (Nova York: John Wiley & Sons, 1990).

Wilder, J. Welles, Jr. *New Concepts in Technical Trading Systems* (Greensboro, SC: Trend Research, 1976).

Williams, Larry. *How I Made One Million Dollars* (Carmel Valley, CA: Conceptual Management, 1973).

_______. *The Secret of Selecting Stocks* (Carmel Valley, CA: Conceptual Management, 1972).

O Autor

Alexander Elder, doutor em medicina, é operador de mercado profissional residente em Nova York. Também é autor de *Study Guide for Trading for a Living*, que juntamente com este livro são considerados clássicos modernos entre os operadores de mercado. Publicado pela primeira vez em 1993, esses best-sellers internacionais foram traduzidos para o chinês, holandês, francês, alemão, grego, japonês, coreano, polonês e russo. Também escreveu *Rubles to Dollars* – livro sobre a transformação da Rússia.

O Dr. Elder nasceu em Leningrado e cresceu na Estônia, onde ingressou na faculdade de medicina aos 16 anos. Aos 23, trabalhando como médico de bordo, pulou de um navio soviético na África e recebeu asilo político nos Estados Unidos. Trabalhou como psiquiatra na cidade de Nova York e lecionou na Columbia University. Sua experiência como psiquiatra proporcionou-lhe ideias singulares sobre a psicologia das operações de mercado. As resenhas do Dr. Elder sobre livros, artigos e softwares consagraram-no como um dos principais especialistas em operações de mercado da atualidade.

O Dr. Elder é requisitado palestrante em conferências e criador de Traders' Camps – cursos de uma semana para operadores de mercado. Os leitores de *Come into My Trading Room* serão bem-vindos ao solicitarem subscrição gratuita da newsletter eletrônica do Dr. Elder, escrevendo ou telefonando para:

Elder.com
Financial Trading, Inc.
P.O. Box 20555, Columbus Circle Station
Nova York, NY 10023, USA
Tel 718-507-1033; fax 718-639-8889
e-mail: *info@elder.com*
website: *www.elder.com* & *www.spiketrade.com*

Índice

Conheça outros livros da Alta Books

APRENDA A VENDER E OPERAR VENDIDO

APRENDA A OPERAR NO MERCADO DE AÇÕES

INVESTIR OU NÃO INVESTIR?

LIDERANDO MUDANÇAS

ALINHAMENTO

DESIGN DE NEGÓCIOS

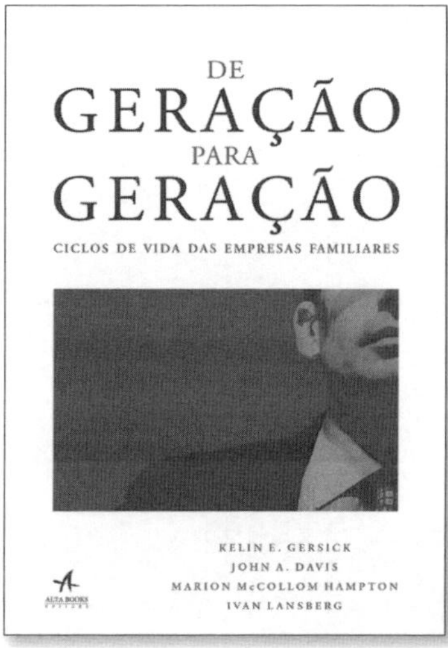

De Geração para Geração

Integração de Idéias

Conduza a Sua Carreira

ROTAPLAN
GRÁFICA E EDITORA LTDA
Rua Álvaro Seixas, 165
Engenho Novo - Rio de Janeiro
Tels.: (21) 2201-2089 / 8898
E-mail: rotaplanrio@gmail.com